# 新时期的国际商务管理
# 与工商管理研究

赵芹沅　张慧明　著

中国商务出版社

·北京·

**图书在版编目（CIP）数据**

新时期的国际商务管理与工商管理研究 / 赵芹沅，

张慧明著 . -- 北京：中国商务出版社，2024.7.

ISBN 978-7-5103-5261-4

Ⅰ.F740.4；F203.9

中国国家版本馆 CIP 数据核字第 2024Z9P353 号

## 新时期的国际商务管理与工商管理研究

XINSHIQI DE GUOJI SHANGWU GUANLI YU GONGSHANG GUANLI YANJIU

赵芹沅　张慧明　著

**出版发行**：中国商务出版社有限公司

**地　　址**：北京市东城区安定门外大街东后巷28号　　邮编：100710

**网　　址**：http://www.cctpress.com

**联系电话**：010-64515150（发行部）　　010-64212247（总编室）

　　　　　　010-64266119（事业部）　　010-64248236（印制部）

**责任编辑**：徐　昕

**排　　版**：北京天逸合文化有限公司

**印　　刷**：北京建宏印刷有限公司

**开　　本**：787毫米×1092毫米　1/16

**印　　张**：13　　　　　　　　　　　**字　　数**：264千字

**版　　次**：2024年7月第1版　　　　　**印　　次**：2024年7月第1次印刷

**书　　号**：ISBN 978-7-5103-5261-4

**定　　价**：78.00元

# 前　言

　　党的二十大报告指出，推进高水平对外开放，依托我国超大规模市场优势，以国内大循环吸引全球资源要素，增强国内国际两个市场两种资源的联动效应，提升贸易投资合作质量和水平。稳步扩大规则、规制、管理、标准等制度型开放。推动货物贸易优化升级，创新服务贸易发展机制，发展数字贸易，加快建设贸易强国。合理缩减外资准入负面清单，依法保护外商投资权益，营造市场化、法治化、国际化一流营商环境。推动共建"一带一路"高质量发展。优化区域开放布局，巩固东部沿海地区开放先导地位，提高中西部和东北地区开放水平。加快建设西部陆海新通道。加快建设海南自由贸易港，实施自由贸易试验区提升战略，扩大面向全球的高标准自由贸易区网络。有序推进人民币国际化。深度参与全球产业分工和合作，维护多元稳定的国际经济格局和经贸关系。

　　以党的二十大精神为指引，必须把服务贸易、数字贸易搞上去，在货物贸易、服务贸易、数字贸易领域都成为世界贸易大国。面对日趋复杂的国际形势，新时期的国际商务与工商环境面临新的挑战，有必要做系统梳理。本书共包含11个章节，第一章为国际商务概论，阐述了国际商务概述、经济全球化与国际商务。第二章为国际商务基础理论研究，阐述了国际贸易理论和国际投资理论。第三章为国际商务管理的环境分析，阐述了经济体制、法律体系及文化差异。第四章为国际人力资源管理研究，阐述了国际人力资源的跨文化管理、绩效管理及薪酬管理。第五章为国际企业市场营销管理研究，阐述了国际市场营销策略。第六章为工商管理概论，介绍了工商企业管理，以及工商管理学科的基本概念、基本特点。第七章为工商管理学科的发展历程，阐述了工业革命和管理思想的发展、管理理论的出现、管理理论的新发展。第八章为工商管理人才培养研究，介绍了工商管理人才能力架构、工商管理人才培养课程体系、工商管理人才培养情境教育、工商管理专业的毕业去向。第九章为企业战略管理创新发展研究，介绍了战略管理、创新管理，以及企业战略管理的创新发展。第十章为工商企业文化研究，阐述了工商企业文化的内涵，并围绕其管理、发展、构建与培育进行了深入探讨。第十一章为工商企业流程再造，重点阐述了基于分工理论的工商企业流程。

　　本书由赵芹沅、张慧明负责编写，佟彤、张丽娟、杨光辉、冯小溪、杨波在书稿的整理工作中提供了支持与贡献。

　　由于时间仓促及作者知识储备有限，书中难免存在不足，望广大读者积极给予批评指正。

作　者

2024年5月

# 目　录

## 上篇　国际商务管理研究

## 下篇　工商管理研究

# 上篇　国际商务管理研究

# 第一章　国际商务概论

国际贸易和国际直接投资是国际商务活动的两种主要形式。因此，有关国际贸易和国际直接投资的理论实际上构成了国际商务的理论基础。国际贸易理论主要是用来解释国际贸易的原因、结构和数量的。即为什么某国出口、进口某些类型的商品，其出口、进口数量是多少，并在此基础上分析国际贸易的利益分配、国际市场相对价格的决定、国际分工等问题。国际直接投资理论摒弃了传统国际贸易理论中生产要素在国际不能流动、市场充分竞争等假设，以动态比较优势分析对外直接投资现象，旨在解释企业对外直接投资的动因、流向及经济效益。两者均有助于更好地理解企业的国际商务行为，也有助于理解并预测政府的贸易和投资政策及其对企业开展国际商务活动的影响。

## 第一节　国际商务概述

### 一、国际商务的基本概念

国际商务（international business）是 20 世纪 50 年代开始发展起来的一门新兴的综合性、跨专业交叉学科。它涉及面很广，与其他学科（如经济学、管理学、人类学、社会学、组织学及心理学等）有很多交叉。由于发展时间较短，国内外学界对国际商务尚未有统一的定义。美国国际商务著名学者钦科陶提出，国际商务包括一切为满足组织和个人需求而跨越国界进行的交易活动。这个定义包含三层含义：①国际商务是一种跨越国界的活动，从而具有与国内商务活动不同的环境并蕴含着更大的风险。②国际商务是一种商业性的经济活动，其目的是在国际市场寻找商业机会，因此会涉及如何选择国外目标市场、进入国外市场的方式，以及如何管理跨国经营活动等。③国际商务既可以是组织的行为，也可以是个人的行为。

## 二、国际商务活动类型

国际商务活动可以采取多种形式，各种形式之间往往相互关联。最常见的国际商务交易形式是国际贸易与国际投资。国际贸易（international trade）是指产品和服务的跨国交换。贸易既包括产品贸易（有形产品），也包括服务贸易（无形产品）。交换可以通过出口（exporting）进行，即将产自本国或者第三国生产基地的产品或服务销售给国外客户的一种市场进入策略。交换也可以通过进口（importing）形式进行，向国外产品和服务的供应商购买产品和服务，用于本国或者第三国的消费。出口是指产品和服务的对外流出，进口则是指产品和服务的流入。无论是制成品还是诸如原材料和零部件这样的半制成品，都是可以用于出口和进口的。

国际投资（international investment）是指通过跨国转移本国资产或者直接兼并其他国家①现有资产，以从事商务活动的行为。这些资产包括资本、技术、管理技能，以及基本生产设施，对口各种生产要素。通过贸易，产品和服务可以跨越国界。同样，通过投资，企业可以跨越国界获取国外资产的所有权。跨国投资的主要形式有两种：国际证券投资和对外直接投资。国际证券投资（international portfolio investment）是指为了获得经济收益而持有外国有价证券，如股票和债券。外国投资者不需要亲自管理或控制这些资产，他们只通过短期持有这些资产来获得短期利润。对外直接投资（foreign direct investment，FDI）是企业通过兼并如资本、技术、劳动力、土地、工厂和设备等生产性资产，在国外建立有形实体企业的一种国际化策略。它是进入国外市场的一种策略，使投资者能够获得企业制造、营销或者管理活动的部分或者全部所有权。

此外，国际商务活动还包括许可证贸易、连锁经营、技术转让、管理技术输出、劳务输出等多种形式。

## 三、国际商务主体

### （一）跨国企业

跨国企业（multinational enterprise），也被称作跨国公司，是拥有大量资源，通过许多位于国外的子公司和分支机构从事各类商务活动的大型企业。跨国企业充分利用了世界各地的资源优势进行研发、采购、生产和营销活动。例如，爱尔康（Alcon）是瑞士的一家制药公司，它将主要的研发设备都建在美国，以更好地

---

① 根据《国际货币基金协定》，本书所述及的"国家"为广义概念，包含通常意义上的独立经济体。

利用美国先进的化学技术。美国威瑞森无线公司（Verizon Wireless）将它的技术支持设备放在印度，以充分利用当地高质量、低成本的售后服务人力资源。类似的还有荷兰皇家壳牌石油公司（Royal Dutch Shell），它在加拿大拥有几个炼油厂和将近 2000 个加油站。除了本国营业部或总部，跨国企业通常拥有大量世界性的子公司网络。跨国企业与国外无数供应商及独立的商业伙伴（通常称分支机构）进行合作。

《财富》杂志每年都进行"全球 500 强"跨国企业评选，石油业中的埃克森美孚公司和荷兰皇家壳牌石油公司，汽车业中的通用汽车和本田，以及零售业中的沃尔玛都是典型的跨国企业。这些企业大多数集中在发达国家，2018 年公布的榜单中，美国企业有 126 家，占据总数的 1/4，日本企业有 52 家，占总数的 1/10。

近年来，大型的跨国企业开始在诸如中国、墨西哥和俄罗斯这样的新兴市场经济国家中出现。2018 年中国企业在"全球 500 强"企业中占据了 120 个席位。来自新兴国家的新的全球挑战者，正快速成为世界市场上强劲的竞争者。例如，墨西哥公司西麦斯（Cemex）是世界上最大的水泥生产商之一；在俄罗斯，卢克石油公司（Lukoil）在全球能源方面具有很大的发展空间；中国移动（China Mobile）主宰了亚洲的手机行业。这些新的全球挑战者凭借对本国的资源和低成本劳动力的充分利用，在全球市场上获得成功。新兴市场中有数以千计的公司都有着各自远大的全球目标，它们同时也给来自发达国家的企业带来了很大的挑战。

### （二）中小企业

虽然跨国企业是主要参与者，但国际商务却不仅仅被资本雄厚的大型企业所独占，许多中小企业也参与其中。在美国和加拿大，中小企业（small and medium-sized enterprise，SME）指的是员工人数在 500 人以下的公司。在欧盟国家，中小企业被定义为员工少于 250 人的公司。除了市场占有率相对较低，中小企业的管理和其他资源也很有限，主要通过出口来扩展国际业务。然而，在大多数国家里，中小企业是公司的主要形式。

随着市场的全球化、技术的进步和其他辅助因素，越来越多的中小企业开始在全世界寻找商业机会。中小企业出口额占亚洲总出口额的 1/3，约占欧洲和北美富裕国家出口总额的 1/4。中国、意大利、韩国的中小企业的出口额甚至达到全国出口总额的 50%。

从事国际商务，需要企业具有专业的知识、资源和充裕的时间来建立国外商业伙伴关系。中小企业如何在资源有限的情况下成功地从事国际商务活动？第一，与大型跨国企业相比，在利用新概念、新技术，以及满足客户需要方面，中小企业则显得更具有创新精神，更能适应变化，并能够更快地应对。第二，中小企业能够更好地为世界各地的利基市场（niche markets）<sup>①</sup>服务，而跨国企业对此却缺乏兴趣。第三，中小企业通常更乐于使用新的信息和通信技术，包括互联网。第四，由于经常缺乏充足的资源，中小企业会尽力将经费或固定开支降到最低。它们依赖于物流等企业提供的外部协助，并需要国外市场的独立分销商的合作。

### （三）天生国际化企业

天生国际化（born-global）企业一词最早由麦肯锡公司提出，用于研究澳大利亚的早期国际化企业。天生国际化企业是指从其成立或接近其成立开始，寻求从国际市场产品销售中获得相当大比例收入的初创企业，该定义更加强调早期和快速国际化的企业，包括：①年轻公司；②以企业为分析单位；③主要通过出口实现国际化。这种公司在其起步阶段就开始从事国际商务活动，并能够迅速打开国外市场，而且通信技术的进步也有助于它们把握全球的市场和供应。天生国际化企业既存在于澳大利亚和日本这样的发达经济体中，也存在于中国和印度这些新兴市场国家中。总部位于中国浙江省杭州市西湖区的美通香薰集团创立于1995年，是一家专门从事香薰蜡烛和家庭芳香产品的集研发、设计、生产和销售于一体的天生全球化企业。在越南拥有大规模的蜡烛生产工厂，公司生产的香薰产品在国际市场上享有盛誉，产品远销欧美澳等全球50多个国家和地区。

# 第二节　经济全球化与国际商务

世界在变小，企业在变大。随着经济全球化的发展，不同国家和地区间的关系和依赖性在不断加强与扩展。在当今开放的经济条件下，不论是开展跨国经营的公司还是在一国国内经营的公司，都必须具备国际化和全球化的思维方式，特别是公司的高层决策人员。经济全球化是当前经济发展中最引人注目的发展趋势。

## 一、经济全球化的特征

总的来看，经济全球化的基本特征有：一是国际贸易规模迅速扩大；二是跨国直接投资迅猛发展；三是全球要素资源加快流动。

从本质上看，经济全球化呈现如下特征。

（1）经济全球化不是各国经济的同质化，而是世界市场的自由化。这包括商

---

① 利基市场是在较大的细分市场中具有相似兴趣或需求的一小群顾客所占有的市场空间。大多数成功的创业型企业一开始并不在大市场开展业务，而是通过识别较大市场中新兴的或未被发现的利基市场而发展业务。

品、服务、技术、信息、劳动力和货币资本交易的全球化，以及市场竞争的全球化。

经济全球化被视为经济活动在世界范围内的相互依赖，特别是形成了世界性市场之后，资本超越了民族国家的界限在全球自由流动，资源在全球范围内自由配置。自由派经济学家将这些视为经济发展的理想状态，这种认识由于把经济全球化的根本动力归结为市场的发展，从而在理论上把国家推到了经济全球化的对立面。

（2）在国际经济中，还有附属于经济全球化的所谓的文化全球化，实际上就是消费的全球化（包括精神消费），它是以商业的全球发展为背景的。

从文化和文明角度，诺贝特·埃利亚斯（Norbert Elias）、威廉·罗宾逊（William Robinson）、迈克·费瑟斯通（Mike Featherstone）等人把全球化看作人类各种文化、文明发展要达到的目标，是未来的文明存在的状态。他们强调全球化是一个动态的、矛盾冲突的过程，既没有一个单一的逻辑，也不会出现某种统一、一致的局面。罗宾逊认为，全球化是指将世界作为一个整体的意识的增强，不能把它视为现代性的直接后果。费瑟斯通认为，全球文化相互联系的扩展意味着"文化互动和交流的地区"的出现。

（3）金融全球化的发展速度超过了生产和交换全球化的发展速度，使得各国之间的经济波动更容易传导；现代金融体系的缺陷无法有效防止金融投机对实力不强的国家的金融安全的威胁；各国金融屏障的撤销，便利了资金泡沫的发生与作用，破坏着经济和社会生活的稳定。

（4）经济全球化使国际范围内的贫富差距和收入的不平等不断加剧。某些发达国家高唱经济全球化赞歌，想的尽是有利于它们变得更加富裕的机遇，而没有看到对它们的日益严峻的挑战。这些挑战有些是近在眼前的，有些是潜在的。

## 二、经济全球化的影响

经济全球化是一把双刃剑，它的影响既有积极的一面，也有消极的一面。经济全球化对任何国家来说，既是机遇，也是挑战；既有利，也有弊。

### （一）经济全球化的积极影响

（1）信息技术使空间距离极大地缩短，几乎使得产地之间"天然的"竞争界限即地理距离失去了意义，于是世界各地彼此都是潜在的竞争者，相互争夺的焦点在于短缺的资本投资和相应的劳动岗位，后两者通过纳税使民族国家和社会福利国家的政策得以实现。同时经济全球化使一些国家变得更有竞争力和创造力，从而使国家得以富裕起来。

（2）现代通信技术及复杂的计算机程序，有助于消除不同资本市场的时间差。

在跨国的生产网络方面,时间的全球化正在形成。通过卫星通信人们可以即时了解全世界正在发生的事件,从互联网上可以获取大量信息和宝贵的知识,因此,商品、服务、资金、思想和信息的流通将比过去更加自由、快捷,这就给各国人民带来了很大益处。

(3)全球化意味着世界整体福利的增进和机会的增加。虽然在这期间存在着增长的风险,但发达国家和发展中国家的国民财富在日益增长,二者都是全球化的受益者。同时全球化为千百万人开辟了出乎意料的生存机遇,世界各国以前从来没有这么多人拥有像今天这么多的选择机会。世界范围的国际分工使得每个民族和民族国家都从经济和技术的进步中得到自己应得的一份机会。

(4)全球化有利于促进资本、技术、知识等生产要素在全球范围内的优化配置,给发展中国家提供了新的发展机遇。如市场的扩大使比较优势拥有更多的实现机会,要素的流入使闲置资源得以利用,直接投资有利于加速发展中国家先进产业的形成。

(5)全球化有利于促进世界和平与稳定。经济全球化使世界各国"你中有我,我中有你",使各国经济的发展越来越紧密地联系在一起。这就有利于克服封闭、保守、狭隘的观念,促进各国、各民族之间物质、文化和人员的交流,增进彼此之间的理解、沟通、合作和友谊。

(6)促使发展中国家的出口商品结构优化。资本的流入、跨国公司的直接投资活动和本国产业结构的调整,有利于发展中国家出口商品结构的优化。例如,发展中国家出口品中制成品的比重从1980年的56.0%上升到1990年的73.3%和2018年的82.5%。同时经济全球化有利于发展中国家的整体改革。

从长远看,经济全球化在很大程度上是一个对人类的整体发展有巨大益处的历史进步,是人类史无前例的发展机遇。

### (二)经济全球化的消极影响

悲观主义者对经济全球化的观点与乐观主义者截然相反,尖锐对立。悲观主义者认为,经济全球化不是机遇而是陷阱。

(1)增大了各国特别是发展中国家经济运行的风险。由于历史和生产力发展水平的原因,发展中国家在国际竞争中处于不利地位,在国际经济风险面前更具有脆弱性。例如,迄今为止的国际金融体系是以发达国家的利益为基础形成的,其本身既没有反映发展中国家的现实,也不利于发展中国家防范金融风险。

(2)各国各地区的发展差距有可能进一步拉大。在发达国家尽享全球化红利的同时,广大发展中国家却饱受贫穷落后之苦。

(3)经济全球化对全球生态系统造成了过度开发与破坏。例如,日益蔓延的荒漠化、对土地的侵蚀、动植物物种的灭绝、海洋与河流的污染等，都是经济全球化带来的恶劣后果。此外，有些发达国家的跨国公司把污染产业的生产活动和污染技术转移到发展中国家，从而迫使劳动者在恶劣的条件下工作，这也是经济全球化带来的恶劣后果。

总之，经济全球化是适应社会生产力发展而产生的一种客观趋势，除了正视和积极参与之外，别无选择。一方面，决不能因为经济全球化可能会给我们带来风险就置身事外，甘当观潮派。经济全球化为走向国际化的企业提供了更多新的商机，同时，一国要发展、要进步、要富强，就必须对外开放，加强与世界各国的经济、科技、文化的交流与合作，吸收和借鉴一切先进的东西。同时必须树立起全球意识，具有世界眼光，以积极的姿态加入全球化进程，勇当弄潮儿，借助世界经济的舞台，实现本国经济的快速发展。另一方面也要对经济全球化带来的挑战有清醒的认识。

# 第二章　国际商务基础理论研究

国际商务实践的发展促进了由国际贸易理论、对外直接投资理论、跨国公司理论等构成的国际商务理论的发展。作为国际商务理论的主要内容，三个组成部分并没有严格的界限，并且彼此正越来越趋向融合和相互重叠，对外直接投资理论某种意义上即为跨国公司理论。国际贸易理论主要是用来解释国际贸易的原因、结构和数量的，即为什么某国出口、进口某些类型的商品，其出口、进口数量是多少；并在此基础上分析国际贸易的利益分配、国际市场相对价格的决定、国际分工、国内经济增长对国际分工的影响，以及国内经济增长同国际贸易之间相互关系等问题。国际直接投资理论摒弃了传统国际贸易理论中生产要素在国际不能流动、市场充分竞争等假设，以动态比较优势分析考察对外直接投资现象所涉及的国际商务的各个方面，旨在解释企业对外直接投资的动因、流向及经济效益。

## 第一节　国际贸易理论

国际贸易理论大致可以划分为古典贸易理论、新古典贸易理论、新贸易理论。古典贸易理论的代表性理论是绝对优势理论和比较优势理论，绝对优势理论和比较优势理论从技术差异角度，分别强调劳动生产率的绝对差异和相对差异。比较优势学说的问世，标志着国际贸易理论体系的建立。古典贸易理论之"古典"，在于其分析模型是古典模型，即完全竞争市场和规模报酬不变。新古典贸易理论中，最著名的赫克歇尔—俄林模型从要素禀赋相对差异解释贸易的产生。新古典理论的特征在于，一方面还是分析完全竞争市场，继承"古典"之风，沿用古典模型；另一方面，"新"在该理论的研究角度从交换转移成生产，即解释外生技术差距的原因。新贸易理论认为，即使两国的初始条件完全相同，没有李嘉图所说的外生比较优势，但如果存在规模经济，两国同样可以选择不同的行业进行分工，开展贸易。新贸易理论之"新"在于，其理论突破了传统理论中完全竞争与规模报酬不变的假设，而建立在不完全竞争与规模经济等全新的假设之上。

## 一、重商主义

对国际贸易的系统研究，开始出现于重商主义经济学时代，重商主义是国际贸易理论的思想先驱，产生于14世纪末到18世纪，这一阶段正是资本主义经济的资本原始积累阶段，除了在国内对农民剥夺之外，国际贸易和海外掠夺是西欧国家资本原始积累的重要手段。而地理大发现勾勒了最初的世界体系，全球贸易、贵金属和商业资本快速增长和流通，欧洲加速从传统社会向现代社会转型，经济上向资本主义经济转变。

### （一）重商主义的主要内容

货币（以金银为代表的贵金属）是衡量一国财富的唯一标准，各国尽可能积累更多的财富，增加财富的唯一办法就是增加货币拥有量。重商主义认为，出口是有益的，进口是有害的，国家的繁荣来自贸易顺差。尽可能地多出口、少进口，这样一国就能积累金银，增加国民财富、声望和权力。基于这样的理念，重商主义者一贯主张政府干预以便实现对外贸易的顺差。他们建议政策的目标应该是出口最大化而进口最小化，为此可以通过关税和配额限制进口，并对出口进行补贴。

贸易参与国不可能同时出现贸易顺差，一国的贸易顺差必然意味着另一国的贸易逆差，而且任一时点上的金银总量是固定的。因此，一国在贸易中的获利总是以其他国家的损失为代价的，即国际贸易是一种零和博弈。

### （二）重商主义的发展阶段

1.早期重商主义：货币差额论（15世纪末至16世纪中叶）

早期的重商主义者强调绝对的贸易出超，也被称为重金主义，其代表人物为英国的威廉·斯塔福（William Stafford）。早期重商主义者主张国家采取行政手段，禁止货币的输出，控制商品的输入，以贮藏尽量多的货币。一些国家甚至要求外国人来本国进行交易时，必须将其销售货物所获得的全部款项用于购买本国货物或在本国消费。

2.晚期重商主义：贸易差额论（16世纪下半叶至17世纪）

晚期重商主义认为，从长远的观点看，在一定时期内的贸易入超是允许的，只要最终的贸易结果能保证出超，保证货币最终流向国内就可以。晚期重商主义代表人物英国的托马斯·孟认为，对外贸易必须做到商品的输出总值大于输入总值（即卖给外国人的商品总值应大于购买他们商品的总值），以增加货币流入量。为了达到此目的，政府应该实施"奖出限入"的政策措施，即通过关税和配额限制进口，并对出口实施补贴，以保证对外贸易的出超。

### （三）对重商主义的评价

从历史的观点来看，重商主义理论及其政策主张促进了商品货币关系和资本主义工场手工业的发展，为资本主义生产方式的确立与成长创造了必要的条件。然而，其局限性也是非常明显的，具体如下。

第一，错误地将货币（金银）与财富等同起来，从而将高水平的货币积累与供给等同于经济繁荣，并以贸易顺差与货币流入作为其唯一的政策目标。

第二，重商主义把贸易看作一种零和博弈的观点显然是错误的，斯密和李嘉图揭示了该理论的局限性，并证明贸易是正和博弈，即所有的国家都能获益。

总体而言，重商主义解释了国家希望获得贸易顺差的原因，即使在今天仍有许多人认为贸易顺差是有益的，他们推崇一种叫作新重商主义的观点。这种观点将政治势力等同于经济势力，将经济势力等同于贸易顺差。工会（努力保护本国就业机会）、农民（希望提高作物价格）和某些生产厂商（非常依赖出口）都倾向于支持重商主义。然而重商主义会损害进口企业的利益，尤其是那些进口原材料和零部件用于生产成品的企业。重商主义还损害了消费者的利益，因为限制进口会缩小他们可以购买的商品的选择范围。进口限制引起的产品短缺可能会导致价格提高、通货膨胀。在极端情况下重商主义者可能会采取"以邻为壑"的政策，以牺牲其他国家利益为代价来保护本国利益。

## 二、绝对优势理论

在 1776 年出版的标志性著作《国民财富的性质和原因的研究》（*An Inquiry into the Nature and Causes of the Wealth of Nations*），即《国富论》一书中，英国古典经济学家亚当·斯密（Adam Smith）批评了重商主义的观点，认为国家通过自由贸易能获得最大收益。斯密认为，重商主义侵犯了个人进行自由贸易并从自由交换中获利的权利。如果尽量减少进口，一个国家将不可避免地将大部分本国资源浪费在生产低效率的产品上。因此重商主义的效率低下最终减少了整个国家的财富，仅仅使有限的一部分人和利益集团富起来。

### （一）绝对优势理论的主要内容

亚当·斯密提出了绝对优势（absolute advantage）理论，分工与交换是该理论的逻辑起点。斯密认为，互通有无、物物交换是人类共有的，也是人类所特有的倾向，这种倾向导致了分工的产生。分工能够提高劳动生产率，在先天禀赋和后天技术的共同影响下，各国生产某种产品的劳动生产率会有绝对的差异，这种劳动生产率的绝对差异导致了各国生产成本的差异，并进而导致了国际贸易的产生。

　　在自由贸易下，每个国家通过专门从事其具有绝对优势的经济活动来获益。绝对优势是指一国所具有的绝对有利的、适合某些特定产品生产的条件。例如，斯密指出，相比英国，葡萄牙因为拥有更优越的土地、水和气候条件，在种植葡萄和生产葡萄酒方面处于绝对优势；同样，相对于葡萄牙，英国在养殖绵羊和生产毛呢上更具有优势。斯密建议，英国应该专业化养殖绵羊和生产毛呢，葡萄牙应该专业化种植葡萄和生产葡萄酒，然后两国进行交换。如果各国都按照其绝对有利的生产条件去进行专业化生产并彼此交换产品，那么它们就能有效地利用各自的资源、劳动和资本，从而有效地提高生产效率，增加各自的福利。换言之，一个国家在国际贸易中应该出口那些在生产成本上具有绝对优势的产品，进口那些在生产上处于绝对劣势的产品。国际贸易并非像重商主义所认为的那样是一种零和博弈，它是一种正和博弈。

**（二）对绝对优势理论的评价**

1. 贡献

　　斯密的贸易理论揭示了国际分工能够使资源得到有效利用，说明了分工的重要性，指出了贸易的互利性，使人们认识到了自由贸易的好处。应该说，绝对优势理论第一次从经济学原理角度探讨国际贸易产生的原因、贸易模式，以及贸易利益，为以后的国际贸易理论研究奠定了非常重要的基础。绝对优势理论是最早的国际分工理论，它为西欧资本主义国家后来推行自由贸易政策提供了强有力的支持。

2. 缺陷

　　（1）它最大的缺陷是不能解释如果两个国家中有一国在任何商品的生产上都不拥有绝对优势时所进行的分工与交换，条件苛刻，局限性大。

　　（2）虽然它以劳动价值论为基础，但不能说明在国际交换中是不是等价交换。

　　根据这一理论，一国要参与国际贸易，就必须有至少一种产品在生产上与贸易伙伴相比处于生产成本低的优势地位，但如果一个国家没有一种具有绝对成本优势的产品，那么，这个国家是否还进行国际贸易？在这种情况下贸易双方还能不能都获得利益呢？在上述情况下，自由贸易仍然是各国应该执行的政策吗？这些问题显然不易用绝对优势理论进行解释，或者说绝对优势理论仅解释了小部分的贸易事实。

**三、比较优势理论**

　　尽管绝对优势的概念为国际贸易提供了大概最早的、合理的理论基础，但它只解释了国家之间具有绝对优势的情形。当国家不具备绝对优势的时候，斯密的理论未能给出答案。

### （一）比较优势理论的主要内容

英国古典经济学家大卫·李嘉图在其1817年发表的《政治经济学及赋税原理》一书中，以英国和葡萄牙之间的贸易为例，提出了比较优势（comparative advantage）理论，认为比较优势是分工和贸易的依据。比较优势理论是对斯密的绝对优势理论的重大补充和发展，成为自由贸易理论体系建立的标志。

李嘉图认为，即使一个国家在所有产品的生产上都处于绝对劣势，也可以通过参与国际贸易来实现更多的利益。贸易得以产生的原因在于，各国劳动生产率之间的绝对差距并不是在任何产品的生产上都一样，于是处于绝对劣势的国家应专业化生产并出口其绝对劣势较小的商品，即具有比较优势的商品；同时，进口其绝对劣势较大的商品，即具有比较劣势的商品。同样，对于在每种商品上都拥有绝对优势的国家而言，也不必生产全部商品，只需选择其绝对优势较大的商品进行专业化生产并出口，而进口绝对优势较小的商品。此外，李嘉图还指出，生产技术上的相对差异导致了相对劳动生产率的不同，进而导致相对生产成本和相对价格的不同，两国劳动生产率的相对差异构成了贸易的基础。

### （二）对比较优势理论的评价

#### 1. 贡献

比较优势理论比绝对优势理论更全面、更深刻地揭示了国际贸易产生的原因，说明了国际贸易的产生不仅在于绝对成本的差异，而且在于比较成本的差异，从而阐明了发展程度不同的国家都可以从参与国际贸易和国际分工中获得利益，更符合实际；揭示了国际贸易的互利性，是国际贸易理论的主流理论，至今仍具有指导作用。比较优势理论是很多国家制定贸易政策的理论依据。从整体来看，这些观点对世界市场的扩大、社会生产力的进步和国际贸易在更广泛领域的展开都无疑具有积极的促进作用。

#### 2. 缺陷

为了论证其比较优势理论，李嘉图提出很多假设条件，这些假设条件过于苛刻，影响了其普遍适用性；从国际贸易的互利性出发，要想获得贸易利益，必须是自由贸易，但现实是各国都存在贸易保护主义；未能解释两国进行商品交换的比率问题，即贸易利益或利得是如何在贸易双方分配的；比较优势理论也未能解释比较优势的根源问题，即一国为何具有比较优势。到底是什么原因造成了各国在生产不同产品时的比较成本差异，李嘉图的理论并未给出合理的解释。

### 四、要素禀赋理论

同古典经济理论关注劳动生产率不同，20世纪上半叶瑞典经济学家赫克歇尔（Eli Filip Heckscher）和俄林（Bertil Gotthard Ohlin）从要素禀赋的相对差异出发，解释国际贸易的起因及贸易形态的决定。赫克歇尔和俄林指出，李嘉图理论中只有一种要素——劳动力，国际分工和贸易的出现完全是因为不同国家的劳动力生产不同产品存在技术差距，由此产生比较优势。然而在现实中，即使是已经完成工业化、技术水平差距不大的发达国家之间，相同产品的生产成本仍然存在很大差异。因此，技术差距并不能完全解释国际贸易。他们提出并完善了要素禀赋理论，这种理论也被称为赫克歇尔—俄林理论（H-O理论）。这一理论认为，不同国家的贸易和国际分工的原因除了技术差距之外，各国不同的要素禀赋差异也是重要原因。

#### （一）要素禀赋理论的主要内容

1. 要素禀赋理论的主要观点

根据要素禀赋理论，一国应该出口密集使用该国相对充裕而便宜的生产要素生产的产品，而进口密集使用该国相对稀缺而昂贵的生产要素生产的产品。简言之，劳动丰富的国家出口劳动密集型商品，而进口资本密集型商品；相反，资本丰富的国家出口资本密集型商品，进口劳动密集型商品。

2. 要素禀赋论的理论分析

俄林认为，同种商品在不同国家的相对价格差异是国际贸易的直接基础，而价格差异则是由各国生产要素禀赋不同，从而要素相对价格不同决定的，所以要素禀赋不同是国际贸易产生的根本原因。

（1）国家间的商品相对价格差异是国际贸易产生的主要原因。在没有运输费用的假设前提下，从价格较低的国家输出商品到价格较高的国家是有利的。

（2）国家间的生产要素相对价格的差异决定商品相对价格的差异。在各国生产技术相同，因而生产函数相同的假设条件下，各国要素相对价格的差异决定了各国商品相对价格存在差异。

（3）国家间的要素相对供给不同决定要素相对价格的差异。俄林认为，在要素供求决定要素价格的关系中，要素供给是主要的。在各国要素需求一定的情况下，各国不同的要素禀赋对要素相对价格产生不同的影响：相对供给较充裕的要素相对价格较低，而相对供给较稀缺的要素相对价格较高。因此，国家间要素相对价格差异是由要素相对供给或供给比例不同决定的。

通过严密的分析，俄林得出了结论：一个国家生产和出口那些大量使用本国供给丰富的生产要素的产品，价格就低，因而有比较优势；相反，生产那些需大量使用本国稀缺的生产要素的产品，价格更贵，出口就不利。各国应尽可能利用供给丰富、价格便宜的生产要素，生产廉价产品输出，以交换别国价廉物美的商品。

3. 要素价格均等化理论

要素价格均等化定理是俄林研究国际贸易对要素价格的影响而得出的著名结论。俄林认为，在开放经济中，国际因生产要素自然禀赋不同而引起的生产要素价格差异将通过两条途径而逐步缩小，即要素价格将趋于均等。第一条途径是生产要素的国际移动，它导致要素价格的直接均等化；第二条途径是商品的国际移动，它导致要素价格的间接均等化。国际贸易最终会使所有生产要素在所有地区都趋于相等。同时，俄林认为，生产要素价格完全相同几乎是不可能的，这只是一种趋势。

**（二）对要素禀赋理论的检验——里昂惕夫之谜**

要素禀赋理论一直是国际经济学中最有影响力的理论之一，并得到很多经验检验。美国拥有大量的资本，似乎它应该出口资本密集型产品。在20世纪50年代，里昂惕夫（Wassily Leontief）经验检验的结果似乎与要素禀赋理论相悖。尽管美国拥有足够的资本，它却在出口劳动密集型产品，进口资本密集型产品。这就是所谓的"里昂惕夫之谜"。

为了证明H-O理论的正确性，也为了消除里昂惕夫之谜，里昂惕夫及许多经济学家都提出了各种各样的解释。里昂惕夫认为，美国工人的劳动生产率比其他国家高3倍，因此，美国的劳动存量应是劳动人数乘以3，这样美国出口的就是劳动密集型产品了。其他经济学家从要素密集度逆转、需求逆转、贸易保护政策、自然资源要素影响等方面对里昂惕夫之谜进行了解释。也许里昂惕夫悖论的主要贡献在于它揭示了国际贸易是复杂的，是无法用某一个理论完全解释清楚的。

**（三）对要素禀赋理论的评价**

1. 贡献

赫克歇尔—俄林的要素禀赋论和要素价格均等化学说是在比较利益学说基础上的一大进步，有其合理的成分和可借鉴的意义。大卫·李嘉图假设两国交换是物物交换，国际贸易起因于劳动生产率的差异，而赫克歇尔、俄林用生产要素禀赋的差异寻求解释国际贸易产生的原因和国际贸易对要素价格的影响，研究更深入、更全面，认识到了生产要素及其组合在各国进出口贸易中居于重要地位。一国的某种生产要素丰富，要素价格低廉，出口该要素密集型产品具有比较优势；某种生产要素稀缺，要素价格昂贵，进口这种要素密集型产品对本国有利。他们研究所得出的结论有一定的政策含义，即"靠山吃山，靠水吃水"，发挥一国要素上固有的优势，从固有的要素优势出发进行国际贸易，使自己能够把成本较为低廉的产品推向国际市场。因此，依照H-O理论制定一国的对外贸易战略与政策，是多数国家，特别是发展中国家对外开放的出发点。

2. 局限

只用要素禀赋差异解释贸易的发生，并不具有普遍性，因为自然禀赋并非贸易发生的充分条件，社会因素在确定一国对外开放的战略中具有极其重要的地位。同时，H-O理论比较强调静态结果，排除了技术进步等因素，这严重影响了该理论的广泛适用性。事实上，一国的资源优势除了自然禀赋，更有来自社会经济发展而重新产生的后天优势。例如，一国的资本丰富状况大多是社会经济发展的产物。另外，这一理论对于需求因素并未予以考虑，因此，其对现实的解释能力受到一定削弱。

### 五、新贸易理论

20世纪60年代以来，国际分工（international division of labor，IDL）格局出现了两大倾向：其一是发达国家间的贸易量大为增加，发达国家间的贸易成为国际贸易的主要构成部分；其二是同类产品间的贸易量大为增加，出现了许多同一行业既出口又进口的行业（产业）国际分工模式。用传统的"资源禀赋"或"比较优势"差异原理，都不能对上述倾向做出令人满意的解释。20世纪70年代末，以保罗·克鲁格曼为代表的一批经济学家将产业组织理论运用于国际贸易研究，从不完全竞争和规模经济的角度说明贸易的起因和利益，被称为"新贸易理论（new trade theory）"。从本质上讲，新贸易理论并没有否定比较优势理论，而是根据市场结构对贸易功能进行重新定位，新贸易理论的主要观点包括如下内容。

（1）在国际分工中，规模经济和自然禀赋差异均是引发国际分工和贸易的经济变量。在完全竞争条件下，自然禀赋差异率或比较优势是引发国际分工和贸易的主要原因。而在不完全竞争市场结构框架中，规模经济、产品差异等是国际分工和贸易发生的主要解释变量。新贸易理论认为，在完全竞争市场结构中，传统意义上的要素禀赋理论，对于解释部门间贸易模式，特别是对贸易流量中的要素含量差异，始终是有效的。在不完全竞争市场状态下，生产要素价格偏离边际价值，商品价格大于边际成本和平均成本，不能如实反映一国的比较成本优势和劣势，从而引起贸易福利的不均衡分配。因此，在不完全竞争市场结构条件下，规模经济是独立于比较成本之外的又一引发对外贸易的决定因素和经济变量。前者属于垂直型产业间分工模式，后者属于水平型产业内分工模式。

（2）规模经济下的国际分工格局、贸易模式具有不确定性。现实中，一个国家出口什么产品常常由一些偶然因素或历史因素决定。如瑞士的钟表行业。在18世纪，钟表行业主要为手工作坊生产，钟表属于技能劳动密集型产品，而当时瑞士恰好拥有大量的技能型劳动力，于是钟表行业在瑞士率先得到发展。随着行业的发展壮大，这种先行优势因规模经济的存在迅速转化为成本优势，奠定了瑞士钟表行业在国际分工中的地位。此外，国内市场的规模及政府政策也会影响规模经济下的贸易格局。

（3）在不完全竞争和规模经济条件下，国际贸易的作用在于使一国市场扩大。市场扩大将产生两种积极效应：一是通过企业产量的提高实现规模经济利益；二是增加差异产品的品种数量。从整个社会的福利来看，贸易的利益体现在以下两个方面：一是生产成本的降低使消费者可以更低的价格购买商品；二是产品品种的增加使消费者有更多的选择，从而满足消费者的多样化偏好。

表2-1是对上述几种国际贸易理论的比较。

表2-1　国际贸易理论的比较

| 代表性理论 | | 基本假设 | 贸易动因 |
| --- | --- | --- | --- |
| 古典贸易理论 | 绝对优势理论；比较优势理论 | 外生技术差异、一种要素、同质产品、完全竞争市场、企业同质 | 劳动生产率差异（外生比较优势） |
| 新古典贸易理论 | 要素禀赋理论；要素价格均等化理论；里昂惕夫之谜 | 外生技术差异、两种要素、同质产品、完全竞争市场、企业同质 | 生产要素禀赋差异（外生比较优势） |
| 新贸易理论 | 基于外部规模经济的新马歇尔模型；基于内部规模经济的新张伯伦模型；古诺双头垄断模型 | 内生技术差异（规模经济）、多种要素、差异化产品、不完全竞争市场（垄断竞争）、企业同质 | 规模经济效应（内生比较优势） |

## 第二节　国际投资理论

国际直接投资作为国际投资的一种主要形式，引起了生产要素在各国之间的流动，影响了投资国的对外贸易状况，同时也对东道国引进外资、技术、产业发展等产生影响。在第二次世界大战后，国际直接投资得到了前所未有的发展，成为世界各国发展对外经济关系、参与国际分工的重要形式。所以，对国际直接投资理论的研究就显得十分重要。20世纪60年代初期，海默最先提出国际直接投资理论，其后经过弗农、巴克莱、小岛清等人的发展，到70年代后期终于由邓宁完成了国际直接投资的一般理论。这些理论侧重于研究跨国公司国际直接投资的决定因素、发展条件及其行为方式，强调跨国发展的企业需具有垄断性的竞争优势地位。但随着经济全球化步伐的日益加快，国际直接投资日益呈现出多样化的格局。不仅欧、美、日"大三角"国家及地区加大了国际直接投资的广度和深度，新兴发展中国家也积极参与到国际直接投资的行列中。如果按照这些理论进行论断，都无法解释发展中国家企业跨国发展的动因。因为无论从规模、资本还是技术水平和经营管理技能等方面，发展中国家的企业同发达国家的企业相比，均存在着明显的差距。基于这种实际情况，国际直接投资理论在近几年取得了许多新的发展，陆续出现了一些专门用来解释发展中国家企业国际直接投资行为的理论。

## 一、垄断优势理论

1960年，美国学者斯蒂芬·海默在麻省理工学院完成的博士论文《国内企业的国际化经营：对外直接投资的研究》中，率先对传统理论提出了挑战，首次提出了垄断优势理论。该理论是在批判传统的国际资本流动理论的基础上，通过实证研究美国跨国公司国际直接投资实践而建立的。随后，金德尔伯格、约翰逊、凯夫斯和尼克博克等人分别对海默提出的垄断优势理论进行了补充和发展，使之成为系统、独立地研究跨国公司与国际直接投资最早和最有影响力的理论。

### （一）主要内容

垄断优势理论的核心内容是"市场不完全"与"垄断优势"，即市场的不完全性是国际直接投资的根本原因，同时跨国公司的垄断优势是国际直接投资获利的条件。

海默认为，当时的市场竞争不再是完全竞争，而是不完全竞争。传统的解释国际资本流动的理论是要素禀赋理论，该理论认为，各国的产品和生产要素市场是完全竞争的：资本从"资本过剩"的国家流向"资本稀缺"的国家，国际资本流动的根本原因在于各国间利率的差异，国际投资的主要动机是追求较高的利率。海默等认为，这种理论已不能科学地揭示战后迅速发展的国际直接投资现实。跨国公司从事国际直接投资会遇到诸多障碍，如语言、法律、文化、经济制度的不同，非国民待遇，汇率风险等。与东道国企业相比，跨国公司在这些方面处于不利的地位。面对诸多问题，跨国公司仍然进行国际直接投资的根本动因是跨国公司拥有的垄断优势，主要分为以下几类。

第一，来自产品市场不完全的垄断优势。这主要与商品特异、商标、特殊的市场技能或价格联盟等因素有关，如来自跨国公司拥有的产品差异化能力、商标、销售技术和渠道或其他市场特殊技能，以及包括价格联盟在内的各种操纵价格的条件。

第二，来自要素市场不完全的垄断优势。这主要是由于特殊的管理技能、在资本市场上的便利及受专利制度保护的技术差异等原因造成的，如技术要素（优势可来自专利、技术诀窍等知识产权，技术的专有垄断既可以使跨国公司的产品与众不同，又可以限制竞争者进入市场；充分的研发费用，加快了大公司的技术创新步伐）、资本要素（跨国公司可凭借其拥有较高的金融信用等级而在资本市场上以较低的成本，较多较快地筹集到资金）、管理技能和信息等方面。

第三，来自规模经济的垄断优势。即通过横向一体化或纵向一体化，在供、产、销各环节的衔接上提高效率。大企业为谋求规模经济而投入的巨额初始资本，对欲加入市场与之竞争的新企业来说无疑是一道难以逾越的门槛，而且伴随着很大的风险，另外，跨国公司可以利用国际专业化生产来合理配置生产经营的区位，避免母国和东道国对公司经营规模的限制，扩大市场占有份额。

第四，来自政府干预的垄断优势。东道国和母国政府可以通过市场准入、关税、利率、税率、外汇及进出口管理等方面的政策法规对跨国公司的直接投资进行干预，跨国公司可以从政府提供的税收减免、补贴、优先贷款等方面的干预措施中获得某种垄断优势。

### （二）简要评价

1. 贡献

垄断优势论以不完全的市场竞争代替完全的市场竞争，说明企业可以运用其组织上的效率和优势与当地企业展开角逐，有效地解释了第二次世界大战后美国跨国公司迅速发展的实际状况。此外，将跨国公司作为研究对象的主体，把国际直接投资和对外证券投资区分开来，创立了独立的跨国公司理论。这种剥离对以后的理论研究产生了重大影响，使此后的国际投资理论越来越接近现实，具有较强的科学性和现实意义。

2. 缺陷

由于海默的研究针对的是美国跨国公司，具有特殊性而缺乏普遍性，尤其是对于20世纪60年代以后发展中国家的国际直接投资更是难以做出科学解释。另外，垄断优势论只是阐明了国际直接投资的动机，对于跨国公司国际直接投资的产业分布和区域分布并未做出深入分析。

### 二、内部化理论

内部化理论（internalization theory）又称市场内部化理论，是在20世纪70年代以后由英国学者巴克莱、卡森和加拿大学者拉格曼在对传统的国际直接投资理论批判的基础上共同提出来的。内部化理论的渊源可以追溯到英国学者罗纳德·科斯于 1937 年发表的《企业的性质》(*The Nature of the Firm*) 一文中的产权经济学理论。科斯认为,由于市场失效、市场不完全将使企业的交易成本大大增加,包括签订合同的签约费用、信息收集费用,以及签订合同后发生的各种费用等。企业为了避免这些额外增加的成本,便产生了"内部化",即以企业内部市场取代不完全的外部市场的倾向。1976 年,英国学者巴克莱和卡森在《跨国公司的未来》(*The Future of the Multinational Enterprises*) 一书中运用交易成本理论和垄断优势理论,正式提出了内部化理论,后来加拿大学者拉格曼在 1981 年出版的《跨国公司的内幕》和 1982 年出版的《跨国公司新理论》中进一步发展和完善了内部化理论。

**(一) 主要内容**

从国际直接投资理论形成过程中可以看出,海默等首先用不完全竞争(即市场不完全)代替传统理论中完全竞争的假定前提条件,建立了垄断优势论。巴克莱和卡森仍以不完全竞争作为假定前提条件,但对其重新做出了解释,从而建立了内部化理论。海默认为,由于垄断造成了市场的不完全,市场不完全是跨国公司进行国际直接投资的前提条件。内部化理论也承认市场的不完全,但是已不是海默等人强调的规模经济、产品特异、市场进出障碍等内容,而是指由于市场失灵及产品的特殊性质或垄断因素的存在而导致企业参加市场交易的成本上升。

巴克莱和卡森认为,市场内部化的过程取决于四个因素:一是产业特定因素,是指与产品性质、外部市场结构和规模经济等有关的因素;二是区位特定因素,是指由于区位地理上的距离、文化差异和社会特点等引起交易成本的变动;三是国家特定因素,是指东道国的政治、法律和财经制度对跨国公司业务的影响;四是公司特定因素,是指不同企业组织内部市场的管理和协调能力。在这几个因素中,产业特定因素是最关键的因素。随着科技的进步,企业生产经营活动的内容和范围都发生了很大的扩展,它需要有良好的外部环境,特别是发达的中间产品市场,若中间产品特别是知识产品的市场是不完全的,这就导致企业只能将不完全的外部市场进行内部化。

知识产品具有以下几个特点。

(1) 知识产品耗时长、费用大。在知识产品的研究与开发过程中,企业要投入大量的人力、物力和财力,如西方一些大型跨国公司每年要投入大量的技术人员和数十亿美元的研究与开发费用,用于新产品的开发(即生产知识产品)。同时,花费的时间也比较长,短则几年,长则十几年甚至几十年,亦即企业要花费巨大的代价，但其研究与开发的结果具有不确定性，并不一定能保证生产出预期的知识产品。一次性在外部市场转让知识产品，并不一定能全额补偿最初的投入。

（2）知识产品可以给拥有者提供垄断优势。知识产品的拥有者如在外部市场上将其转让，无疑等于扶持了竞争对手，削弱了自身的竞争力，而利用差别性定价则比通过发放许可证更能有效地利用这些优势，给知识拥有者带来更大的收益。

（3）知识产品市场的外部化可能导致增加额外的交易成本。知识具有公共产品的性质。由于公共产品的消费是"共享"的，它对于某一个人或企业的供给并不减少对其他人的供给，某一个人或企业的享用也不影响其他人的享用。因此，将知识产品提供给某个人或企业的时候，就不可能或者至少要花很大的代价才能阻止其他人从中受益。

（4）由于市场的不完全性，知识产品的价格不易确定。在各类市场中，知识产品市场的不完全性表现得尤为突出。基于保密方面的考虑，企业在转让知识产品的时候，不可能和盘托出所有的技术细节，并且知识产品的效益只有在将其投入生产过程中后才能体现出来，而且还会受到其他相关因素的影响和制约。这些因素均会导致买方对知识产品的价值缺乏全面而深刻的认识。知识产品的唯一性，可能导致卖者提出过高的要价，买卖双方就知识产品的价格很难协调一致，其出路只有进行市场内部化。

知识产品的市场结构和知识产品在现代企业经营管理中的重要地位决定了其市场内部化的动机最强。内部化市场是相对于外部化市场而言的。跨国企业为了避免在外部化市场销售知识产权所引起的优势散失风险，便组成自己的内部化市场，使企业内跨国界的生产组织、资源调配和内部定价相互依赖，结成一体。正是这种内部化组织方式，使跨国企业能够有效地使用企业产权知识，获取更高的收益。国外子公司把在国内市场开发发展起来的产品扩展到国际市场上，在国际经营中保持优势。跨国企业在所有可能的市场上开发利用知识优势，并使利用知识的收益保持在企业内部，以便补偿创造知识所花费的成本。实行市场内部化已成为当代大型跨国企业的重要经营策略。

**（二）简要评价**

1. 贡献

内部化理论是西方学者跨国公司理论研究的一个重要转折，具体表现在：第一，它从内部市场形成的角度阐述了国际直接投资理论，对跨国公司的内在形成机理有比较普遍的解释力，与其他国际直接投资理论相比，它适用于不同发展水平的国家，包括发达国家和落后国家，因而在跨国公司理论研究中具有相当于"通论"和"一般理论"的地位，大大推进了国际直接投资理论的发展。第二，该理论强调了知识产品内部一体化市场的形成，更加符合当今国际生产的现实状况。

2. 缺陷

内部化理论的不足之处有：第一，过分注重企业经营决策的内部因素，却忽略了对影响企业运作的各种外部因素的分析，例如，它不能够解释国际直接投资的地理方向和跨国公司经营的布局。第二，内部化理论不能很好地解释为什么交易的内部化在特定的情况下必须表现为跨越国界的行为。第三，内部化理论说明的是跨国公司纵向一体化的国际直接投资行为，对横向一体化、无关多元化的跨国投资行为缺乏解释力度。

### 三、国际生产折衷理论

1977年，英国里丁大学的教授约翰·邓宁发表了《贸易、经济活动的区位和多国企业：折衷理论探索》一文，提出了国际生产折衷理论。邓宁认为，过去的国际直接投资理论是建立在对不同时期和不同国家国际直接投资的实证分析基础之上的，都只是从某一个侧面进行研究，都有其片面性，只是对国际直接投资行为做了部分解释，不能成为国际直接投资的一般理论，应该建立一种综合性的理论，以系统地说明国际直接投资的动因和条件。邓宁归纳并吸收了以往各种理论中的合理内容，又加上了他自己的区位理论，最终形成了当代国际直接投资理论体系中概括性和综合性较强的一种理论——国际生产折衷理论。

#### （一）主要内容

国际生产折衷理论认为，跨国公司开展国际直接投资是由三种优势共同决定的。这三种优势互相联系，缺一不可。

1. 所有权优势

所有权优势也就是垄断优势。这类优势又具体分为三种：一是跨国公司由于多国经营形成的优势；二是跨国公司各分支机构在生产管理上集中所形成的优势；三是在同一区位内，跨国公司拥有优于当地企业的优势。

所有权优势来自企业对有形和无形资产的占有状况。有形资产包括规模经济、多样化经营，以及对原料和产品市场的垄断。无形资产则包括技术专利、商标、管理技能、营销技能、研发能力、融资能力等。显然，就某一经济主体拥有的资产来说，无形资产比有形资产的流动性更强，因此，跨国公司拥有在世界上任何地方都可以利用的无形资产优势是其从事国际生产的重要条件。

2. 内部化优势

跨国公司将其拥有的优势内部化的主要动机是避免世界外部市场的不完全性

对公司跨国经营产生不利影响，并保持和充分利用公司技术创新方面的垄断领先地位。巴克莱等人特别强调了中间品的特殊属性和市场的不完全。邓宁则认为，外部市场对于中间品和最终产品来说都是不完全的，都存在这样或那样的交易障碍。他把市场失灵分成两类：一类是结构性的市场失灵，具体表现为东道国政府的限制（如关税壁垒和非关税壁垒）所引起的市场失灵。这些限制是导致跨国公司改革策略的主要因素，它们从原先的国内生产加出口的方式改成国际直接投资，从而绕过这些壁垒。此外，知识资产的特殊属性所导致的外部市场的"发育不良"也可划入结构性的市场失灵。另一类是交易性的市场失灵，主要是指外部市场因交易成本畸高而引起的市场失灵，如交易渠道不畅、信息成本高、成交效率低、不履约风险大等状况。邓宁认为，跨国公司的内部化优势在技术等无形产品的生产和销售领域，以及利用某些自然资源生产加工产品的生产和销售领域表现得最为突出。实证分析的结果表明，这两个领域的确也是跨国公司的国际生产极为活跃的领域。

### 3. 区位优势

区位优势是指东道国所特有的、不可移动的要素禀赋优势，以及社会经济环境等方面的有利条件，包括优势的地理位置、丰富的自然资源、巨大的潜在市场、良好的社会经济和投资环境，以及相应的法规制度等。可见，与所有权优势、内部化优势不同，区位优势不属于跨国公司，而主要属于东道国所有。一般来说，跨国公司无法支配和控制区位因素，而只有选择、适应和利用区位因素，才能取得区位优势。跨国公司在其国际直接投资区位选择时一般要考虑以下几个因素。

（1）劳动力成本。

劳动力成本是影响企业国际竞争力的一个重要因素。由于各国社会经济发展水平不同，许多国家都实行严格的移民政策，使劳动力成本在国家间的差异很大，形成了一个不完全竞争的国际劳动力市场，从而使劳动力成本成为跨国公司国际直接投资区位选择的一个重要因素。尤其当产品生产技术标准化以后，成本成为决定企业市场竞争能力的重要因素时，劳动力成本的作用将越加明显。

（2）市场潜力。

生产要素的投入和市场潜力的大小密切相关。国际直接投资的一个重要目的是开拓国外市场，扩大企业产品的国际市场占有率。因此，在许多情况下，只有当东道国具备较大的潜在市场规模时，跨国公司才会做出国际直接投资的决策。

（3）投资环境。

投资环境是决定跨国公司对外投资的一个重要因素。投资环境包括东道国的社会、经济、文化等宏观环境，也包括特定区位的地理位置、交通通信条件等微观环境。

（4）东道国政策。

东道国的外资、外贸、金融和税收等方面的政策，对国际直接投资的区位选择也有重要影响。

邓宁对跨国公司在出口、国际直接投资及许可证安排三种方式之间的选择做了进一步的解释。他认为，公司拥有所有权优势是其从事国际商务活动的基本前提。如果公司对其技术等优势实行内部化有利可图，同时国外的区位因素又有较大的吸引力，企业将选择国际直接投资方式。如果国外的区位优势不明显，公司将选择出口方式。如果公司对其拥有技术优势实行内部化无大利可图（如该技术在其生命周期中已快过时或该项无形资产无过多秘密），同时国外的区位因素吸引力又不大时，公司将选择以许可证方式出售或出租其拥有的无形资产。几种情况如表2-2所示。

**表2-2 企业进入国际市场的方式选择**

| 进入国际市场的方式 | 所有权优势（O） | 内部化优势（I） | 区位优势（L） |
|---|---|---|---|
| 许可证安排 | √ | × | × |
| 出口 | √ | √ | × |
| 国际直接投资 | √ | √ | √ |

注："√"代表具有或应用某种优势；"×"代表缺乏或丧失某种优势。

**（二）简要评价**

1. 贡献

邓宁的折衷理论在理论渊源上融合了以往多种学说的精华，并加以归纳与总结，使理论更加丰富，较以往的多种理论更全面地解释了企业国际经营的动因，从而形成了一个具有普遍性的理论体系，涵盖和应用的范围更加广泛。邓宁在后续的研究中，还结合各国经济发展阶段和人均收入水平，扩展性地提出了"投资发展周期"学说，较好地解释了发展中国家不同经济发展阶段资本流出流入的特征，具有很强的说服力。另外，国际生产折衷理论对服务业跨国投资也给出了令人满意的解释。

2. 缺陷

该理论缺乏统一的理论基础和研究主线。总体来说，该理论是对各种理论的简单汇总，其较强的解释能力，只是来源于它几乎囊括了已有的其他各种跨国公司理论。另外，它过于关注微观层面，过分注重对企业内部要素的研究，忽略了企业所处的特定社会政治、经济条件对企业经营决策的影响。虽然提出了投资国和东道国的宏观经济环境会对企业的投资行为产生影响，但并没有深入考察和分析这种影响。

## 四、边际产业扩张理论

### （一）主要内容

小岛清（Kiyoshi Kojima）从日本贸易导向的产业政策角度分析日本的国际直接投资，提出了"边际产业扩张理论"，从企业比较优势的动态变迁角度解释日本企业的国际直接投资行为。他将国际直接投资的动机分为资源导向型、市场导向型和生产要素导向型三种。一国应从已经或即将处于比较劣势而对东道国来说具有比较优势或潜在优势的产业开始国际直接投资，并依次进行。

小岛清认为，国际直接投资应该从本国（投资国）将陷入比较劣势的产业（边际产业）依次进行，而这些产业是东道国具有明显或潜在比较优势的部门，但如果没有外来的资金、技术和管理经验，东道国的这些优势又不能被利用。因此，投资国通过国际直接投资可以充分利用东道国的比较优势。日本的传统产业部门之所以能够比较容易地在海外找到有利的投资场所，是因为它们向具有比较优势的国家和地区进行投资。小岛清分析了美国与日本两种不同类型的对外投资对本国经济和进出口贸易产生的影响。他认为，美国式的国际直接投资属于贸易替代型，而日本式的国际直接投资属于贸易导向型——投资的主要目的是获得东道国原材料和中间产品，这样可发挥母国和东道国的比较优势，使双方获利。

### （二）简要评价

1. 贡献

边际产业扩张理论是一种符合发展中国家国际直接投资的理论。在国际直接投资理论中，边际产业扩张理论被认为是发展中国家国际直接投资理论的典范，它来源于当时高速发展的日本跨国经营实际状况，正是在这一理论的指导下，日本的国际直接投资大规模发展，带来了日本经济的腾飞，日本很快从发展中国家的队伍稳步迈进了发达国家的行列。而小岛清的边际产业扩张理论很好地揭示了发展中国家的国际直接投资的原因和行业特点，弥补了原有的国际直接投资理论只能解释发达国家的状况，对我们广大的发展中国家开展国际直接投资指明了方向和道路，有着巨大的借鉴和指导意义。

2. 缺陷

小岛清的这一理论也存在很多缺陷。首先，他把国际直接投资截然分成两种类型——美国式的贸易替代型和日本式的贸易导向型，无论在理论上还是在现实生活中都很难站得住脚。事实上，随着日本经济和社会的发展，以及企业垄断优势的增强，日本的国际直接投资越来越与美国方式趋同。其次，他否认了垄断因素在国际直接投资中的作用，回避了发达国家通过国际直接投资维护不合理的国际分工格局的现实。

# 第三章　国际商务管理的环境分析

　　企业从事国际商务活动的环境因素十分复杂，特别是在经济全球化的大环境之下。企业要想发展，不仅受到企业内部资源的制约，而且受到企业外部环境的制约。内部资源是企业发展的内在根本条件，而外部环境则是企业经营绩效的重要影响因素。因此，当企业的内部资源、经营战略、组织行为发生变化时，或者当外部各种影响企业经营决策行为的因素，如经济形势、法律政策、文化习俗、行业竞争、环境保护标准、社会责任标准等发生变化时，企业的经营绩效都会受到影响。

　　商务环境可分为国内商务环境和国际商务环境，而国内商务环境与国际商务环境是相互作用和相互影响的。一国经济、法律、政策的变化直接或间接影响国际商务环境，而国际商务环境的改变也直接影响国内商务环境。在本书中，我们重点讨论国际商务环境。

　　除了全球化这一大环境，国际商务环境还有许多维度，如经济、法律、文化、社会环境等。国际商务较国内商务要复杂得多，因为国家间在很多方面有差异。一国有不同于他国的经济制度和法律体系。而国与国之间在文化上的差异也是非常显著的，人口教育素质和技术水平上的差异也明显存在，且不同国家处在不同的经济发展水平上。所有这些差异都深刻影响着企业在不同国家的商务管理和战略计划制定。

　　本章主要是逐步让读者了解和鉴别国家间在经济、法律制度和民族文化上的差异，以及各国在国际法律、环境保护和社会责任标准方面的差异。我们将集中分析各国经济体制和法律体系的差异，它们共同构成了一个国家的政治经济（political economy）。使用"政治经济"这一术语，旨在强调一国的经济体制和法律体系不是相互独立的，而是相互作用、相互影响，共同影响国家的经济福利水平。

除了考察这些体制，本章还将介绍企业如何利用国际政治和法律进行国际商务管理和制定战略，以及环境保护标准与社会责任标准对中国企业的影响。同时，我们将讨论不同文化如何影响国际商务实践。需要注意的是，一国的政治经济与文化之间不是彼此独立的，文化可以影响政治经济，即影响一国的经济体制和法律体系，反之亦然。

# 第一节　经济体制

一个国家的经济体制（economic system）包括该国用来分配其资源及引导商业活动的结构和过程。每个国家的经济都是个人和集体价值观的混合（集体价值观通常体现在政府对商务活动的干预中），即没有哪种经济体制会绝对强调社会福利而忽视对个人和企业的激励。然而，每一个经济体都会体现出更强调个人主义或集体主义经济价值观的倾向。这样我们就可以在一个连续的统一体中将不同的经济体制划分为市场经济、计划经济和混合经济。

## 一、市场经济

在市场经济（market economy）中，一个国家的大部分土地、厂房和其他经济资源都归个人或组织等私人所有，而非归国家所有。一个国家生产什么商品和服务，以及生产多少不是由任何计划确定的，而是由供求关系决定的，并通过价格机制将信息传递给生产者。如果商品的需求超过供给，则价格上升，表明生产者应生产更多；如果供给超过需求，则价格下跌，表明生产者应减少生产。在这个体制里消费者是上帝，消费者的购买模式通过价格机制传递给生产者，从而决定生产什么和生产多少。

## 二、计划经济

在一个纯粹的计划经济（planned economy）中，一国生产的商品和服务、生产的数量及销售价格都是由政府计划指定的。与集体主义意识形态一致，计划经济的目标是由政府分配资源以求"社会利益"。另外，在纯粹的计划经济中，一切工商企业均归国家所有，其基本原理是，政府能够直接按国家利益最大化原则进行投资，而不是按个人利益最大化原则进行投资。

尽管计划经济的目标是为了公共利益而利用经济资源，然而在实际中，国有企业往往对控制成本和提高效率缺乏动力，因为企业不会破产。而且私有制的取消意味着不存在激励机制去鼓励个人寻求更好地满足消费者需求的方式。因此，计划经济缺乏动力和创新，取代经济增长和繁荣的是经济趋于停滞。

### 三、混合经济

在混合经济（mixed economy）中，一部分是私有制和自由市场机制，另一部分是国有制和政府计划机制。混合经济曾经在世界许多国家非常流行，尽管其数量正在减少。在混合经济中，政府也倾向于将一些面临财务困境的私人企业收归国有，因为这些企业的持续经营被认为对国家利益极为重要，如法国雷诺汽车公司。当雷诺汽车公司的经营面临一系列财务困境时，法国政府接管了它。法国政府认为，雷诺汽车公司倒闭将会造成大量失业，从而导致无法承受的社会成本，因此决定将该公司国有化而使之免遭破产。而雷诺汽车公司的竞争对手对此极为不满，因为它们必须与接受假补贴的公司相竞争。

就经济体制来说，一个国家处于计划经济体制阶段还是处于市场经济体制阶段，又或是处于由计划经济体制向市场经济体制转型的阶段，其投资环境是不同的。不同的经济体制对国际商务活动有不同的影响。在市场经济条件下，企业可根据自身的经济目标和条件，在价格信号的引导下，自主地确定商务活动的战略，商务环境较宽松；而在计划经济条件下，资源的分配和产品的生产都要由计划部门统筹安排，企业自主性小，从事商务活动比较困难。

再就经济发展水平来说，一个国家所处的发展阶段不同，经济结构、国民收入的水平就会不同，消费者对产品的需求也不一样，从而直接或间接地影响着国际商务活动。例如，经济发展水平较高的国家，其分销制度偏向于大规模自动化零售业；而经济发展水平较低的国家，则偏向于家庭式规模经营的零售业。在工业品方面，经济发展水平较高的国家着重投资于先进、精密、自动化程度高的生产设备；而经济发展水平较低的国家则偏向于投资少、耗费劳动力多、简单、易操作的生产设备。正处于经济起飞阶段的发展中国家对外资的进入一般有鼓励政策。

## 第二节　法律体系

一国的法律体系或法律制度指的是法令或者法律，它们规定了行为要合乎所实施法律的程序，并且通过法律实现公正。一国的法律体系对于国际商务极其重要。如同一个国家的经济体制，该国的法律体系也受占统治地位的政治体制的影响。一国政府定义法律框架，规定企业在该框架内经营商务活动。用于管理商务活动的法律通常反映出该国统治者的政治意识。

下面我们将集中讨论和说明各国法律体系的不同，以及这些不同如何影响国际商务活动。首先，考察合同法上的差异；其次，考察有关财产权的法律，具体涉及专利、版权和商标等；再次，讨论有关知识产权的保护；最后，考察有关产品安全和产品责任的法律。

## 一、合同法上的差异

合同（contract）是指交易即将出现时所描述的具体条件，是对涉及的各方细化权利和义务的文件。许多商业交易都由不同形式的合同来规范。合同法（contract law）是监督合同实施的法律。合同的各方通常会在确信另一方违反合同精神或条款时诉诸合同法。

普通法和大陆法在合同法上的差异，可以从各自在合同法中的规定不同显示出来。由于普通法相对来说不太依据具体的条文，故在普通法框架下起草的合同往往对所有偶然事件都有非常详尽的说明。而在大陆法框架下，合同则趋向于较短和较为笼统的描述，因为在普通法合同中所涉及的许多问题在大陆法法典中都有明文规定。在采用普通法系的国家起草一份文件成本较大，而在采用大陆法系的国家处理合同纠纷则可能产生很多争议。另外，普通法系具有较大的灵活性，允许法官根据具体情形处理合同纠纷。从事国际商务必须充分认识到这些差异，因为在一个实施大陆法的国家中，如果按普通法准则来处理合同纠纷就会犯大错，反之亦然。

当国际贸易引起合同纠纷时，一直困扰大家的问题是适用哪个国家的法律。为解决这个问题，一些国家包括美国已经执行《联合国国际货物销售合同公约》（CISG）。CISG建立了一整套监督在不同国家做生意的买卖双方制造和销售某些日常商品的合同的规则。一国通过采用CISG，向其他已采用该公约的国家表明该国将视公约的规则为其遵守的法律。CISG自动地适用于执行公约的国家的公司所销售产品的所有合同，只要合同双方没有选择退出该公约。CISG存在的问题是，只有不足70个国家加入了该公约（CISG于1988年开始实施）。世界上很多贸易大国包括日本和英国尚未认可该公约。

当企业不愿意接受CISG时，它们通常选择认可的仲裁法庭来解决合同纠纷。最有名的是总部位于巴黎的国际商会仲裁院。

## 二、财产权和腐败行为

在法律意义上，"财产"一词是指个人或企业所拥有并具有合法权益的一种资源，即其自身所拥有的资源。资源包括土地、建筑物、设备、矿产、企业和知识产权（如专利、版权和商标）。财产权（property right）是指使用资源，以及通过使用资源可能产生任何收益的一系列相关法律权益。各国涉及财产权保护的法律制度有很大的差异，目前几乎所有国家都有保护财产权的法律条文。然而在一些国家，当局并没有认真执行这些法律，从而导致财产权遭到侵犯。财产权可能通过两种方式被侵犯：私下行为和公共行为。

### （一）私下行为

私下行为是指个人或非公有的集团的偷窃、盗版、敲诈等行为。尽管在所有国家都有可能发生偷窃行为，但在一些法治程度较低的国家，其犯罪程度比其他国家要严重得多。例如，在某些国家，过时的法律制度加上软弱无力的警察队伍和司法制度，根本无法给本国及外国的企业提供有力的保护，无法使它们免遭黑势力的敲诈。在那些国家，成功的企业主经常要向黑势力支付"保护费"，否则就会遭到惩罚，包括炸弹袭击和暗杀。

### （二）公共行为和腐败

侵犯财产权的公共行为是指公共官员，如政治家和政府官员，从财产所有者那里"勒索"钱财或资源。这种行为可以通过法律机制实现，包括向财产所有者征收过多的税收，索取高额的许可证费用，将其资产收归国有而不予补偿，或重新分配资产而不给原来的所有者以补偿等。侵犯财产所有权的公共行为还可以通过非法的途径或腐败来实施，例如，一些企业为获得在某个国家、行业或地区经营的权利而不得不行贿。

腐败存在于各种社会，没有一个地方可以杜绝腐败，但是不同国家的腐败程度却存在着制度上的差异。在一些国家，法律法规使腐败维持在最低限度，腐败被视为是非法的，一旦被发现，违法者就会受到严厉的法律制裁。而在另一些国家，法制却十分薄弱，官员和政治家的腐败行为相当普遍，腐败在这些国家非常流行，以致政治家和官员将其视为一种政府特权，并公然藐视反腐败法。

## 三、知识产权的保护

知识产权（intellectual property）属于财产权，是智力活动的产物。知识产权通过专利、版权和商标可以建立所有权。专利（patent）是准许一个新产品或新工艺的发明者在一定时期内享有制造、使用或出售该发明的专有权。版权（copyright）是作者、作曲家、剧作家、艺术家和出版商出版及以适当的方式传播其作品的专有合法权利。商标（trademark）是设计和品牌的名称，通常需要在官方登记注册，商标权人用它来称呼和区别其产品。在21世纪高科技知识经济时代，知识产权越来越成为企业创造经济价值的重要来源，保护知识产权也变得越来越复杂。尤其是当它能以数字方式被复制，然后通过盗版光盘或互联网被分销出去时更是如此。

各国对知识产权的保护有很大差异。许多国家对知识产权有严格的法律规定，但是这些规定通常执行不力，这种情况即使在世界知识产权组织（World Intellectual Property Organization, WIPO）现有的193个成员中也时有发生，这些成员都签署了旨在保护知识产权的国际公约，包括最早的《保护工业产权巴黎公约》。执法不力怂恿了对知识产权的侵犯，例如，在一些较穷国家城市的街头，出售假冒劳力士手表、李维斯牛仔裤、盗版录像带和计算机软件的小贩排成了长队。

国际企业对这种侵权可能有许多不同的反应。企业可以游说其政府签署国际协议，以保证知识产权受到保护，并强制实施法律。这种行动的结果之一是国际法规在一定程度上得以加强。如1994年签署的《马拉喀什建立世界贸易组织协定》第一次将GATT（关税与贸易总协定）的适用范围扩大到知识产权，在新的协定下，通过了《与贸易有关的知识产权协定》（TRIPS），并在WTO（世界贸易组织）中设立了管理TRIPS并监督该协定实施的常设机构"与贸易有关的知识产权理事会"，由其严格执行有关知识产权的规定。这些规定责成WTO成员同意执行专利权持续至少20年，版权持续50年，富裕成员必须在1年内执行该规定，贫穷成员可以有5年宽限期，最穷的成员的宽限期为10年。

许多国家正在日益加大其对知识产权的保护力度，遵守诸如WTO的TRIPS等国际协定；但与此同时，另一些国家对其境内的侵犯知识产权事件依然较为纵容。20世纪90年代后期，南非政府通过一项法规，允许该国进口专利药品的廉价复制品，包括治疗艾滋病的新药，无须获得专利拥有者的许可。2001年，该法规成为法律界争论的焦点。寻求知识产权保护的跨国药品公司与要求为穷人提供廉价治疗的艾滋病活动家，以及南非政府彼此争得不可开交。

除了游说政府，企业还可能为保护自身利益而诉诸法律手段。企业也可以避开那些不严格执行知识产权法的国家，而不是冒进这些国家从而它们的创新理念被当地企业"偷"走的风险（如20世纪70年代初可口可乐和IBM决定离开印度）。企业也需要警惕，保证那些在不严格执行知识产权的国家生产的盗版产品不会流回本国市场或流向第三国市场。例如，美国计算机软件巨头微软公司发现，泰国非法生产的盗版微软软件被当作正版产品在世界各国（包括美国）出售。

## 四、产品安全和产品责任

产品安全法规定对某一产品必须建立一定的安全标准。产品责任（product liability）是指当一个产品引起伤害、死亡或损失时，该产品的生产企业及其主管人员应对此承担的责任。如果一个产品与应有的安全标准不一致，企业的产品责任可能相当大。产品责任分民事责任和刑事责任两种。民事责任要求支付赔偿金，刑事责任导致罚金或监禁。尽管许多西方发达国家都有产品责任法，但大部分发展中国家要么没有产品责任法，要么产品责任法的适用范围较为有限。产品责任事件和赔偿金的激增在美国导致了责任保险成本急剧上升。许多企业的执行官指出，责任保险的高额费用导致美国企业在全球市场上的竞争力下降。

除了竞争问题，产品责任法的国家差异也给企业在海外从事商务活动带来了一个重要的伦理问题。当产品责任法在企业母国比在外国更为严格或外国产品责任法相对宽松时，企业在外国从事商务活动应该依照当地更宽松的标准还是较严格的标准呢？尽管从道义上讲，应该依照母国标准，但事实上，企业一般按照较为宽松的产品责任法从事国际商务活动，而这种做法在母国往往是不被允许的。

## 第三节 文化差异

伴随着经济全球化的发展，各国之间的商务活动日渐频繁，很多人认为在全球通信技术、快速运输技术、全球市场日趋成熟的当今社会，地球村已经囊括了每一个角落的人，而各国之间的差异则显得并不突出。虽然通信和交通运输技术的发展使得商务世界缩小了，但是深刻的文化差异仍然存在于现代化的外表之下，国与国之间的区别影响着国际交往，从而使文化差异依然复杂。因此，我们在这一章探讨国际商务环境中文化差异的重要性。

不论是西方企业家在伊斯兰国家的经营，还是日本企业家在欧美的拓展，这些商务活动的无数成败都从实践的角度证明了，企业在全球范围内经营必须遵循和理解外国的习惯做法，只有尊重、接受对方的文化才能换取商务活动的顺利展开。反观之，在对外商务活动中，如果双方不能进入同一文化背景中，就容易产生误解或是冲突，最终导致交易的失败。例如，日本人特别看重交换名片的顺序，惯例是，身份低的后辈或下级先给身份高的前辈或上级递上自己的名片，在接受对方的名片时，一定要双手接过，并且要仔细阅读。

一个社会的文化必然反映在国际商务进程中，影响商务人员如何经商、如何进行谈判、如何签订合同、如何应对潜在的商务关系。总而言之，商务活动的各个环节都涉及各国及地区之间的文化差异，因此企业家只有不断提高对各种文化的理解，快速适应陌生的文化环境，耐心对待、灵活处理、尊重潜在商业伙伴的价值观和信仰等，以及在此基础上提高相关技能和产生合适的创意，才有可能在国际商务中获得各国或各地区的认同，从而取得商务活动的成功。

### 一、文化概述

#### （一）文化的含义

迄今为止，文化都没有一个完全一致的定义。19世纪70年代，人类学家爱德华·泰勒（Edward Tylor）将文化定义为一种包括知识、艺术、信仰、道德、法律、习惯和一个人作为社会成员所需要的其他能力的综合体。人类学家、商业顾问爱德华·霍尔（Edward Hall）认为，文化是一个群体区别于另一个群体的截然不同的生活和思维方式，以及对家庭、国家、经济制度甚至是人本身的不同看法，同时文化的表现形式也是多样的，可以是正式的、非正式的或是技术性的，即有形文化和无形文化。随后，研究交叉文化差异和管理的荷兰管理学家吉尔特·霍夫斯泰德（Geert Hofstede）称文化是"大脑的软件"，是"使一类人不同于另一类人的集体的头脑编程"，这种"集体编程"使得一群体成员的思想意识区别于另一群体成员。除此之外，在之后的几百年间，数百位学者基于各自的研究领域给出了文化的定义。其中，美国人类学家克罗伯（Kroeber）和克拉克洪（Kluckhohn）提出的定义至今仍为管理学者广泛引用：文化由各种模式组成，即通过符号习得或展现的显性的和隐性的行为。这些符号构成了人类部落独特的成就，包括具体的人造物。文化的核心由传统（如历史演变和选择）思想，特别是相应的价值观构成。一方面，文化体系可以被认为是行动的产物；另一方面，它也可以是未来行动的制约要素①。

　　由以上学者对文化的各种定义可以看出，文化（culture）是一个社会全体成员或一群人表现的、长期形成的并且世代相传的价值观、符号、信仰、思维模式等思维特征和行为特征的总和，文化通常被人们看作人类环境中的人为部分或一种独特的生活和思维方式。

　　文化是在一个社会中由许多因素共同作用形成的产物，这些因素包括历史、地理、政治、经济、社会结构、语言等。文化不仅是人们长期创造形成的产物，而且是社会历史的沉积物。任何一个国家和地区的文化都不是一个短时期内的产物，它必然先后经历了萌芽、被人们熟悉并接受等阶段，从而得以世代传承，并同时体现在人们日常生活和思维方式的各个方面。如果想真正理解文化的差异，以及正确解释某种文化行为和态度，就不应局限于当前这一狭小的时间和空间范围，而应基于一国或地区文化所经历的历史事件，以及该文化所适用的独特地理特征。历史和地理作为文化的基础，在文化的形成过程中起到了至关重要的作用，这种作用渗透在文化所体现出的各个方面。正如政治、经济等因素以更直接的方式影响着一国的文化，从而影响着国际商务环境。

　　文化主要通过父母传递给子女，但也会通过社会组织、特殊利益群体、政府、学校、教会等加以传播。一个社会的文化是一代代传承下来的，它与语言、风俗、

---

　　① KROEBER A L, KLUCKHOHN C.Culture： a critical review of concepts and definitions ［M］. Papers of the Peabody Museum of American Archaeology and Ethnology, Harvard University, 1952：223.

法律等诸多方面紧密相连。

通过以上讨论，文化的含义主要体现为以下几个方面：首先，文化是同一社会或同一群体的成员共享的一套思想，尤其是价值观和思维模式；其次，文化是通过符号代代传承的；再次，文化是由一个社会或群体的成员过去的行为逐渐形成的，并不断变迁；最后，文化是需要学习的，并在学习的过程中积累、形成，以及变化。

### （二）文化的特征

人类学家对文化的特征的解释可谓仁者见仁、智者见智，将其概括起来主要有以下几点。

#### 1.文化是后天习得的

文化不能遗传，而是后天习得的。正如之前所讨论的，传递文化的既可以是父母，也可以是社会组织、特殊利益群体、政府、学校、教会等。生物学家通过实验发现，某种动物一生中童年时期所占的比例，与这种动物对习得的赖以生存的行为的依赖程度有关。人类的童年期比其他任何动物的童年期都要长得多，这反映了人类大大地依赖于后天习得的行为。人类文化的习得过程和传递过程是个扬弃的过程，是认识和经验架构上的转变，是文化的抽象形式的转变。

#### 2.文化具有强制性

人类学家和社会学家认为，文化强制有两种类型：一种是直接文化强制，另一种是间接文化强制。直接文化强制即指一个社会个体的行为和思维方式必须符合某种文化所容许的类型，否则将会受到某种程度的社会干预或孤立。法国社会学家埃米尔·杜尔凯姆（Emile Durkheim）在解释间接文化强制时说："没有人强迫我非得同本国人说法语或非得使用合法货币不可，但我却不可能有其他的选择。如果我试图摆脱这种必然性，将只会以悲惨的失败而告终。"[①]文化强制使得一个人在知觉、判断及行为上往往与社会中的大多数人保持一致，具有趋同性，这种现象被称为社会从众效应。

#### 3.文化具有适应性

一种文化具有适应性，即指任何文化都应该适应本群体生存的自然环境和社会环境。文化的适应性主要体现在一个社会群体的习俗上——基于不同的自然环境和社会环境，会产生不同的习俗。当自然环境相同或相似时，由于社会环境不同，也会产生不同的习俗。适应某种环境的习俗，对于另一种环境却不一定适应。所以在商务过程中当发现某一社会群体或民族具有某种习俗时，应该从适应社会

---

① 恩伯 C，恩伯 M.文化的变异：现代文化人类学通论［M］.沈阳：辽宁人民出版社，1988：37.

的特定环境角度出发，看其是否合乎情理，同时调整自己的态度和行为方式。

4.文化是不断变迁的

文化的变迁是时刻都可以被感受到的，世界上也不存在一成不变的文化模式。文化只有在不断变迁的过程中才能得到发展和进步，这是一个不以人的意志为转移的客观过程。文化变迁的主要原因有发现和发明、革命与社会制度变革、文化借用或传播，以及文化移入等。从历史的角度来说，文化变迁是缓慢而不间断的。如今，随着科学技术和人类通信、交通技术的快速发展，世界政治、经济、文化交往日益频繁，文化变迁的速度也相应加快。

## 二、文化的要素

从表面观察一个国家或一个社会群体的文化是肤浅而困难的，因此将文化分解为几个部分，继而分析每一组成部分的特点及其与整体的关系，就将对其文化有更加深刻的理解，也将揭示其逻辑关系和人们的行为动机。文化的要素主要包括语言、风俗习惯、审美、教育、物质因素等方面。

### （一）语言

国际商务人员面临的第一个难题就是语言障碍。语言（language）作为表达和交流思想的工具，是人类最重要的交际工具。语言是主要的信号体系之一，人们通过语言可以理解周围世界的含义。一切文化的创造都无法离开语言，同时文化积累也是通过语言来保存的。一个国家或地区所使用的语言与其所拥有的文化之间有密切的联系。作为语言书写符号的文字，是语言的另一种表现符号。总而言之，文化是语言的基座，语言是文化的载体，文字则是载体的载体。

语言作为文化的载体，反映着一定的社会文化环境，而社会文化环境同时也制约着语言的发展与完善，影响语言使用者的思维方式。例如，由于因纽特人常年生活于冰雪存在的环境中，因此不像英语一样只有一个对"雪"的总称，而是分别采用了24个不同的单词来描述各种形态的雪，如粉雪、落雪、飘雪等。同样的情况也出现在阿拉伯国家。由于阿拉伯国家的游牧民族与沙漠及骆驼密不可分，因此在阿拉伯语中有400多个表示骆驼的词。

随着全球化的发展，世界文化交流日益频繁，各国各民族的语言文字进行着相互的翻译、借鉴和吸收，可能时时刻刻都会有新的词汇被补充到各种语言中。但是这并不能改变一种语言的基本特征和它在形成及传承文化过程中所起到的独特作用。据有关资料统计，全世界各民族共有3000多种语言，使用人口超过1000万的语言有约100种。使用人口最多的是汉语，其次是英语、印地语、西班牙语、俄语、法语、德语、孟加拉语、阿拉伯语、葡萄牙语、日语、印度尼西亚语等，其中被定为联合国正式语言的有六种：阿拉伯语、汉语、英语、俄语、法语、西班牙语。世界上使用最广泛的语言是英语，其次是法语、西班牙语和汉语。英语逐渐成为国际商务语言。当一位日本人和一位德国人进行商务交易时，几乎可以肯定他们会用英语交流。

然而，在英语被广泛使用的同时，学习地方语言就会产生很大的优势。大多数人愿意用自己的语言交谈，而能够说地方语言就会产生亲和力，这也许对商务交易非常重要。不懂地方语言的国际企业，由于翻译欠佳可能会导致一些重大失误。例如，阳光公司（Sunbeam Corporation）用英语单词mist-stick表示用来喷雾定型的卷发铁棒，当进入德国市场并花了大量广告费后，该公司才发现mist在德语中的意思是"粪便"。通用汽车公司也曾遇到过类似的麻烦，波多黎各经销商对通用汽车公司的新雪佛莱Nova缺乏热情，因为在西班牙语中nova的意思是"不走"，后来通用汽车公司将车名改为Caribe[①]。

如果开展商务活动的双方使用同一种语言，相互的文化传播就变得相对容易，同时商务活动的开展也会变得相对容易。现在各国在开展商务合作时，如果合作双方使用的不是同一种语言，则自然就采用英语等国际通用语言。

在开展国际商务活动时，不仅要使用口头语言和书面语言，而且要依赖于体态语言和其他非语言交际方式，这在一定程度上形成了文化差异。美国人类文化学教授爱德华·霍尔将文化划分为高语境文化（high-context culture，HCC）和低语境文化（low-context culture，LCC）。所谓语境，是指围绕一个特定事件所传递的暗示和其他信息，即不同时间、空间、事件、协议下的各种"语言"。高语境文化中的交际在很大程度上依赖于所谈话题的来龙去脉或肢体语言、特殊腔调和环境的细微差别，大部分信息不能通过语言直接获得，必须根据事情的前因后果，以及自己的揣摩意会才能获得。高语境文化的代表性国家是日本和中国。相反，在低语境文化中，明确的语言文字就已经传递了大部分信息。典型的低语境文化国家是瑞士和德国。

在国际交往中，不同文化利用语境的程度相差很大，大部分欧美国家倾向于低语境文化，而日本、中国和阿拉伯国家则倾向于高语境文化。同时，不同语境文化中的交流方式也不同。

明确的文字符号（口头或书面语言）在低语境文化国家使用得最为频繁，这些国家在国际商务中往往更专注于细节、精确的时间安排，而不是将精力花费在揣摩语境的含义上。因此，低语境文化国家在商务活动中表现得较为直接，尤其

---

① PASADEOS Y. Big business blunders: mistakes in multinational marketing [J].Journal of advertising, 1983, 14 (1): 60.

是在进行商务谈判时会避免寒暄，而是直接切入主题。相反，高语境文化国家不像低语境文化国家那样珍视言语交流，更多的时候表现为沉默，从对方的表情、行动，以及环境的变化来捕捉信息，并且将这些部分加以综合，揣摩意会。例如，日本人和中国人都喜欢顾左右而言他，表达的意思迂回婉转，听者必须揣测对方讲话的言外之意。

然而，许多非口头语言也是文化的集成，不懂得另一种文化的非口头语言的含义，可能导致交流的失败。例如，在美国将大拇指和食指围成一个圆圈表示友好，而在希腊和土耳其则表示粗俗的性挑逗；同样，大多数美国人和欧洲人用大拇指向上的手势表示"好"，而在希腊该手势具有"猥亵"之意。

非语言交流的另一方面是个人空间，即你和谈话人之间适当的距离。在美国，两人之间商务谈话的习惯距离是 1.5～2.5 米，在拉丁美洲是 1～1.5 米。结果，许多北美人不习惯拉美人侵入他们的个人空间，对话时可以看见其逐步后退，而拉美人可能将这种逐步后退理解为冷淡，其结果是不同文化的两个商人间可能产生令人遗憾的隔阂。

**（二）风俗习惯**

风俗习惯（custom）是文化的一种表现。风俗习惯不是一个在短时期内形成的风尚和习惯，是经过人们历代相沿积久而成，并经过重复才最终固定下来的一些行为方式。因此在不同的文化环境下必然形成不同的风俗习惯。风俗习惯影响着不同文化中产品的使用方式，同时还影响着商务合作双方对同一事物的认识，来自不同文化背景的人对同一种事物和行为的认识往往不同。

理解对方的风俗习惯在进行国际商务交往尤其是在进行国际商务谈判时十分重要。如果只按照自己的风俗习惯来理解某一问题可能是完全错误的，无法得到合作对方的认可，也无法达成最后的合作。例如，在国际商务交往中，在适当的时机向对方赠送小礼物是增进合作双方信任和友谊的有效途径之一。但是如果不了解商务伙伴的风俗习惯，就可能在不适当的时候送出了不适当的礼物，使得自己弄巧成拙。

**（三）审美**

对任何人而言，美是令人赏心悦目的感觉，经常体现在绘画、音乐、戏剧和舞蹈等艺术形式上。不同文化背景下的人对美的定义不同，因而不同的民族具有不同的审美（aesthetic）理念。人们之所以能感受到美，关键是这些事物的属性与人们的文化背景、生活习惯等相关，人们从中能得到一种感情上的认同和感官上的享受。因此，来自不同背景的人对美的定义差距如此之大就不足为奇了，因为他们有不同的生活习惯和文化特点，对周围事物的认识必然不会保持一致。

例如，中国人喜欢红色，因为其表示赤诚热烈，也是喜庆节日中表达人们愉快心情时必不可少的颜色，如红色的衣服、红色的对联等。但是西方一些民族则认为色调纯洁的白色配上典雅的气质是美的表现。又例如，在中国，乌鸦是厄运的象征，但是在英国王室，乌鸦被视为宝贝。

### （四）教育

教育（education）作为一种手段，在文化传播过程中起到重要的作用。教育分为正规教育和非正规教育，两种教育方式都在青少年适应社会价值观的过程中发挥作用。非正规教育，例如，父母和社会中的其他群体或成员的教育，对一个人的价值观的直接形成起到重要的作用，而以学校为代表的正规教育则在这个过程中起到重要的补充作用。

迈克尔·波特在研究国家竞争优势的过程中认为，教育是形成国家竞争优势的重要因素之一。拥有具有技术和受过教育的高素质工作者是一个国家经济成功的关键因素。日本就是范例，日本经济在1945年之后快速发展，在很大程度上得益于它拥有一大批有技术、有文化的高素质工程师。

在国际商务中，教育的影响主要体现在商务区位和国际经营活动的方式上。在进行国际商务合作时，首先，对于合作对方国家的教育情况做一定程度的了解和分析是必不可少的步骤。对于一些高科技公司而言，这是最基础的环节，也是商务活动成败的关键因素。其次，由于教育的差异，在进行国际经营活动时各个环节的方案都要与当地的教育水平和教育特点相适应。例如，在文盲率较高的国家，产品的说明书就应该以图画为主。在泰国，一款产品的广告经常同时使用中、英、泰三种语言，这都与当地的教育环境相适应。

### （五）物质因素

文化中的物质因素主要是指文化环境中的基础设施，其与社会组织和社会经济活动的方式紧密相连。基础设施又分为经济基础设施和社会基础设施。一国的经济基础设施主要包括一国的交通、能源和通信系统。社会基础设施是指住房、医疗和教育体系。

在进行国际商务活动时，基础设施完善与否也成为区位选择的一个影响因素。选择一个基础设施相对完善即物质因素较优越的地区开展商务活动，在商务经营过程中遇到的客观阻碍相对较小，同时节省了进行基础设施建设的支出，从而会给企业带来相对丰厚的利益回报。

但是随着发展中国家的迅速发展，一些物质因素并不优越的发展中国家因为拥有广阔的潜在市场成为国际企业的新目标。由此可见，就发展中国家而言，加强本地的基础设施建设，优化自身的物质条件，对于促进国际商务活动的开展具有重要意义。

### 三、文化知识及分析

文化知识中所指的"知识"已不再是日常生活范畴中的百科全书上的内容或教科书上的解答，以及科学文献上传达或解答的相关内容。此处将知识定义为管理背景下的知识，即它是基于传统科学逻辑的描述和解释并与思维和认识的范例模式相关的一种组织知识。而文化知识正是针对某一社会群体的文化采用传统科学逻辑的描述和解释思维而形成或获得的一种组织知识。当知识的外部环境发生变化时，如文化不同或社会环境不同等，知识也将随之变化。此处提出文化知识的目的是强调在进行国际商务活动时，商务人员不论是从实践中还是从他人的言传身教中获取的知识都应该随着文化的改变而发生变化，从而适应国际商务活动的需要，也就是形成一种跨文化意识，从而拥有较强的文化敏感性，能敏锐地感觉到并客观地观察、理解不同文化之间的差异。

对文化要素的分析，我们可以得出一国文化的差异是由语言、风俗习惯、审美、教育、物质因素等多方面的深刻差异造成的。这些文化差异使得跨文化知识在国际商务活动开展过程中变得不可或缺，人们不仅需要理解文化差异，而且需要理解这些差异对国际商务活动的意义。另外，还应意识到文化和伦理之间的关系，以及文化和国家竞争优势的关系。这些有关文化的具体内容都构成了文化知识的一部分，对于国际商务活动起到重要的指导作用。

例如，各国价值观的不同使得开展商务活动时所采取的态度和措施存在差异。关于世界各国价值观的对比研究明显地解释了大多数亚洲文化和北美文化所珍视的价值观的差异。1996年沃思林（Wirthlin）对六个国家进行了调查，发现亚洲的七大价值观分别为：努力工作、尊重知识、忠诚、对新思想的开放、责任感、自律和自立。而1994年由戴维·希契柯克（David Hitchcock）研究的关于北美的七大价值观分别是：自由表达、个人自由、自立、个人权利、努力工作、个人成功和为自己考虑。通过研究，我们可以看出亚洲文化和北美文化的价值观存在重大的差异，这在决定国际商务活动的重要决策过程中有重要的参考价值。例如，一些跨国公司在进行管理时，会针对企业所在国家或地区的价值观等文化差异制定不同的政策体系。日本的企业总是重视企业内部的团体和睦，它们设计出一套奖赏机制，尊奉一致性，并且善于雇用群居的员工，在公司运作过程中尽量规避不确定性，同时强调敬业精神，因此，终身雇佣制在日本广泛流行。与此不同，美国企业更倾向于雇用敬业型员工，而且鼓励冒险，追求创新。但是根据学者的研究，分布在美国的日本跨国公司在进行内部管理时除了强调母公司的价值观，同时还注重和美国本土价值观相融合，并且在高级管理层中也会有美国人的身影。同时，分布在日本的美国跨国公司在企业的日常运转中也注重遵从日本的价值观和工作习惯，例如，在召开正式的讨论会议之前，相关人员往往已经仔细商讨过，并基本达成一致意见。

1966年，詹姆斯·李（James Lee）指出，在进行国际商务活动时，缺乏跨文化意识的管理者往往参照自己的文化价值观去评价或衡量处于不同文化中的行为或事物，也就是所谓的"自我参照标准（self-reference criterion，SRC）"。这必将导致企业的经营管理，尤其是人力资源管理和国际市场营销等方面出现重大问题，从而影响企业的经营绩效。可见在进行国际商务活动时，最重要的一点就是根据外国的文化特点、习惯或者标准来定义问题或目标，而不是利用自己的价值观来做出判断。因为利用自己的价值观来定义问题时，往往会使得国际问题复杂化，产生不必要的负面影响。

了解文化的差异，形成跨文化意识必须不断地监控环境的变化，其中既包括由外界事物引起的外部环境的变化，也包括由企业内部因素引起的自身的变化。国际企业的经理人员不但要具备东道国的文化知识和经验，而且要了解东道国是如何看待自己的文化的。在2002年韩日世界杯中，韩国队打入四强，一鸣惊人。韩国队的球员成为国家的英雄，而韩国队荷兰籍的教练希丁克也成为韩国人的偶像。最初，希丁克在韩国队执教一段时间后发现在最关键的射门前的传球中，即使年轻的球员站在比较好的射门位置，传球的球员也会将球传给年长的球员去射门。韩国由于有较深的儒家文化底蕴，尊老爱幼、上下尊卑是社会公认的美德，即使在足球场上也有此表现。希丁克最后利用韩国文化中尊敬年长者的价值观，让年长球员授权，同意传球的球员将球传给位置更好的年轻球员，同时在日常生活中，让年轻球员直呼年长球员的名字，强化"平等"意识。希丁克以其荷兰文化里的平等意识来加强球员之间相互尊重、相互信任的关系，从而实现他们共同的目标——进球赢得比赛。

在国际商务交往中，人们主要通过两种途径来获取文化知识。一种途径是通过交流、调研和教育等，从他人处获取文化知识，这是一种没有个人参与的学习过程。而另一种途径则是使个人融入不同于自己的文化中，通过亲身感受来获得文化知识，这是经验性文化知识的获取过程。这两种途径对于提高人们在国外市场上从事商务活动所必需的文化能力都十分有必要。

## 四、跨文化管理

### （一）跨文化冲突

自20世纪80年代以来，跨国公司成为经济全球化的主导力量，跨国业务重组、战略联盟、跨国收购与兼并大规模增加。由于企业经营的背景、发展规模、经营模式发生了较大变化，企业的经营团队和经营氛围不仅要面对复杂多变的国际经济环境，而且要面对各个地区或社会群体所拥有的强烈的文化特色。这些以伦理体系、价值观等为表现方式的文化使得各个地区的企业经营者、决策者乃至员工的行事风格各不相同，存在显著的文化差异，从而形成有鲜明特征的文化冲突。

跨文化冲突（cross-cultural conflict）是指不同形态的文化或者文化要素之间相互对立或相互排斥的过程，它不仅包括跨国公司与东道国文化环境之间的冲突，而且包括企业内部员工因文化背景不同而产生的冲突。

1.跨文化冲突产生的因素

跨文化冲突产生的因素主要有价值观方面的差异、思维方式的差异、信息理解方面的差异和沟通方式的差异，以及管理风格的差异等。

（1）价值观方面的差异。

作为文化重要因素之一的价值观是文化对人们最根深蒂固的影响的表现。亚洲人和北美人在价值观方面存在巨大差异，根据价值观的不同，他们采取不同的经营管理办法、奖赏机制，同时营造不同的工作氛围，以遵循不同的价值理念。价值观之间的差异也是造成跨文化冲突的重要原因之一。

（2）思维方式的差异。

一个人的思维方式受到不同文化、个人知识背景、社会和工作环境及习惯等方面的影响。思维方式简单来说就是一个人考虑问题的方式或程序。所处文化背景更加相似、知识结构更加相近、社会与工作环境更类似的人之间更倾向于拥有类似的思维方式。例如，西方人就事论事的思维方式和中国人顾虑全局的思维方式就存在很大差异。西方人偏好抽象思维和注重独立，而东方人往往偏好形象思维和综合思维，并注重统一。思维方式的差异使得针对同一问题的看法大相径庭，这是产生跨文化冲突的另一重要原因。

（3）信息理解方面的差异和沟通方式的差异。

由于不同文化背景对同一信息的翻译和理解会产生差异，因此经常会产生沟通障碍。例如，时间观念，各国人民的时间观念大相径庭。在美国，人们非常看重时间，美国人倾向于在参加商务约会时早到几分钟；当被邀请去某人家里吃饭时，出于礼貌要准时到达或晚到几分钟。时间观念在其他国家可能非常不同，一个商务约会迟到几分钟不一定算是失礼行为，早到可能反而会被认为是失礼行为。至于邀请吃饭，准时到达可能很失礼。例如，在英国，某人说"晚上7点来吃饭"，他真正的意思是"晚上7：30至8：00来吃饭"。如果客人晚上7点到，可能会发现主人没有准备好并很尴尬。同样，当阿根廷人说"晚上8点后随便什么时候来吃饭"时，他的真实意思不是晚上8点来，他认为8点还早得很。所以基于各地区友谊、风俗习惯等的不同，跨国公司很容易在国际商务开展过程中产生误解，甚至演变为文化冲突。

（4）管理风格的差异。

因管理风格差异产生的跨文化冲突，主要存在于企业内部。由于地区间文化的不同，各地区企业的管理方式也不尽相同。如果死守教条，只采取同一种管理方式和管理风格，可能使得东道国的员工无法接受。跨国公司的管理者不仅要具备在本土经营和管理企业的能力，而且应该具备针对不同环境随机应变的综合管理能力。

2.跨文化冲突的主要体现

跨文化冲突主要体现为关于制度文化的冲突、关于劳动人事方面的冲突、关于决策模式的冲突和关于经营观念的冲突等。其中关于制度文化的冲突本章前面已多次提到，在此不再赘述。

（1）关于劳动人事方面的冲突。

这方面冲突的实质是不同价值观在劳动人事关系上所体现出的差异。例如，中国人在处理人际关系时较看重感情，常常将人情作为交易的一种手段；而西方人则讲求实际和就事论事，不讲情面。在人才选拔方面，中国人比较注重德才兼备，重视个人的政治素质、历史背景和人际关系；而西方管理者则更多地将能力放在第一位，注重个人潜力。

（2）关于决策模式的冲突。

西方国家大部分属于低语境文化国家，因此在表达个人观点时明白准确，多采用直言不讳的表达方式，使其管理决策主体多倾向于个人。决策者往往具有较强的独立自主性，勇于承担责任，决策过程迅速。与之相反，高语境文化的东方国家，如中国和日本，更偏重集体商讨、研究、决策，决策过程相对缓慢。

（3）关于经营观念的冲突。

经营观念是文化在经济方面的具体体现。例如，美国、德国的经营管理者的经营观念是时刻围绕市场需求的，并根据需求的变化适时做出调整，在经营过程中就体现为重视生产，但更注重营销，在公司内部强调规范化管理，同时构建即时信息网络，加强信息交流。而一些亚洲国家的企业则重视生产但忽视营销，同时趋于谨慎保守，墨守成规，缺乏创新和激情。

**（二）跨文化管理战略**

跨文化又称交叉文化，指具有不同文化背景的群体之间的交互作用。跨文化管理（cross-cultural management）涉及对具有不同文化背景的人、事、物的管理。

在全球化的经营中，对东道国的文化总体上采取包容的管理方法，当与企业有关的不同文化群体在交互作用的过程中出现矛盾和冲突时，在企业管理的各个职能中加入对应的文化整合措施，能有效解决这种矛盾和冲突，并据以创造出企业独特的文化，从而实现有效的管理过程。跨文化管理的主体是跨国公司；手段是文化；对象是具有不同文化背景的群体，其中包括企业的管理者和员工、民族、政府等；目的是在不同文化背景下设计出一种可行的交叉文化下的企业管理的有效模式，其中包括组织结构和管理机制，同时寻找存在于交叉文化下超越文化背景的企业目标，使得具有不同文化背景的员工遵循统一的行为准则，最大限度地利用企业的潜力和价值。

处于不同文化背景下的企业可以选择不同的跨文化管理战略，主要的跨文化管理战略有以下几种。

1.占领支配式战略

占领支配式战略是一种比较偏激的战略，是指跨国公司在进行全球扩张时向具有不同文化背景的地区子公司强行注入母公司的企业文化，子公司只保留母公司的文化，而忽视子公司当地的文化。这种方式一般适用于强弱文化对比悬殊，并且东道国的子公司、政府、居民等对母公司的文化都可以完全接受的情形。但这种战略在实际情况中应用得非常少。

2.本土化战略

本土化战略注重把当地的文化理念融入企业经营管理中，在企业跨国经营过程中的生产、营销等环节都充分考虑本地的文化、理念、风俗等，本着"思维全球化和行动当地化"的原则进行跨文化管理。例如，跨国公司在海外进行投资时经常会雇用相当大一部分当地员工，因为这些员工对当地的文化、风俗习惯和法律政策等更加熟悉，能更好地适应本土化的需要。同时在订立合同时也采用东道国的习惯形式或法律所规定的形式。

3.文化相容战略

当投资国文化和东道国文化都是强文化时，一般会考虑文化相容战略。根据不同的文化相融程度，文化相融战略可分为两种：文化平行相容战略和隐去两者主体文化的和平相容战略。

（1）文化平行相容战略。

母公司的文化和子公司的文化虽然存在着巨大差异，但并不排斥，而是相互补充。子公司并不以母公司的文化或者东道国当地的文化作为公司的主体文化，而是使两者相融，应用于公司的经营中，充分发挥跨文化的优势。例如，中国的华为公司在世界各国经营的巨大成功正是实现跨文化管理的成功典范。

（2）隐去两者主体文化的和平相容战略。

这种战略主要适用于投资国和东道国的文化都为强文化，两国存在巨大的文化差异，并且容易产生文化摩擦的情况。这时，管理者在经营活动中刻意模糊投资国和东道国主体文化之间的差异，隐去容易导致冲突的主体文化，保留两者中较为平淡和微不足道的部分，使得主体文化在摩擦点上的强烈影响力在一定程度上减弱，从而促使具有不同文化背景的员工可以在同一公司中和睦相处，即使发生意见分歧，也可以得到妥协和协调。

### 4.文化渗透战略

文化渗透战略是指投资国凭借强大的经济实力所形成的文化优势，对东道国公司的当地员工进行逐步的文化渗透，使投资国的文化逐渐深入人心，并将当地员工慢慢转化为该文化的执行者和维护者。文化渗透战略是一个长期的观察和培育过程，是一种长期战略。

### 5.文化规避战略

母国的文化和东道国的文化存在巨大差异，虽然子公司的文化主体是母国文化，但是在子公司的运营过程中仍旧无法忽视东道国文化的巨大影响。母公司派到子公司的管理人员应对双方文化的重大不同之处进行规避，以免在这些敏感地带造成文化冲突。

### 6.借助第三方文化战略

当母国的文化和东道国的文化之间存在巨大差异，并且东道国子公司无法在短时间内适应这种完全不同于母国的经营环境时，跨国公司可以采用与母国文化已达成一定程度共识的第三方文化对设在东道国的子公司进行管理。采用这种战略可以避免母国文化与东道国文化发生直接冲突。例如，美国的跨国公司如想在南美洲设立子公司，就可以先把子公司的海外总部设在与其开放思想和经济模式较为接近的巴西，然后再通过巴西的子公司总部对南美洲的其他子公司实行统一的管理。

### 7.文化创新战略

文化创新战略是指将母国的文化和东道国当地的文化进行整合，利用各种渠道促进两种文化的了解、适应和融合，从而在此基础上形成一种新型的子公司文化，并以这种新型的文化作为子公司的主体文化。这种新型文化融合了母国文化的特点，同时又与东道国当地的文化环境相适应，在此基础上形成子公司主体文化的特色，从而便于母公司对子公司进行高效管理。

# 第四章　国际人力资源管理研究

## 第一节　国际人力资源管理概述

### 一、国际人力资源管理的基本含义与目的

#### （一）国际人力资源管理的基本含义

国际人力资源管理（international human resource management）的内涵，与管理或国际管理的概念一样，迄今尚未形成定论。

摩根认为，国际人力资源管理是人力资源活动、员工类型和企业经营所在国类型这三个维度的互动组合。约翰·B. 库伦指出，当将人力资源管理的功能应用于国际环境时，就变成了国际人力资源管理。

赵曙明认为，区分国内人力资源管理和国际人力资源管理的关键变量是后者在若干不同国家经营并招募不同国籍的员工所涉及的复杂性[①]。

实际上，国际人力资源管理的定义与研究的视角密不可分。现有的各种定义，严格地说只是跨国公司人力资源管理的定义。

总之，企业国际化与跨国公司是两个相互联系，但有明显区别的概念。前者是指企业走向世界的发展过程，而后者则是企业国际化的结果。

人力资源管理国际化的直接原因在于国际直接投资的迅速增长，过去几十年间国际直接投资的迅速增长是世界经济的主要潮流之一。经济全球化使许多企业的经营规模扩大到了国际范围，同时也使国际人力资源管理的研究成为20世纪80

---

① 赵曙明，人力资源管理研究. 北京：中国人民大学出版社，2001.

年代以来人力资源管理的重要创新领域。

随着经济全球化与管理国际化的发展，各国间及各个国家企业间彼此学习与借鉴的愿望愈益强烈，尤其是在人力资源管理领域。由于人力资源管理具有强烈的文化特质，也就是人性化与个性化的特点，所以任何一个国家的人力资源管理制度或方法都不能直接在另一国生搬硬套，这就需要相互比较和借鉴，需要取长补短。

### （二）国际人力资源管理的目的

国际人力资源管理的目的，包含以下两个方面的内容。

首先，作为一个应用性学科，国际人力资源管理在实践上需要帮助企业管理者在跨国经营的条件下克服异质文化的冲突，在不同文化、不同价值观的背景下实现国际人力资源的有效管理，通过在不同的情形中设计出切实可行的组织结构和人力资源管理机制，最合理地配置国际人力资源，最大限度地挖掘和利用国际人力资源潜能，实现全球化条件下企业管理综合效益的最大化。

其次，作为管理科学的一个分支，国际人力资源管理必须从理论上给予一般人力资源管理以补充和丰富，打通各个不同国家、各种不同制度或文化背景下的人力资源管理之间的隔阂与分离，实现全球化条件下人力资源管理信息的共享，以及价值理念及操作技术的相互融合与促进①。

## 二、国际人力资源管理的历史沿革与面临的挑战

### （一）国际人力资源管理的历史沿革

众所周知，在人类数千年的文明史中，国际化经营和国际人力资源管理早已出现。亚述人、腓尼基人、古希腊人和古罗马人都曾参与过跨国贸易。据考证，亚述人的贸易组织形式早在公元前2000年就形成了，而且具有不少现代跨国公司模式的特征：总公司和下属机构、明晰的层级结构、拥有外籍员工、重视各区域内对价值链有增值的活动、探索新资源、开拓新市场。古罗马人的政权横跨了亚洲、非洲和欧洲，被认为是第一个全球性组织，因为它覆盖了当时所有为人所知的大陆。帝国大厦是古罗马式国际扩张的基本目标，商业则成为附带品发展起来，以向各地士兵提供衣着和食物。

商业史学家认为，19世纪的美国和欧洲公司是现代跨国公司的雏形，而经济学家认为，国际企业的成长和扩张时期是在20世纪50年代后期。更有甚者认为，跨国公司真正的先驱是16—17世纪的贸易公司——英国和荷兰东印度公司、俄国

---

① 林新奇.国际人力资源管理［M］.上海：复旦大学出版社，2004：9–12.

公司、哈德逊湾公司和皇家非洲公司[①]。尽管对跨国公司和国际经营的起源时间、地点存在不同看法，但是无论哪种观点都不能否认跨国公司的快速发展时期也是国际人力资源管理的快速发展时期，而19世纪70年代至今的资本主义文明史向我们展示了国际人力资源管理的历史沿革。

正如我们所看到的，面对国外任务、将实践应用到国外、远距离控制和协调工作所面临的挑战其实很早就已经存在。只是直到最近50年，专业人力资源管理者才担当起解决这些问题的责任。最近随着竞争的加剧，国际人力资源管理活动面临着集中的竞争挑战。研究多国企业的大多数学者，无论他们是什么学派或者什么背景，如今都同意这个观点。这些问题的中心症结正日趋明显。随着战后国际化风潮的涌现，在说服员工出国工作中遇到的很多问题使得国际薪酬专家也不得不转移到人事部门。因为人们意识到外派员工不只是将某人送到国外去这么简单，而是要帮助他，以及他所在的企业获得成功——这是根本，所以对外派人员的关注也越来越显著。随着国外市场从初步发展到逐渐成熟，本地化成为一个新的迫切任务，也导致了建立全球人才库所必需的复杂的跟踪和开发工作。随着全球化对国内运作逐渐产生影响，本地主管也需要积累国际化经验。在投资、联盟和跨国合并过程中产生的越来越多的执行问题进一步提升了国际人力资源管理的战略意义。

**（二）国际人力资源管理面临的挑战**

戴维·尤里奇（Dave Ulrich）在其《人力资源最佳实务》一书中认为，组织要想取得成功，要想在全球化竞争中保持竞争优势，人力资源管理必须克服八大挑战。

1.全球化

尤里奇认为，全球化主宰着竞争的市场，蕴含着新市场、新产品、新观念、新的竞争力和对经营的新思考方式。人力资源管理需要创建新的模式和流程来培养全球性的灵敏嗅觉、效率和竞争力。在今天，管理者的子女将需要比他们的父母更具全球性的敏感度和人事管理能力。

2.竞争力与人力资源的价值链

未来竞争的关键是建立和运作更快地对顾客做出反应的组织。这种反应包括革新、快速决策、在价格或价值上处于行业领先地位，以及与供应商的更有效合作。人力资源管理活动的范围将从公司内部扩大到公司外部的供应商和顾客。从价值链的角度出发，企业要通过人力资源管理的培训工作使员工、供应商和顾客

---

① 埃文斯，帕希科，巴苏科斯.国际人力资源管理［M］.唐宁玉，译.北京：机械工业出版社，2007：5.

形成一个价值链团队。

### 3.通过降低成本和加速增长来创造利润

创造利润一直是组织最主要的经营课题，但创造利润的途径正在发生变化。传统的依靠降低人员成本、流程和其他开支来增加利润的方式已经不再适应现代经济发展的需要。人们已经认识到增加收入的关键不是用增长来替代成本，而是找到有利润的增长方式，而这种增长方式和今天的人力资源管理密切相关。这种增长方式有以下几种：其一，借助顾客获得增长。公司必须努力引导顾客购买更多的产品。这样公司就必须建立迅速而方便地发现顾客需求的工作流程，必须培训员工。其二，借助核心竞争力获得增长。公司必须成立具有竞争力的新产品开发团队。其三，借助组织重组和合并获得增长。但在组织重组和合并中比财务和战略融合更重要的是文化的融合，是不同组织中人的融合。

### 4.以能力为本

在考虑把组织中的战略转化为员工日常行为时，需要重新定义组织的能力，以便维持和调整个人的能力。尤里奇认为，在新经济时代，组织的能力包括硬性能力和软性能力。硬性能力是技术能力，如能够创造有市场价值的技术的能力，或者能够同时对多个市场做出灵活反应的财务决策的能力；软性能力则是指组织能力，如在市场上更快地转换的能力，或者是能吸引、留住优秀的全球性人才的能力。组织的软性能力更难获取或模仿。要获取软性能力，组织需要在四个方向上做出努力：其一，建立信心的能力，即组织内外的人相信管理者会按他们所说的做并努力维持这种声誉；其二，无隔阂的沟通能力，即让信息和想法能够垂直、水平，以及在组织内外畅通地流动；其三，应变能力，即在持续革新方面的灵活性和敏感性；其四，学习能力，即实现所希望的变化并加以维持的能力。人力资源管理人员要想使组织拥有并维持这些能力，尤其是软性能力，就必须从培养组织能力的角度来安排人力资源管理的政策和实践，而不能仅仅采用原有的人力资源管理政策和方式，原有的招聘、培训和奖励员工的政策和方式已经远远不能满足今天组织发展的需要。

### 5.广泛的变化

我们所处的时代是一个不断变化的时代。对组织竞争力的解释中，不断出现转型、再造、文化变革、再创新、适应力、灵活性、快速学习和灵敏性等新术语，这些术语反映了一种挑战，它要求组织的管理者、员工和组织本身必须学会更快、更平稳的变化。人力资源管理人员要帮助组织做出变化，要确定组织变化的模式，在组织内传播这一模式，并引导员工持续地贯彻实施。

### 6.技术

在知识经济时代，技术创新日新月异。国际互联网、电视会议、全球寻呼、网络等组成了一个商业行为的新世界。通信基础设施的发展使世界变得更小、距离更近、沟通更快。个人对技术的应用同样也改变了信息的流动和使用方式。因此，人力资源管理人员有责任重新确定组织中员工的工作，要把通信基础设施变成企业员工工作环境中的一个不断变革、创造生产力来源的组成部分，要走在信息的前面，并不断学会借助信息为组织服务。

7.吸引、留住和衡量有能力的优秀人才

在这个不断变化、全球性的、需要技术的经营环境中，寻找、留住优秀人才是组织成功的关键，是组织具有竞争力的根本。寻找、留住优秀人才是通过保证组织的智力资本来实现的。保证智力资本意味着更新领导层，将未来的领导层建立在团队的基础之上。保证智力资本还包括在组织范围内迅速地共享想法和信息，一个能够快速学习的组织，必须能够通过改善信息流程迅速地在各个角落传播革新思想。智力资本将改变对组织的衡量。传统的衡量方法集中在经济利益上，现在必须和衡量智力资本结合起来。因而，当代人力资源管理的一项重要任务就是寻找、发现和使用这样一种衡量智力资本的方法。

8.改良并不是转型

自20世纪80年代以来，许多组织发起了改良运动。改良是指通过裁员、联合和重组来使组织降低成本，缩减不盈利的业务，通过质量和再造方面的努力来消除工作过程中低效的步骤。然而，改良并不是转型，转型所要改变的是顾客、员工对组织的根本看法和态度。转型更注重共同的信念，而不是市场份额。如果顾客和员工对组织的看法与组织的意愿从不相符转为基本相似时，转型就发生了。转型不是一件简单的事情，但如果组织的转型获得成功，将比推出一种新产品或开发一个新市场重要得多。顾客和员工的一种新的认同的冲击力比任何产品的生命力都长、比任何一个市场都大。在这一过程中，人力资源管理人员必须通过其管理政策与实践来引导、促进和维持这种转型。

人力资源环境和人力资源管理面临的挑战，要求人力资源管理的理论与实践必须适应这一挑战，而人力资源管理所面临的挑战在客观上也使人力资源管理的活动、作用和职能发生了变化[①]。

### 三、国际人力资源管理的发展趋势

21世纪的人力资源管理面临着外部环境变化——经济全球化和知识化所带来的挑战。许多学者将经济全球化和知识化作为20世纪90年代以后一切变化的根本

---

① 李中斌，万文海，陈初升，等. 国际人力资源管理［M］.北京：中国社会科学出版社，2008：11.

性原因。

在经济全球化的同时，知识管理能力开始成为企业的核心竞争力，知识开始成为企业竞争优势的源泉。企业的员工尤其是知识工作者的人力资源将被视为企业利润的源泉。在此基础上，人力资源管理及相应的组织安排被纳入企业战略管理领域，持续的组织学习，以及持续的员工培训与开发被视为企业的战略性武器。

我们认为，未来国际人力资源管理存在以下六个趋势。

### （一）战略人力资源开发与管理

人力资源管理部门已经逐渐成为能够创造价值并维持企业核心竞争力的战略性部门，人力资源管理工作已经不再是与企业的战略计划没有任何联系而仅有一些狭窄目标的职能性工作。企业的组织重组活动从实践上证明了人力资源的变化只有与企业重组的其他领域相匹配并能产生协同作用，才能保证企业在新的经营环境下保持并维持竞争优势。

### （二）网络化组织

随着网络技术的发展，经济变成了网络体系，并由变化速率和学习速率的加强度所推动，它创立的是一个网络社会，在此社会中处理和应用知识的机会和能力，以及强化学习的关系，决定了个人和企业的社会经济地位。组织内信息技术的发展，特别是网络技术的发展，则从物质基础和信息基础上对传统的组织结构提出了挑战。组织已日益变得扁平化、开放化，组织层级在逐步减少，充分授权、民主管理、自我管理等网络组织的基本特征已经出现，以团队为基础的组织及其管理方式正在形成。因此，有效管理这种新型的开放组织，培养能促进知识创造、整合与利用的团队，是未来人力资源管理的发展方向。

### （三）知识工作者的开发与管理

知识经济和知识管理时代的到来使企业的人力资源发生了重要的变化，知识工作者已经成为企业人力资源的一个主要组成部分，对知识工作者的开发与管理必须有别于传统的人力资源管理。如何在全球范围内获得企业所需的知识工作者并对他们进行有效的管理，是未来人力资源管理必须面对的挑战。这种挑战主要表现在：合理、有吸引力的薪资与福利，充分公开与高效的信息沟通，公正平等的全球招聘政策，深入全面的跨文化培训与管理，开放的知识分享和民主决策体系，持续有效的系统激励模式。

### （四）组织学习与学习型组织

组织学习是企业和组织适应知识经济时代发展需要的一种必然结果。对实行组织学习的企业和组织的调查证明，对于跨国公司而言，比竞争对手更强的学习能力是赢得竞争优势的唯一持久的源泉。组织学习是组织不断提高并持续保持适应能力的重要手段，而学习型组织则既是通过持续有效的组织学习获得生存与发展机会的组织形态，也是 21 世纪最具竞争优势和最具适应能力的组织形态。学习型组织的组织结构和管理形式完全不同于传统的组织形态，因而其人力资源管理也必须不同于传统的人力资源管理，其职能与作用势必发生变化。人力资源管理部门必须有效地组织系统学习，培养系统学习观，整合个人的持续学习，并以建立和完善学习型组织作为其工作的重要领域，同时，组织学习的有效性也将成为衡量人力资源工作绩效的重要标准。

### （五）跨文化培训和跨文化管理

经济全球化所带来的管理上的文化差异和文化管理问题已经成为人力资源管理领域的一个重要问题。当今和未来人力资源管理的一项重要的职责就是克服组织内由文化差异引起的冲突，其有效的途径是实行跨文化管理（cross-cultural management）和跨文化培训（cross-cultural training）。在跨文化管理中，全球观念、系统观念、多元主义是培养文化开放与宽容的思想基础，而有效的不同文化的交流与对话，特别是深度对话是实现文化整合和文化共享的重要途径。跨文化培训已成为人力资源发展的重心所在，是实现文化整合的有力工具。

### （六）人力资源管理活动外包

人力资源管理活动的外包已经逐渐发展起来，即将组织的人力资源管理活动委托给组织外部的公司来承担。人力资源管理外包的工作主要是工资、福利、招聘和培训等方面。人力资源管理活动外包的主要原因是组织内部投资结构和工作量的经常变化。

人力资源管理活动的外包趋势对组织来说有许多益处：一是外包使组织能够维持较为通用的系统和程序，而不必持续购买新的系统和程序。二是接受外包管理活动的组织具有专门知识，由于时间和经验有限，这些知识在较小的组织中是它们的人力资源经理所没有的。三是减少了人力资源的工资成本，提高了企业的适应能力。当组织发生变化时，人力资源部通过改变它的机构和运行方式可以变得更精干和更灵活。

但是，人力资源管理活动的外包也有一些不利之处：首先，外包的成功依靠外部卖方的能力。有一个能确保把事情做好并能不断提供支持的外部管理者是关键。选择一个不能提供好的服务和成果的外部管理者会对组织的人力资源管理人员产生负面影响。其次，采用外包可能会造成局面失控。当一家企业得到外部管理者提供的数据和服务时，内部人力资源管理人员很少能意识到它的重要性和紧迫性，这主要是因为他们没有对它们进行深入评估并加以控制。当然，这个问题可以通过明确外包的关系部分地得以解决。最后，有时外包可能会花费比内部管理更多的成本，特别是在外部管理者对因素的多样性不清楚的情况下。所以说，外包是有风险的，在实行外包以前人力资源管理人员应该仔细地进行分析并定期地加以评估[①]。

## 第二节　国际人力资源的跨文化管理

### 一、跨文化人力资源管理的基本含义

#### （一）跨文化人力资源管理的起源与理论假设

跨文化人力资源管理是从文化、价值观的角度来关注人力资源管理的各项活动。它主要着眼于文化观念的异同及由此引起的行为价值特征。

荷兰学者霍夫斯泰德提出的国家文化模型，即跨文化比较五维度模型，为各国管理学者所熟悉。而他对IBM公司分布于全球的员工所进行的行为、价值观等的比较研究，至今仍是跨文化人力资源管理研究的范例。

中国最早的关于跨文化人力资源管理研究的著作是由上海的陆红军于20世纪80年代出版的《人力资源发展跨文化学通论》。该书是一部各国学者在中国探讨跨文化人力资源开发的会议的论文集，该会议举办了多届，该书开创了中国学者研究跨文化人力资源管理的先河。此后，随着中国改革开放的不断深入和经济的蓬勃发展，出现了不少研究中外合资企业跨文化管理等的著作和调查研究报告。

跨文化管理的研究主要基于对各国管理的不同文化体系的假定。但是这里存在着两个潜在的陷阱，即跨文化管理的假定相似点与假定不同点。其中，前一种陷阱经常出现在英国人和美国人的合作中，相同的语言使他们过高估计了文化中的相同点。这种情况在美国人与加拿大人之间的合作中可能更明显。另外，一些管理者会错误地认为，在一个地区成功的与当地人相处的方式，在其他地区也适用。

文化会在许多方面交汇在一起。所以，知道在某个国家该做什么或者国家与职能文化在一个多文化的工作小组里是否重要都不是根本的解决办法。真正需要我们去做的是知道管理者如何评价文化对管理行为的潜在影响，包括国家的或其他领域的文化。

调查指出，在跨文化管理的环境中，忽略旧制或墨守成规对管理者都是不明

---

① 李中斌，万文海，陈初升，等. 国际人力资源管理［M］. 北京：中国社会科学出版社，2008：30.

智的。最有效的管理者是这样做的：他们接受成规，并把它们作为起点，但随着他们阅历的增加，他们也在不断改进这些成规。这些管理者不断地检验、再检验这些成规，并根据第一手资料经常修订这些成规。他们很愿意不断地怀疑他们自己和他们的成规，自觉地否定、再定义他们的经验。这要求认真的观察、怀疑性的判断、对解释的追求——那些来自直觉的原因①。

### （二）文化全球化

全球化公司的真正意义在于它具有利用文化差异的能力。在一个全球竞争的时代，面向世界的雇员计划已经成为必要条件，而不仅仅是一种空洞的论调。

文化全球化（cultural globalization）首先意味着一种世界的秩序——有共同的价值观、财富和组织结构，即：国家与文化都更为开放，彼此之间的影响更大了；不同民族、不同种族、不同宗教信仰的人的个性和共性都得到了足够的承认；不同意识形态、不同价值观的民族相互合作与竞争，但没有一种意识形态凌驾于其他意识形态之上；从历史的角度看，文化的全球化是独一无二的，但它的组成仍是多元化的；就像现在我们认为的开放、人权、自由和民主是有价值的一样，尽管具体的解释会有所不同，但一些价值观会逐步成为共同的价值观。

在跨文化环境中，积极创造一种跨国组织文化变得比消极地同化于一种占主导地位的伙伴民族文化更重要。要想把全球雇员整合成一个全球性的、紧密结合在一起的组织，同时增强地方敏感意识，跨国管理人员必须懂得跨文化的相互作用。

## 二、文化差异对国际人力资源管理的影响

### （一）文化差异导致国际企业人力资源管理具有复杂性

（1）由于国际企业在经营业务内容与要求、公司管理哲学与组织文化的差异性，不同企业在人力资源管理方面会有不同的标准与实践。

例如，在以盎格鲁·撒克逊文化为基础的国际企业如美国和英国的企业中，一般甄选标准是职务申请人的能力、以前的工作经验及以前职业生涯的成功纪录，因此，它们常常使用评价中心（assessment center）、智力测试（intelligence tests）、能力测试等标准化选择方法，招聘与甄选国际管理者。而在日耳曼文化中，国际企业更多强调的是学历，如职务申请人是哪个学校毕业的。如果一个职务申请人具有名牌大学学历，那么他就会比那些没有名牌大学学历的人具有优势。在以东亚文化为基础的韩国与日本的国际企业中，学历也是非常重要的标准。如获得东

---

① 林新奇.国际人力资源管理［M］.上海：复旦大学出版社，2004：52-54.

京大学学历的人，在同等条件下，就会比没有这种学历的人具有明显优势。与此同时，它们也强调职务申请人在工作群体中的适应性。在以拉丁文化为基础的墨西哥、委内瑞拉、西班牙、意大利等国家的国际企业中，朋友和亲戚关系比能力更重要。墨西哥企业的第一选择是家庭成员或朋友，因为在墨西哥人看来，照顾家庭成员和朋友是理所当然的事情。因此，在墨西哥的企业中，裙带关系盛行。在委内瑞拉，绝大多数企业都是家族企业，所以企业管理人员的"招聘"主要局限于企业老板的家族范围之内。这些国家的企业中，如果采用测试方法招聘管理人员，大多也是注重对职务申请人的个性特征、沟通技巧及社会技能的测试，而不是像美国和英国那样采用智力测试的方法。

（2）由于国际企业的员工未必归属于同一种文化，因此，企业员工在时间观念、劳动习惯、性别角色、心理期望、遵从态度、工作目的等诸多方面都存在较大差异。以工作目的为例，不同文化对工作目的有不同的理解。有的文化把工作视为一种谋生手段，有的文化将其视为苦差事和惩罚，有的文化将其视为人存在的意义，等等。管理者只有在深刻地理解员工的工作目的之后，才能知道员工为什么工作，以及工作的努力程度。同样，尽管很多管理者都试图通过建立种种激励机制来调动所有员工的工作积极性，但仅此还远远不够。因为在跨文化条件下，管理者不仅应懂得满足员工需求对激励员工的重要性，而且应该知道员工有什么特殊需求，以及怎样去满足他们的特殊需求。

毫无疑问，在不同文化条件下企业的员工及其工作行为是互不相同的，这就要求国际企业的管理行为和领导方式必须具有跨文化的适应性和灵活性，否则就会出现问题。例如，在拉美文化中，人们敬重权威。工人把上司看成主心骨，他们服从上司，而美国式民主管理动摇了上司在工人心目中的权威地位，服从上司则被误认为是没有主见和软弱无能的表现。这就是陷入了文化误区所导致的管理失败。

文化差异还影响到国际企业选择人力资源管理导向的偏好。例如，日本公司倾向采取民族中心导向，更多地利用外派人员管理国外的经营活动。而美国公司倾向多中心导向，更愿意使用当地人员；欧洲公司则处于两者之间。

此外，国际企业各子公司文化的混合，以及这些子公司之间的文化差异程度也会对人力资源管理方式的选择起到限制作用。随着跨国经营中子公司数量的增加，以及由此引起的文化差异的增加，国际企业越来越难以在所有业务单位中采取整齐划一的人力资源管理政策。

### （二）国家背景差异导致的人力资源管理方式和政策差异

国家文化与由社会制度产生的风俗习惯势力相结合，共同影响着商业环境和特定的要素条件。进而，这种国家背景又决定着一国的绝大多数公司所遵循的人力资源管理方式与政策。

具体来说，国家背景差异表现在以下几个方面。

1.劳动力的教育和培训

公司所能利用的劳动力的类型和素质是人力资源管理中的一个关键因素。一国的教育体系为公司提供了初始人力资源，因为一个人需要多少培训才能成为一名合格的工人，以及文凭对选拔的意义等都是由教育体系决定的。例如，德国的专业化培训体系对德国人力资源管理的很多重要方面起着主导作用。

2.对选拔方式的法律和文化预期

一国法律和深受国家文化影响的人们的预期，影响着管理者寻找新雇员的方法。例如，在某些国家，管理者通常优先雇用亲属；而在其他一些国家，这种做法可能与公司的政策相悖。在某些国家，向女性求职者询问她们是否计划近期结婚被认为是平常和必要的，但在美国，向求职者询问这样的问题则是违法的，并具有歧视色彩。

3.求职者偏爱的工作类型

日本的大学毕业生更愿意受雇于大公司，这主要是因为他们认为在大公司工作更有安全感。有些国家的企业是家族控制的，家族中的成员一起为这些企业工作。这些例子说明求职者受到工作所在地的文化价值与标准的影响。

4.对公平报酬与晋升标准的法律和文化预期

年长的工人就应该比年轻的工人挣更多的钱吗？男性职员就应该比女性职员晋升得更快吗？一起进入公司的人就应该得到同样的薪水并一同晋升吗？工人的家庭状况应该影响其薪水吗？由于文化预期与制度压力，这样的问题在不同的国家背景下常常会有不同的答案。价值观念、准则和制度预期等影响着报酬的决定及业绩考核同报酬的关系。例如，美国国际企业的管理者们经常发现，将报酬和业绩挂钩的做法在美国公司被认为是合法和公平的，而在其他国家，却常常被认为是无关紧要的。

5.劳动方面的法律和传统

工会的法律地位和力量，以及劳资双方的历史关系，对人力资源管理实践有着深远的影响。例如，在某些国家，历史上长期存在着劳资双方的冲突。然而，劳资冲突因国家背景不同而存在着巨大差别。此外，工会在工人中的覆盖面也因国家背景不同而不同。

所有这些差异性，在某种程度上，都是由不同国家的不同文化与商务实践的特征决定的。国际人力资源管理部门需要认真研究不同国家的文化特征及人力资源管理特点，才能够为有效的跨文化人力资源管理提供基本依据[①]。

# 第三节　国际人力资源的绩效管理

## 一、绩效管理的基本概念

绩效管理（performance management）是对员工在一个既定时期内对组织的贡献做出评价的过程。绩效管理一般需要明确五个问题，即考核的目的、考核的标准、考核的方法、评价者的选择和考核的周期等。员工绩效管理体系的设计和实施必需和考核的目的相互一致。不同的考核目的需要不同的考核标准、考核方法和评价者。

### （一）绩效管理的目的

绩效管理的目的主要有以下三个方面。

（1）改进组织与员工个人绩效、促进企业发展。绩效管理可以为员工提供反馈信息，帮助员工认识自己的优势和不足，发现自己的潜在能力并在实际工作中加以发挥，从而改进个人工作绩效，同时也就改进了组织绩效。

（2）为薪酬与激励管理提供依据。绩效管理的结果可以为甄别高绩效和低绩效员工提供标准，为组织的奖惩系统提供依据，从而确定奖金和晋升机会在员工个人之间的分配。

（3）为组织的人事决策提供依据。通过绩效管理，建立员工业绩档案资料，便于组织进行人事决策，包括人员调整、工资调整、培训计划的制订，以及确定再招聘时应该重点考查的知识、能力和其他品质。

### （二）绩效管理的方法

根据绩效管理的目的和标准，绩效管理方法可以被划分为员工特征导向、员工行为导向和员工工作结果导向三种。

1.员工特征导向

员工特征导向的考核方法，就是衡量员工个人特性，例如，对公司的忠诚度、人际沟通技巧、决策能力和工作的主动性等方面。它主要考察员工"这个人"怎么样，而不重视员工的"事"做得如何。

2.员工行为导向

员工行为导向的考核方法，分为主观评价和客观评价两类。主观评价就是在

---

① 姜秀珍. 国际企业人力资源管理 [M]. 上海：上海交通大学出版社，2008：82—85.

对员工进行相互比较的基础上对员工进行排序，提供一个员工工作的相对优劣的考核结果。客观评价就是对员工的行为按照评价的客观标准给出一个量化的分数和程度判断，然后对员工在各个方面的得分进行加总，得到一个员工业绩的综合评价结果。

3.员工工作结果导向

员工工作结果导向的考核方法，是为员工设定一个最低的工作业绩标准，然后将员工的工作结果与这一明确的标准相比较。业绩标准包括两种信息：一是员工应该做什么，包括工作任务量、工作职责和工作的关键因素等；二是员工应该做到什么程度，即工作标准。该方法所依据的目标管理过程关注的是每位员工为组织的成功所做的贡献大小，实施的关键是目标制定，即为组织、组织内的各个部门、各个部门的主管人员以及每位员工都制定具体的工作目标[①]。

## 二、国际人力资源绩效管理的特点

在国际人力资源管理中，绩效管理具有一定的特殊性。绩效管理在现代企业中与薪酬、晋升等密切相关，这在所有企业中都是一样的。但是国际人力资源管理中绩效管理的目的不仅是为员工薪酬调整和晋升提供依据，而且加入了许多新的因素。例如，重视个人、团队业务和公司目标的密切结合，将绩效管理作为把相关各方的目的相结合的一个契合点。同时在工作要求和个人能力、兴趣和工作重点之间发展最优的契合点。

国际人力资源管理中绩效管理的目标包括战略方向和业绩。这与一般企业通常关注业绩有很大的差别，特别突出了战略方向，有利于实现企业的长远发展。业绩固然重要，但是战略不能因此而受到忽视。同时，业绩也较全面地反映了各个方面，如员工在财务、客户关系、员工关系和合作伙伴关系之间的一些作为，也包括员工在领导能力、战略计划、客户关注程度、信息和分析能力、人力资源开发、过程管理等方面的表现。绩效管理应较为全面、合理、综合地反映一个员工各方面的业绩。而所有这些方面作为一个整体对一家企业来说都是不可或缺的。

因为国际人力资源越来越全球化，员工越来越趋向知识型，许多员工不仅在工作中追求高薪酬，而且追求自我价值的实现，员工对于公平感、自我实现、工作本身对人的激励等在工作中的体现的要求越来越多，因而对管理者的素质要求越来越高。如何选拔优秀的管理者，如何明确定义管理者的素质，以及如何培训管理者都显得越来越重要。企业迫切需要培养全球性的管理者。

---

① 林新奇. 国际人力资源管理 [M]. 上海：复旦大学出版社，2004：280.

由于员工是全球性的，企业也是全球性的，因而薪酬的确定也是基于国际水平，薪酬标准应从职位入手，跟国际市场挂钩。更为重要的是，科学地进行员工业绩考核，根据员工能力、市场价格和业绩考核等及时地调整薪酬，这既是国际人力资源管理的基本要求，也有利于企业和员工的发展。

虽然主要国家的企业在绩效管理上存在差异（见表4-1），但上述特征应该是国际人力资源绩效管理共同的追求。

表4-1　美国、日本和德国企业在绩效管理上的差异

| 美国企业 | 日本企业 | 德国企业 |
|---|---|---|
| ·以职位分析为基础<br>·能力主义，强力表现<br>·快速评价，迅捷晋升<br>·现实回报，无情淘汰 | ·年功序列<br>·福利型管理<br>·重视能力、资历和适应性三者的平衡<br>·缓慢晋升 | ·小幅度定期提薪、晋升、调换工作<br>·公平竞争的择优机制 |

## 第四节　国际人力资源的薪酬管理

薪酬是指作为个人的劳动回报而支付给员工的各种类型的酬劳。薪酬管理是人力资源管理的重要方面。良好而有效的薪酬管理有助于提高员工的工作满意度和工作绩效，进而提高企业的竞争力，推动企业的发展。因此，研究薪酬管理的构成因素，以及怎样对员工进行有效的激励对于一家企业来说十分重要。

美国薪酬管理专家乔治·米尔科维奇（George Milkovich）认为，薪酬是指员工从企业所得到的金钱和各种形式的服务和福利，它是企业给员工的劳动回报的一部分，是劳动者应得的劳动报酬。企业员工的全部劳动报酬收入不仅限于货币收入，而且包括非货币收入。所以薪酬应当包括外在报酬与内在报酬两个方面。

外在报酬是指员工因受到雇用而获得的各种形式的收入，包括工资或薪水、绩效工资、短期奖励、股票期权等长期奖励、津贴，以及各种非货币形式的福利、服务和员工保护等。外在报酬可以按工资的给付形式分为直接薪酬和间接薪酬。

外在报酬的优点在于比较容易进行定性和定量分析，在不同的组织、个人和工种之间容易进行比较，但是随着工作的弹性化和丰富化，员工更加关注内在报酬。内在报酬是指企业为员工提供较多的学习机会、挑战性工作、职业安全感，以及员工通过自己努力工作而受到晋升、表扬或得到组织的认可与重视。内在报酬的特点是难以清晰地加以界定，不易进行定量分析和比较，没有固定的标准，操作难度比较大，需要较高水平的管理艺术。

## 一、国际人力资源薪酬管理的目的

国际企业的薪酬政策对于企业充分发挥人力资源的作用、调动雇员的积极性起着重要的作用，也是国际企业增强竞争力的关键影响因素。但对于国际企业而言，制定合理有效的薪酬政策又是一项非常复杂的工作。

和一般企业的薪酬管理目标一样，国际企业薪酬管理也并非仅仅是对员工的劳动付出进行评估并给付报酬，它更多的是达到公司某些目标的一种手段。一般而言，有效的国际企业薪酬管理应努力达到如下目的。

第一，要能够吸引全球各地的优秀人才。跨国公司除不惜代价，追加大量智力投资对其现有员工进行培训外，还十分重视用高薪从全球各地吸引和招聘优秀人才。但要使其薪酬政策具有吸引力而又不致成本太高，则是比较困难的。

第二，行为导向。即利用薪酬政策引导员工的行为模式，使他们的行为与公司的战略需要一致。与绩效评估紧密相关的绩效薪酬政策是员工行为的直接动机，有利于提高公司战略计划的有效性。

第三，企业文化导向。企业文化是指一家公司内部被普遍接受和认可的从而影响员工决策的行为标准，代表着公司的目标、信念、经营哲学及价值观念。有效的薪酬政策应与企业文化对员工行为的影响方向相同，也就是说，作为行为导向，两者对员工发出的信息应一致。但必要时，薪酬管理应通过潜移默化的影响促使企业文化向有利于企业战略发展的方向转化。

第四，成本目标。员工薪酬是公司经营成本的重要组成部分，在许多情况下，仅薪酬一项可能就占公司经营成本的一半以上。因而，通过薪酬管理降低生产成本对提高产品的竞争力十分重要。

第五，吸引并留住符合海外任职条件的雇员。

第六，有利于员工在母公司与子公司之间或者子公司与子公司之间的调动。

第七，使国内外各子公司的薪酬制度保持一种稳定、公平的关系。

第八，使公司的薪酬制度相对于其主要竞争对手而言有较强的竞争力。

当然，这些目标经常是相互冲突的。慷慨的薪酬无疑会吸引并留住合格的员工，但它将使公司的成本提高，而稳定的薪酬在各国薪酬水平相差很大的情况下，不利于员工在国外子公司之间的流动。所以，在选择薪酬管理模式和方法时，应该对期望达到的目标有所侧重。

相对于国际企业薪酬管理的总体目标，外派人员的薪酬管理有其具体目标，包括：①对离开母国到海外任职进行奖励；②维持一定的生活水准；③满足外派人员职业发展的需要及雇员家庭的需要；④便于雇员在海外任职期满后返回母国。要达到这些目标，公司往往需要在雇员正常工资的基础上额外支付一笔高额费用以使其接受海外任职，其成本通常是国内相应岗位的 2 ~ 2.5 倍。

因此，总的来说，国际人力资源薪酬管理总的指导原则应当是全球化的构思和地方化的操作。也就是说，薪酬政策和薪酬方案应当既能够满足公司总体战略意图的需要，又能够保持足够的灵活性以便为一些特别的政策留有足够的余地，从而满足特殊地区和特定群体员工的需要①。

## 二、国际人力资源薪酬管理的特点

自 20 世纪 80 年代以来，在全球化趋势下国际市场竞争愈发激烈，人才全球流动，人力资源成为管理的重要对象，关键人才成为竞争的优势，企业管理正在经历巨大转变。伴随着企业生存环境从国内市场转向国际市场，企业管理也从内向管理向外向管理转变，由注重过程管理向注重战略管理转变。由于企业管理的每一过程、每一环节都成为企业产品和服务升值的源泉，组织流程管理变得越来越重要，企业开始逐步从产品市场管理向价值管理转变，从行为管理向文化管理转变。而所有这些转变都必然会反映在员工薪酬管理上。同时，由于国际人力资源管理需要面对不同国家和地区的社会文化和法律制度背景，薪酬管理不能照搬母国企业的做法，即使在母公司内部，也要面临劳动力队伍多样化和文化多元化的挑战。此外，国际企业还需要开发特别的薪酬管理计划，以弥补外派人员及其家属为了完成国外工作任务而做出的个人牺牲。因此，与一般的薪酬管理相比，国际人力资源薪酬管理具有一些独有的特点。

### （一）战略性

国际企业雇员众多，并来自不同的国家和地区，而且子公司和分支机构分布于世界各地，时刻要面对来自全球市场的激烈竞争和挑战。要使企业在全球范围内协调地经营运行，准确贯彻企业的经营战略，实现各种经营目标，对人员的有效管理无疑是非常重要的一个方面。所以，包括薪酬制度在内的人力资源管理在跨国公司全球经营战略体系中占有重要地位。

一方面，国际企业薪酬管理的战略性体现在薪酬体系必须能够帮助企业制定合理的战略规划，或者体现企业的整体战略意图。很多跨国公司在进行战略投资决策之前，就已经先行考虑到了当地的薪酬因素，或者正是较低的劳动力价格吸引了跨国公司的投资。以下是美国通用汽车公司的一个成功案例。通用汽车公司为了降低产品成本，以往采取提高工作效率、降低生产环节成本、改进技术等方法来实现这个目的，而 1955 年墨西哥锡劳（Silao）工厂的建立似乎是一种更为便

① 姜秀珍. 国际企业人力资源管理 [M]. 上海：上海交通大学出版社，2008：182-183.

捷的途径。在同一统计期内，通用汽车公司向美国工人支付的工资和福利为每天220美元，而为墨西哥工厂的工人支付的工资仅为每天10美元。即使这样，该工厂的工资水平也仍是墨西哥本地工人工资的6倍。加上该工厂为当地职工提供住房补贴、医疗保健等福利，使该工厂的工人生产积极性高涨，生产效率和产品质量均十分优异，被视为通用汽车公司最优秀的生产工厂。

另一方面，国际企业薪酬管理的战略性还体现为企业的薪酬管理体系必须能够推动企业整体战略目标的实现。它应该能够引导员工做出有利于企业战略目标实现的行为，例如，能够鼓励员工承担国际工作任务，能够有效激发员工（包括母国外派员工、第三国外派员工和东道国本土员工）的工作积极性等，同时，跨国公司的薪酬制度必须是一个有机整体，它不仅是跨国公司总部的薪酬制度与世界各地分支机构的薪酬制度的总和，而且应当是考虑到各地区不同因素之后建立的一个协调一致的体系。它应当与公司的整体政策保持一致，具有令人满意的竞争性和效率，能够在不同地区充分发挥、利用人力资本的效能。

**（二）薪酬政策和标准的多重性**

在经营管理中，一家企业的内部薪酬战略和标准应当保持一致性，制定出来的薪酬政策和制度对于企业的各个部门和所有员工都应当一视同仁、标准统一。而这一点在跨国公司中则很难做到，薪酬制度的多元性正是其重要特点。

第一，跨国公司在不同地域采取的薪酬制度不同。由于地域的区别，使薪酬制度的决定因素产生了众多差别。例如，当地劳动力价格水平、社会保障状况、法律和政策因素、国家间的汇率因素等外部因素都会使同一跨国公司在不同地区的分支机构制定各不相同的薪酬制度。另外，企业经营发展的自身因素也会对薪酬战略产生影响，如企业在第一个国家或地区处于刚刚进入市场的初期阶段，在第二个国家或地区可能正处于经营成熟阶段，而在第三个国家或地区则处于即将退出市场的经营收缩阶段，那么，在这三个国家或地区，必然会采取不同的薪酬战略。

第二，即使对于在同一区域内职位相同、从事相同工作的员工，跨国公司也可能采取不同的薪酬标准。这与上面提到的员工的来源有很大关系，在母国外派员工、第三国外派员工和东道国本土员工之间运用不同的薪酬政策和薪酬标准是非常常见的现象。

**（三）难以兼顾多方面的公平性**

对于东道国的本土员工，国际企业一般采用本土化的薪酬体系，以当地工资水平、文化习惯，以及法律规定来确定其薪酬水平和薪酬结构。而对于外派人员，则有母国基准法、派出国基准法、东道国基准法和折中法等多种计算薪酬的方法，同时，考虑到外派员工在国外工作的暂时性和原有的生活消费水平，国际企业往往还会给予其数目相当可观的奖金和津贴。显而易见的一点是，这种区别对待将会使薪酬制度的内部公平性受到破坏，也不利于企业内的团队协作和责任分担。然而，将本土员工和外派员工的薪酬水平和薪酬结构完全统一又是不现实的，因此，有效的办法是利用各种技术性方法弱化这种不平等的差别，例如，提供相同的福利与培训，缩短外派员工的外派时间和减少外派员工的数量，为东道国的优秀员工提供相应的外派机会等。

另外，即使是在外派员工群体内部，也面临着薪酬公平性遭到破坏的问题。例如，在利用派出国基准法确定外派员工薪酬的情况下，母国外派人员和第三国外派人员的薪酬水平必然存在着一定的差异，那么，当这些人员被派往同一个分支机构任职时就会产生薪酬不公平现象。同时，从跨国公司的管理实践来看，母国外派人员在额外福利方面往往能够得到优先照顾，而第三国外派人员得到的则是相对较少的额外福利。所有这些都不利于薪酬公平性的确立，但也都是在综合考虑是否需要外派雇员、是外派母国员工还是第三国员工、员工在被派遣到国外任职之前的生活标准、在东道国可能遇到的生活不适，以及员工海外任期结束回到派出国之后的生活等一系列因素之后所做出的决策。企业为此而支付的高成本需要与企业自身的全球竞争战略结合起来衡量，并且应该可以由雇员所做贡献来加以弥补①。

## 三、国际人力资源薪酬管理的方法

### （一）外派员工的薪酬模式

外派员工的总薪酬可由基本工资、消费津贴、激励性薪酬和非货币形式报酬组成。

1.基本工资

基本工资的确定主要有以下三种方法。

（1）母国基准法。

母国基准法，即按照母公司国内同级职务的工资水平对外派员工发放基本工资。这样做有以下好处：一是不同国家间的工作轮换容易进行；二是方便外派员工返回国内工作；三是使得企业内部做相同工作而东道国不同的员工的工资水平较为一致。

（2）东道国基准法。

东道国基准法，即按照东道国的工资水平对外派员工进行支付。如果东道国

---

① 姜秀珍.国际企业人力资源管理［M］.上海：上海交通大学出版社，2008：197-199.

的工资水平较高，则高薪对于外派员工会形成很有效的激励，但若情况相反，员工的工作积极性很有可能遭到挫败。

（3）折衷法。

由于母国基准法和东道国基准法有各自的局限性，一些企业采取了将两者混合使用的折衷法，即将母国工资的数额乘以一定比例来确定一个基准额，然后根据东道国工资的一定比例来确定提高的比例，两者相加，便是外派员工的基本工资。在实践中，折衷法的应用范围较前两者更为广泛。

2.消费津贴

消费津贴指企业在按照国内规定确定外派员工工资的同时，向员工提供消费津贴，对员工的某些额外消费（由外派引起）给予奖金补偿，最主要的消费津贴包括商品与服务津贴、住房津贴、个人所得税津贴和教育津贴等。

（1）商品与服务津贴。

为了补偿东道国较高的价格水平给外派员工带来的经济损失，企业需向外派员工提供商品与服务津贴。具体的津贴额将参照专业咨询公司提供的信息加以计算得到。

（2）住房津贴。

大部分国际企业为外派员工提供房补或提供公司自己拥有的住房。有些公司按实际房租水平向员工发放津贴，另外一些公司则支付给员工一定数额的津贴，让员工自行寻找住房。员工可以选择降低居住标准从而获得津贴剩余，或者自行补缴房租和津贴的差额，选择条件更好的居住环境。无论采取哪种形式，公司都需要准确判定住房津贴的水平。

（3）个人所得税津贴。

不同的国家在个人所得税的征收方面有着不同的规定。美国是全球征税原则的代表国家之一，即使公民在东道国已经纳过税，其公民在其他国家所得收入也要进行征税；而其他国家的公民多是根据居住地和收入来源进行征税。目前跨国公司通用的做法为：如果外派国家的税率高于母国，公司将补足其中的差额；若情况相反，公司将保留这部分剩余，可采取定期扣除员工部分工资的方式。

（4）教育津贴。

当外派员工需要带其配偶和子女一同前往东道国时，公司将承担更多的责任，员工子女的教育津贴便是一部分。如果东道国和本国语言相异，多数外派员工希望他们的子女掌握本国语言，这部分教育就需要额外的费用，这些额外的支付都需要公司来补偿。因此，同住房津贴一样，目前大多数公司都提供教育津贴，无论其外派员工的基本薪酬根据哪国的制度确定。

### 3.激励性薪酬

激励性薪酬也称为外派奖金，一般按照基本薪酬的一定百分比与工资一同发放，也有部分公司将该部分薪酬确定为一个总额，分别在外派工作开始和结束时分两次发放。

### 4.非货币形式报酬

一些非货币形式的报酬，例如，职务的提升、上级的器重、更好的个人发展机会等，可以被看作企业为外派员工提供的额外支付。随着知识经济时代的到来和社会的进一步发展，非货币形式报酬将起到越来越重要的作用。

## （二）国际企业的薪酬计算方法

### 1.现行费率法

现行费率法的特点是使外派人员的基本工资与东道国的工资结构挂钩。国际企业在制定外派人员的基本工资时常常参考东道国当地市场的相同职位的工资水平。

国际企业必须首先获得东道国的相关市场薪酬、生活水平、商品价格与消费水平等信息，然后以东道国人员相似职位的工资水平为基准，确定外派人员的薪酬水平，并对在低工资国家工作的外派人员，在基本工资和福利之外提供额外补贴。

现行费率法的优点是：外派人员能够得到与当地人平等的待遇，特别是当东道国为高工资国家时，有利于提高母国人员到海外工作的热情；简洁、明了，易于理解；各个国籍的员工待遇相同，很好地体现了薪酬政策的内部公平性，有利于员工之间的合作。

现行费率法的缺点是：由于实行当地的薪酬水平，不同派遣地之间会产生差异，特别是发达国家与发展中国家之间，这样会造成员工都乐意被派遣到发达国家，而回避向发展中国家的派遣；同属于一个母国公司的员工在从事相同职位的工作时，由于东道国薪酬水平的差异而造成了同工不同酬现象；如果东道国的工资水平高于母国，当驻外人员回国时其工资要恢复到后者的水平，这会对员工回国造成麻烦，而且员工心里也会感到不舒服。

### 2.资金平衡法

资金平衡法的主要假定是外派人员不应该因为外派工作而蒙受经济、财产损失，原则是维持外派人员和母国人员薪酬的一致性。因此，它的主要特点是外派人员具有与母国公司人员相同的薪酬水平，并且通过经济奖励补偿不同派遣地之间的生活质量的差异，从而保证外派员工拥有与总部所在国相同的生活水平。简单来说，就是使外派人员的购买力与其本国相同的薪酬制度。这种方法在国际薪酬中应用最广泛，超85%的美国国际企业外派人员的薪酬计算都使用这种方法。

资金平衡法的优点是：可以有效地保护母国员工原先在国内享受的财产利益；属于同一母公司的人员不会因为在海外不同国家工作造成"同工不同酬"现象；便于沟通和理解；驻外人员的回国安排容易，不会像现行费率法那样对员工的回国造成麻烦。

资金平衡法的缺点是：第一，由于员工国籍不同，所属国家的工资水平也不同，这样可能使母国人员、东道国人员及第三国人员之间的薪酬产生相当大的差距；第二，管理相当复杂，主要体现在税收、生活费用，以及母国人员和其他人员之间的待遇差异上。

3.税收

除非母国与东道国之间有互惠性税收协议，否则外派人员就必须同时向母国和东道国政府交纳个人所得税。全球企业一般采用税收平衡和税收保护手段来为外派员工提供税收优惠政策。

税收保护是指员工在东道国缴纳的税款不能超过其在母国国内应缴纳的税款，如果在东道国的纳税额低于母国，那么两者之间的差额就可以成为员工的额外收入。该做法的最大优点是：低税收派遣地的员工可以获利。主要缺点是：员工为了获利，可能会违反税法，少报收入；不利于员工从低税收派遣地向高税收派遣地的流动。

税收平衡是国际企业较为常用的税务政策，具体指公司扣留相当于母国员工在母国国内应缴纳的税款金额后，再由母国缴纳其在东道国应该缴纳的税款，东道国税款高出母国税款的部分由公司支付。这种方法的优点是：对于外派人员来说，他们不会因为东道国的不同而形成纳税数额上的差异，是公平的；公司可以从低税收派遣地那里获利；员工不会通过违反税法而获利。其缺点是：需要专业的咨询服务，例如，需要聘请国际会计师事务所来分析国家之间的税务政策差别，因此执行成本较高。

4.国际生活费用数据

国际企业经常需要获得国际生活费用的最新信息，根据东道国的实际生活水平对员工的薪酬做出调整，以保持企业薪酬的国际竞争性和公平合理性。生活费用指数是反映一定阶层居民在吃、穿、住、用、行等方面所购买的消费品价格和服务项目价格变动趋势和程度的相对数。它和消费品价格指数的区别就在于，前者涉及居民购买的全部商品价格，而后者只限于消费品价格；同时，前者不仅包括商品支出还包括劳务支出，而后者只包括商品部分。对生活费用指数的计算可反映出消费品价格和劳务价格的变动对人们生活水平的影响。

由于汇率、股票市场，以及其他经济、政治因素的变动，国际生活费用数据也会发生改变。许多咨询公司提供定期的调查数据供国际企业参考。

# 第五章 国际企业市场营销管理研究

国际企业市场营销管理实质上指的是跨国企业的国际市场营销管理活动。根据美国著名市场营销学家菲利普·科特勒（Philip Kotler）所著权威性教科书《国际市场营销》中的定义，国际市场营销（international marketing）是指对商品和劳务流入一个以上国家的消费者或用户手上的过程进行计划、定价、促销和引导，以便获得利润的活动。

国际市场营销管理，是指企业根据国际经济、政治等环境的变化，在不同时期、不同区域、不同条件下，在世界范围内确定并采取灵活多变的营销策略，实施有效、及时的管理，以满足世界范围的消费需求，确保其全球经营战略的实现。因此，国际市场营销管理是企业国际商务活动的重要内容，是企业全球战略体系中重要的核心环节。

国际营销与国内营销从本质上来说并无根本不同，营销的基本原理对两者都是适用的。无论国际营销还是国内营销，企业都要分析营销环境、寻求营销机会、选择目标市场，都要进行营销手段和营销组合的决策，实现产品从生产者到消费者的转移。但是，尽管国际营销和国内营销在定义上的唯一区别在于国际营销活动是在一个以上国家进行的，这个差别表面上看起来很小，却隐含了国际营销活动的复杂性、多样性、风险性和挑战性。这是由于开展营销活动的环境存在差异引起的，包括人口、政治、经济、法律、社会文化和竞争环境等。

## 第一节 国际市场营销概述

### 一、国际市场营销战略

国际市场营销的一个重要管理任务就是通过学习，发现营销计划和项目可被

/ 68 /

延伸到全球各地的程度，以及需要修改的程度。一家公司完成上述任务的方式反映了其国际市场营销战略。在国内营销活动中，战略发展涉及两个根本问题：选择目标市场和发展一套营销策略组合。虽然视角会有所不同（见表5-1），但这两个问题同样是公司国际市场营销战略的要害。所谓全球市场参与度，就是指公司在主要世界市场上经营活动的多寡。

**表5-1　国内市场营销战略与国际市场营销战略的对比**

| 国内市场营销战略 | 国际市场营销战略 |
| --- | --- |
| 目标市场战略 | 参与全球竞争 |
| 发展营销组合 | 发展营销组合 |
| 产品 | 产品调整或产品标准化 |
| 价格 | 价格调整或价格标准化 |
| 促销 | 促销调整或促销标准化 |
| 分销 | 分销调整或分销标准化 |
| | 营销活动的集中度 |
| | 营销活动的协同度 |
| | 竞争行动的集成度 |

国际市场营销战略有三个与营销管理相关的维度：其一是营销活动的集中度，即与营销组合（如促销活动或定价决策）相关的活动是在一个国家还是在几个国家开展；其二是营销活动的协同度，即全球各地计划并执行与营销组合相关的营销活动时，各种活动相互依存的情况；其三是竞争行动的集成度，即公司在世界各地的竞争性营销战术相互依存的程度。国际市场营销战略的设计应有助于提升公司在全球各地的业绩。

有些品牌几乎在每一个国家都能见到，可口可乐是世界上有名的强势品牌，其令人羡慕的全球地位部分源于可口可乐公司支持其旗舰品牌的意愿和能力，即依靠各国的罐装厂网络和强有力的当地营销活动。从事国际市场营销的公司未必要在世界上200多个国家中都开展业务，是否进入一国或更多市场的决策取决于公司的资源、管理层的心态，以及机会和威胁的性质。

## 二、标准化和本土化

当一家公司比自己的竞争对手为顾客创造了更多的价值时，该公司就可谓在同行中享用竞争优势。竞争优势是在与同行竞争对手对比中显现出来的，例如，你开在某地的自助洗衣店属于当地洗衣业，你的竞争对手是地方性的。全国性行业中的竞争者则是全国性对手。全球性行业（如汽车、消费电子品、手表、药品、钢材、家具，以及其他许多行业）的竞争则具有全球性。如果企业投身于某个全球性或正在全球化的行业，全球营销便成为必不可少的活动。

全球化正在改变一些产品走向国际市场的方式，但这还不是它的全部。一些公司实施全球战略，在全球范围内以近乎相同的促销手段销售同一产品；而另一些公司则发现需要对其产品做一些改变，以适应国外市场消费者的口味；另外，还有一些公司的产品则需要采用不同的宣传方式，目的在于利用当地市场独有的特色吸引当地顾客。那么，经理人如何决定什么时候需要修改他们的营销战略呢？

企业市场营销经理人通常选择以下三个基本方法来决定是否使企业的销售组合标准化或者本土化。

（1）企业应该采取种族中心主义的方法，换句话说，就像在国内一样在国际市场上简单地销售产品，对市场营销组合不做变化或者是尽可能少变化以适用于全球市场的政策。

（2）企业应该采取多中心主义的方法，也就是说，采取定制化市场营销组合，以适应每个外国市场用户的特殊需求。

（3）企业应该采取以全球为中心的方法，换句话说，分析全世界消费者的需求，然后对其服务的所有市场采取一个标准化的市场营销组合。以全球为中心的方法要求市场营销组合的标准化，允许企业在不同的市场提供实质上一样的产品和服务，并且使用同质化的市场营销方式在全球销售产品和服务。

美国著名研究学者西奥多·莱维特在他的一篇广为人知的文章中写道，世界正变得日益标准化和同质化，全球公司在世界各地应该以同样的方式销售同样的商品。莱维特认为，技术的进步已经使得世界上所有客户的需求和偏好趋向大同，因此公司应该通过标准化其产品的物理特性和营销策略来降低生产成本和营销成本。

自从那篇文章发表以来，一些研究人员却指出，标准化只不过是那些已经成功进入国际市场的公司所采用的诸多战略中的一种而已。另外，还有人争论说标准化战略并不总是最好的，并劝告那些规模较小的公司在利用他们独有的国际形象去获取当地市场份额时一定要适应当地文化。

企业采取标准化和本土化的程度依赖于许多因素，包括产品类型、母国和东道国之间的文化差异，以及东道国的法律体系。总部设在俄亥俄州的乐柏美公司在尝试提高其国际销售时发现了审美观的作用。美国消费者喜欢用蓝色系或杏色系的家居用品，而欧洲南部的居民则偏爱红色，荷兰人却喜欢白色。此外，欧洲文化习惯用金属制品，欧洲人大多认为，塑料制品是劣质产品的代名词，因而他们喜欢用带盖的金属垃圾桶；而在美国则正好相反，美国人偏爱塑料制品，喜欢用敞口的塑料垃圾桶。

事实上，的确有一些产品可以忽略各国的文化差异在全球进行标准化营销。

尽管红酒并不是传统的亚洲酒品，但它却在极短的时间内席卷了亚洲市场，如中国香港、中国台湾、新加坡和泰国等。医学研究的结果——"饮用适量的红酒有益于身体健康"，更是促进了红酒市场的迅速发展。另外，一些原因也起到了不小的作用，在亚洲人眼里，红色是一种幸运的象征，很多人就餐时点上一瓶红酒可能也正源于此，他们用红酒代表他们的成熟和成功。即使在北京，现在时尚的年轻人也都会选择红酒作为乔迁之礼而不是父辈们所钟爱的白酒。

国际企业也必须考虑其本身的组织结构。标准化意味着经营控制权更加集中，通常是位于公司的总部，本土化策略则意味着总部更加可能将决定权下放到地区经理人。因此，中央集权型的企业更有可能采取标准化的国际市场营销组合，而分权制企业则更有可能采取本土化营销策略。

在理想的条件下，国际市场营销者应该"思维全球化，行动本土化"，不集中于任何一个极端，也就是说，既非完全的标准化又非完全的本地化。例如，很多公司会标准化其产品设计以获得生产的规模经济效益，同时定制不同市场的广告宣传和营销渠道以满足当地市场的需求。表 5-2 总结了影响公司采用标准化还是本土化策略的一些因素。

表 5-2 影响标准化和本土化的因素

| 促进标准化的因素 | 促使调整适应的因素 |
| --- | --- |
| 产品研究开发的经济性 | 不同的使用环境 |
| 生产中的规模经济 | 政府的规章制度的影响 |
| 市场营销的经济性 | 购买者不同的行为模式 |
| 控制市场营销方案 | 促进本地化营销主动性 |
| 全球同质市场趋势 | 执行中激活当地的创造性和推动力量 |

# 第二节 国际市场细分及目标市场的选择

## 一、国际市场细分

国际商务人员在对国际市场进行详细调查研究的基础上，通过对第一手和第二手资料进行研究和分析，以期发现宝贵的营销机会。开拓国际市场，主要按照以下步骤进行：①细分市场；②选择目标市场；③进行市场定位。

### （一）国际市场细分的概念和作用

市场细分（market segmentation）的概念是由美国市场学专家温德尔·史密斯（Wendell Smith）于 20 世纪 50 年代中期首先提出来的，是指企业在市场营销调研的基础上，先按照一定因素把整体市场划分成若干个小市场，即细分市场或子市场，然后从中选择营销对象。所谓国际市场细分，是指企业按照一定的细分变量，把整个国际市场划分为具有不同营销组合特征的小市场或分市场。市场细分的思想被广泛应用于营销实践过程，市场细分是选择目标市场的基础。

企业对国际市场进行细分，对正确开展国际市场营销活动，具有很大的意义，这主要表现在：有利于企业分析和发现新的国际市场机会；有利于企业根据细分市场的特点和自身的比较优势，确定市场目标和进行市场定位，制定最优营销策略；有利于企业根据细分市场的特点，集中使用人力、物力等资源，避免分散力量，从而取得较好的国际市场营销效益；有利于中小企业开发国际市场，因为中小企业实力相对较弱，通过国际市场细分，能扬长避短，集中力量占领一块有利可图的细分市场；有利于企业较快地觉察市场变化，一旦国际市场发生变化，能随机应变，及时调整。

**（二）国际市场细分的标准**

1. 国际市场宏观细分

国际市场宏观细分是指按照某种标准，把整个国际市场分为若干个子市场，每一个子市场具有某些共同的特征。通常采用以下标准。

（1）地理标准。

地理标准细分方式的依据是，处于同一区域的各国具有相似的文化背景，因而在消费行为和购买动机方面有很大的相似性，例如，把国际市场划分为北美、西欧、日本、东欧、中东、南亚、东南亚、东亚、拉丁美洲、非洲市场等。

（2）经济标准。

各个国家或地区的经济发展水平直接决定消费者的购买力，常用的经济标准包括人均 GNP（国民生产总值）、人均 GDP（国内生产总值）、进出口贸易额、外贸依存度等，按照这些标准，可将国际市场划分为发达国家市场和发展中国家市场，或工业化国家、中等收入国家和低收入国家等子市场，或分为传统社会、起飞前准备阶段、起飞阶段、趋于成熟阶段和大众高消费阶段等市场。

（3）社会文化标准。

用来对各国市场进行集群分析，常用的细分变量包括语言、种族、民族、教育和价值观等。

（4）组合标准。

组合标准是20世纪80年代初里兹克拉提出的，他从国家潜量、竞争力和综合风险3个方面，按3个等级，对世界各国进行不同的排列组合，把国际市场细分为18类。其中，国家潜量是指企业的产品或劳务在一国市场上的销售潜量，可通过人口数量及分布、经济增长率、人均国民收入等衡量；竞争力包括影响该国竞争力的内部因素和外部因素，内部因素是指企业自身的资源条件及企业在该国市场上的表现，外部因素是指同业竞争、替代产品的竞争及行业竞争结构等；综合风险是指该国所面临的政治风险、经济风险、财务风险及各种影响利润和经营结果的风险。组合细分法对不同国家的营销环境的考察更全面具体，但需要事先通过大量调查以掌握准确信息，过程复杂，会导致过高的营销成本。

2. 国际市场微观细分

国际市场微观细分，是基于消费者需求差异的细分。经过国际市场宏观细分，企业选择某个国家作为目标市场，但企业在决定进入该国市场后，还需对该国市场再进行微观细分，使企业的最终目标市场更具体、更准确。国际市场微观细分可以分为消费品市场微观细分和工业品市场微观细分两类。

（1）消费品市场微观细分。

消费品市场微观细分的标准主要有：地理因素，是指根据消费者所处的地理位置进行细分，依据是消费者所处地理位置不同，市场潜力、竞争情况、消费者特点不同。人口因素，是指根据消费者的家庭结构、年龄、性别、婚姻状况、职业、收入水平、文化程度等进行细分，因为人口因素是区分消费者群体最常用的基本要素，因此是微观细分的重要依据。心理因素，指企业按照人的心理特征，如理性或感性、强制性或非强制性、独立或依赖、内向或外向、保守或激进、成就欲、领导欲等个性特点及价值观和生活方式等进行细分，例如，将女性皮鞋市场分为时髦型、朴素型、大众型、独特型等子市场。行为细分，是指根据消费者的购买习惯、消费模式等特点进行细分，如根据消费者所追求的效用利益将牙膏市场细分为保持牙齿洁白、防止龋齿、使口腔清新芳香3个子市场；根据使用程度的行为将国际男用香水市场划分为未使用者、曾经使用者、潜在使用者、初次使用者、经常使用者5个子市场。

（2）工业品市场微观细分。

工业品的消费主要表现为企业行为，购买的目的主要是生产产品或提供劳务，因而决定购买的因素往往比较客观，具有购买的数量大、次数少、购买者地理位置集中、专业要求高等特点。

工业品市场微观细分的标准主要有：购买者所处的行业和部门，如生产制造业、公用事业部门，以及政府机关等，不同的行业具有不同的需求，按行业特点细分可以使企业更好地满足目标市场的特殊需求。购买者的规模，规模决定了购买力和购买方式，如根据用户大小将市场分为大客户、小客户等子市场。购买组织的特点，工业品市场上的购买属于集团购买，大企业参与购买决策的人多，小企业参与购买决策的人少；民主管理式企业参与购买决策的人多，家族式集中管理企业参与购买决策的人少；大型设备参与购买决策的人多，低值原材料参与购买决策的人少。购买者所处的地理位置，如购买者所在地区的气候、交通条件、水电设施、运输条件等。

### （三） 国际市场细分的注意事项

应当指出的是，尽管国际市场细分是企业制定国际市场营销战略和策略的重要前提和依据，要使市场细分合理和有效还必须注意以下几个方面的问题：首先，细分国际市场的变数的个数取决于消费者需求差异的大小。对于消费者需求特征差异较小的产品或服务可采用单一变数进行细分，如果消费者需求特征差异较大，则应采取双重或多重变数细分，以保证细分的有效性。其次，细分国际市场的变数也不是越多越好。因为若对某市场采用了过多的变数进行细分，会导致各个子市场过小，既给企业选择目标市场带来了困难，又会使得企业的营销活动缺乏效率。再次，应把握市场细分的动态性。国际市场上的消费者需求和竞争者状况每时每刻都在发生变化，企业应注意信息的搜集，在必要时进行市场细分的调整。

## 二、国际目标市场

### （一） 选择国际目标市场的标准

企业在进行国际市场细分后，要从若干个细分市场中选择一个或多个细分市场作为自己的国际目标市场。选择国际目标市场的总体标准是要能充分地利用企业的资源以满足该细分市场上消费者的需求，具体有以下标准。

1. 规模、质量与可测量性

国际目标市场应当是具有一定规模和消费质量，并且销售潜量及购买力的大小能被测量的市场。在细分后的市场群中确定目标市场，首先要从战略高度出发考虑哪些市场更有开发潜力。同时，目标市场的现实状况和潜力必须是可以测量的，即企业可以通过各种市场调查手段和销售预测方法来测量国际目标市场现在的销售状况和未来的销售趋势。

2. 稳定性

国际目标市场必须在一定时间内保持相对稳定的状态，以便企业制定长期的营销战略，对该市场进行有效的开拓，从而保证企业获得稳定的经营利润。如果市场变化过快，企业必须快速调整营销策略和资源分配，这就加大了企业经营的风险。

3. 竞争缓和性

国际目标市场应当选择竞争相对缓和的市场。通常竞争激烈的市场中，由于竞争成本较高，新进入企业很难迅速掌握市场主动权。因此应当避免选择竞争激烈的市场，以便形成市场控制力，拥有一个更有弹性的经营空间。

４．相容性和可行性

国际目标市场所提供的营销资源，能使企业有效地制定国际营销计划和策略，以及有效地将营销计划付诸实施。同时，国际目标市场的环境有利于企业发挥市场协调的能力，在环境变化时调整其营销战略和策略。相对于竞争者，企业的资源条件、营销经验及所提供的产品和服务在所选择的国际目标市场上具有更强的竞争能力和竞争优势。

**（二）国际目标市场营销策略**

在目标市场最终确定后，企业可以选择具体的国际目标市场营销策略主要有三种。

１．无差异性营销策略

无差异性营销策略是指企业以同一种商品去适应市场细分后各个子市场的共同需要。采用这一策略，要求企业采用大规模生产方式和标准化作业，建立广泛的销售渠道，制定统一的广告宣传内容，提供统一的标准化产品，从而在消费者心目中树立起企业所提供的产品或服务的鲜明形象。

这种营销策略的实质是企业只着眼于消费者需求的同质性，对消费者需求的差异性忽略不计。无差异市场策略的代表是可口可乐公司，曾长期以单一口味的产品、单一标准的瓶装和统一的广告宣传占领世界饮料市场。这一策略最大的优势在于成本的经济性，不足之处是忽略了不同消费者之间的需求差异，因而会丧失许多市场机会，一旦有几家企业在同一行业采用这一策略，竞争就会日益激烈。在现实中只有极少数企业会采取这种策略。

２．差异性营销策略

差异性营销策略是指企业在市场细分的基础上，针对不同的目标市场生产不同的产品，实行不同的营销组合方案，以适应不同的需求，提高市场份额。

这一策略的优点是能够塑造差别产品的形象，满足不同类型消费者的需要，争取到更多的"忠诚者"，可以减少经营风险，增强企业的应变能力，如美国通用汽车公司针对具有不同财力、目的和个性的国际消费者，生产不同种类、型号的汽车，以满足他们的不同需要。问题在于企业的生产、营销成本和管理费用会大大增加，企业的经营收益会受到影响。一般只有少数采用高度分权化管理的大企业才有能力采取这种策略。

３．集中性营销策略

集中性营销策略，是大多数企业的营销策略选择。在前两种营销策略中，企业面向的是整个市场或大部分子市场，而采取集中性营销策略的企业则力图在市场细分后的众多子市场中，选择某一个或少数几个细分市场作为目标市场，集中力量在该市场上营销，争取获得竞争优势，占有较大甚至是领先的市场份额。

这一策略的特点是可以深入地了解特定细分市场的需要，实行有针对性的经营，向某一特定的子市场提供最好的产品和服务，生产和营销的集中也使经营成本得以降低。不足之处是目标高度集中，经营风险较大，若目标市场发生突然变化，或市场上出现一个新的强有力的竞争对手时，企业就可能面临生存困难。因此，采用这一策略，企业需要认真分析，找准方向。许多国际企业往往把目标分散在好几个国际市场部分，实行"多元化经营"，以减少风险。

图5-1概括了无差异性营销策略、差异性营销策略和集中性营销策略之间的差别。

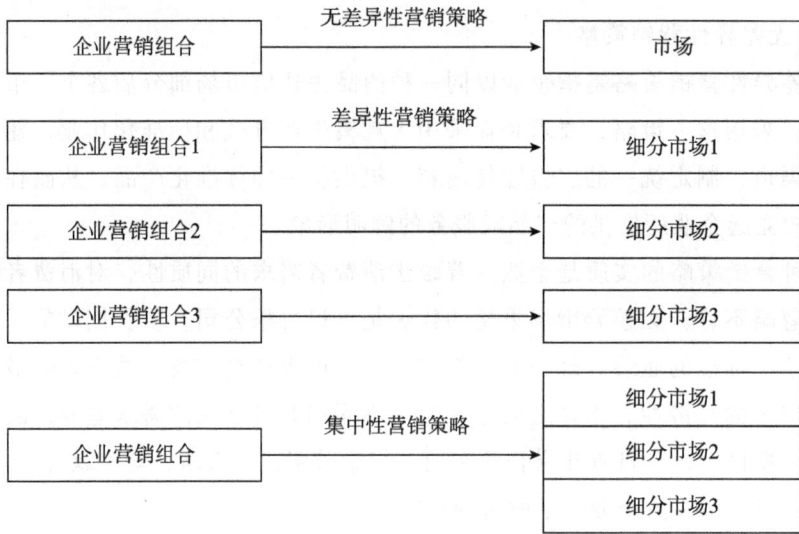

图5-1　三种国际目标市场营销策略的差别

### （三）选择国际目标市场营销策略时应考虑的因素

1．产品的性质

同质性产品，如钢材和水泥，比较适合于采用无差异性营销策略。而对于那些可采取不同设计的产品，如汽车、家用电器等，则更适合采用差异性营销策略或集中性营销策略。

2．产品所处的生命周期阶段

当企业把一种新产品导入市场时，比较现实的做法是强调产品某一个特点，因此无差异性营销策略或集中性营销策略最为有效；当产品进入生命周期的成熟阶段时，差异性营销策略则开始起更大的作用。

3．市场的特点

如果购买者都有相同的消费偏好，而且对营销刺激也都产生同样的反应，则适宜采用无差异性营销策略。反之，则采用差异性营销策略或集中性营销策略为好。

4．企业的资源

当资源不足时，企业采用集中性营销策略最为有效。

5．竞争对手的营销策略

当竞争对手都实行无差异性营销策略时，推行差异性营销策略或集中性营销策略的企业自然会在竞争中获得有利的竞争地位。

### 三、国际目标市场定位

#### （一）市场定位的含义

市场定位（market positioning）有两层含义。第一层含义是指对国际市场细分并选择确定细分目标市场的过程，即将企业或产品定位在最有利的目标市场位置上。它基本上是根据消费者需求差异选择准确的消费群体或阶层进行定位，是国际市场细分策略的应用。主要有：年龄定位，如"强生"护肤品按照年龄使自己成为儿童护肤品中的领导者；性别定位，如"金利来，男人的世界"，经典的案例还有万宝路香烟；心理定位，如斯沃琪手表根据时尚这种心理进行市场细分获得巨大成功；特殊消费者定位，如捷卡系列运动表的定位是"现代中学生的运动表"；大量使用者定位，如日本朝日啤酒公司集中所有资源将单一的"超级干啤（Super Dry）"牌产品做精做优，满足整个市场的需求。

第二种含义是指在进行了国际市场细分并确定了目标市场后，根据市场竞争情况和本企业条件，确定本企业或产品在该目标市场的位置，使目标顾客理解并正确认识本企业或产品有别于竞争者的象征性行为。它实际上是使企业或产品在消费者心目中占据一个位置，形成一种优势，因此需要向目标消费者说明本企业及产品与现有的及潜在的竞争者有什么区别。这种"特色"和"形象"可以是实物方面的，也可以是心理方面的，或兼而有之，如优质高档、物美价廉、豪华舒适、服务周到、技术先进等，都可作为定位的概念。

#### （二）市场定位的策略

定位的策略有很多，大体上可分为实体定位和观念定位两大类。

1．实体定位策略

实体定位策略，是指以产品的质量、性能、用途、造型、价格、包装、服务、运送、维修等某一方面的独特性来定位，强调本产品与同类产品的不同之处和所带给消费者的更大利益，突出产品的新价值。具体有以下几种方法。

（1）功效定位。

功效定位，即以商品的特异功效来定位，如美国宝洁公司根据各品牌的不同功效为其生产的海飞丝、飘柔和潘婷等确定了"去头屑""柔顺""营养健康"的定位，满足了不同需求的消费者，因而赢得了广大的消费市场。

（2）品质定位。

品质定位，即以商品的优异品质来定位，如康师傅方便面"香喷喷，好吃看得见"，使消费者对其品质产生信赖感，从而产生强烈的购买欲望。

（3）价格定位。

价格定位，即以商品的价格高低来定位，可分为高价定位和低价定位。高价定位法是以高位价格突出产品的档次，塑造高品质的产品形象，多运用于汽车、香水、手表、电视机等奢侈品，如"世界上最贵的香水只有快乐牌（Joy）"；低价定位是以低位价格增加产品的竞争能力，吸引更多的消费者，多适用于竞争激烈的产品和无品牌的日用品，如盐、糖、麦粉、饮料等，如百事可乐以"同样的价格，两倍的含量"打得可口可乐喘不过气来。

（4）高技术定位。

高技术定位，即对产品的形象给予高技术性的联想定位。个人电脑、摄像机、音响、汽车等产品，消费者的关注度主要集中在它们的技术性能上，因此，在对这类产品的营销中，就要着重强调产品的技术特征和性能，向消费者提供有关技术性的信息，在消费者中树立产品的高技术形象。

2. 观念定位策略

观念定位策略，就是突出商品的新意义，改变消费者的习惯心理，树立新的商品观念的定位策略。主要有以下几种方法。

（1）逆向观念定位。

逆向观念定位，即借助于有名气的竞争对手的声誉来引起消费者对自己的关注、同情和支持，以便在竞争中占领一定市场份额的定位策略。如中国台湾"普腾（Proton）"电视为了打开美国市场，借用当时日本索尼在美国已建立起优秀的品牌形象，打出了"Sorry Sony（对不起了，索尼）"的广告口号，引起了人们的普遍关注，知名度急剧上升，此法多适用于二、三流企业和二、三流产品。

（2）比附观念定位。

与逆向观念定位从产品与竞争品的关系出发点不同，它是从产品与其他相关产品的关系出发，间接地揭示和传达了本产品价值信息，从而唤起人们对该种商品的需求。如雪利酒"在喝咖啡时，永远不要忘了芳醇的雪利酒"。

（3）是非观念定位。

通过新旧观念的对比，让消费者明白是非，接受新的消费观念。最有名的例子是美国七喜（7up）汽水的"七喜，非可乐"是非观念定位，适用于三流企业、三流产品，这样可以避开一、二流企业的锋芒，另辟市场，从侧面与其展开竞争。

（4）流行观念定位。

即以社会流行观念创造出产品的附加功能，以迎合广告对象的消费心态。如箭牌口香糖利用社会上流行的色彩观念，赋予各种口味颇有创意的附加功能，绿箭是"清新的箭"，红箭是"热情的箭"，黄箭则是"友谊的箭"，将白箭定位于"健康"。"每天嚼白箭口香糖，运动你的脸"，使箭牌口香糖在市场上畅销不衰。

（5）高感受定位。

即对产品的形象能够引起消费者某种特别感受或情绪为重点的定位，也叫个体成功观念定位，是对个人生存的全部正面价值的肯定，例如，事业、成功、地位、身份、财产、健康、友谊、爱情、审美等，运用最为普遍，如"人头马一开，好运自然来"。

由于观念的流动性、可塑性，观念定位法也不拘一格，没有一个固定不变的模式，只要能最终抓住消费者的心，就是成功的定位。

# 第三节　国际市场营销策略

在国际企业决定进入某一特定的外国市场后，就需要进一步考虑具体的营销决策，国际营销经理们必须考虑以下四个方面的问题：如何开发公司产品；如何给产品定价；如何将产品分销到客户手中；如何销售产品。

这些因素共同被称为销售组合，通俗地被认为是市场影响的"4P"，即产品、价格、分销和促销。它们是国际营销活动的核心领域。

## 一、国际市场产品策略

国际企业所采取的产品战略将随特定产品与用户的不同而有所不同。有些产品可通过采用相同的战略而在国内和海外同时被成功地生产和销售。其他一些产品则必须加以改动，并按照专门制定的营销战略在海外销售。

### （一）无须进行多少改动的产品

工业用产品和技术服务是无须进行多少改动的典型例子，推土机、笔记本电脑和复印机，无论是在美国、法国还是中国，都履行同样的功能，并以同样的方式被使用。即便需要做出一些小的调整，也不过是使机器适应不同的电压，或改变标签及说明书的语言文字等。很多服务性活动也同样如此。例如，国际工程建设公司发现它们在全球各地都使用类似的产品战略。在世界各地，人们也采用基本相同的方式修建水库和电厂。

实际上，经验是说服客户雇佣工程建设行业跨国公司的最有力依据，例如，拥有在美国扑灭油井大火和在阿拉斯加清理瓦尔迪兹石油泄漏（Valdez Oil Spill）经验的美国公司，在1991年海湾战争的灾难之后曾大显身手。这些公司拥有很高的国际声誉，它们也无须采用差异化的营销战略便可取得成功。又例如，某些国际名牌产品也在世界各地得到了一致认同。

**（二）需要中度到较大程度改动的产品**

有数种因素致使跨国公司需要对产品进行一般到较大程度的改动，它们包括经济、文化、当地法规、技术及产品的生命周期等。

1. 经济因素

有大量的例子可以说明经济因素会如何影响企业的产品改动决策。例如，美国的口香糖往往是10～20片一小包装。但在其他很多国家，购买力的不足则要求销售5片一包的小包装口香糖。在很多国家，消费者必须将购买的商品从商店提回家，因此，小而轻的包装比大而重的包装更受消费者欢迎。

经济因素在下述场合也十分重要，即产品价格或者过高，或者太低，致使在其他国家不足以吸引消费者，例如，在经济发达国家，商店均采用电子收款机，在那里已看不到老式的手动收款机。然而在世界上很多国家，电子收款机对于大多数零售店和小店铺来说仍过于昂贵，过于复杂。因此，像收款机公司（现在已成为美国电话电报公司的一部分）这样的跨国公司，至今仍在继续生产老式手动收款机。此外，便宜的计算器仍在世界各地被广泛使用，很多商店还在用它计算顾客购货总价。

类似地，在经济发达国家，产品一般会被加以装饰；而在欠发达国家，消费者则只愿接受那些仅具有基本功能的产品。例如，在美国，自行车被用于体育锻炼和娱乐，因此需要拥有很多特殊功能以供骑车者尽情享受；然而在很多国家，自行车还只是基本的交通工具。因此，为美国生产的自行车要轻巧舒适，而为第三世界国家生产的自行车则要经济耐用，为此，自行车制造商要对自行车进行改造，使其适应不同国家的不同市场需求。

2. 文化因素

在某些场合，必须对产品加以改造，以适应于不同国家中人们的不同行为方式。例如，法国人喜欢从顶部装衣物的洗衣机，而英国人则喜欢从侧面装衣物的洗衣机；德国人喜欢带有高速旋转甩干功能的洗衣机，而意大利人喜欢低转速的洗衣机，因为他们愿意在太阳下晾晒衣服。因此，向欧盟地区销售洗衣机的厂商便需要生产多种不同的机型。

食品往往是需要因地制宜地进行生产和销售的另一类产品。诸如麦当劳这样的特许快餐店，在世界各地以类似的菜单和食品提供服务，但它也为适应各地区消费者的不同口味而对某些食品进行了调整。例如，南美分店提供的咖啡要比北美分店的味道要浓。在某些欧洲和亚洲地区的分店中，食品中使用了更多的调料，以适应当地人的口味。

文化还从式样和美学方面影响消费者的购买决策。化妆品和美容品就是很好的例子。在欧洲畅销的香水往往难于在美国找到市场，因为它们不被美国女孩喜欢。类似地，很多畅销于美国的产品，如香波和除臭剂，在其他地方却只有有限的市场。例如，吉列公司发现，很难以销售洗漱用品获利，因为人们往往认为这类产品基本上大同小异。

方便性与舒适性是决定是否需要对产品进行改造的另外两个文化因素。过去在美国销售的日本汽车是为针对其他进口汽车，尤其是大众公司的甲壳虫牌（Beetle）汽车而设计的。研究人员发现，用户对甲壳虫牌汽车的两个最大抱怨就是后排座位太小，加热器的加热速度太慢。意识到美国人对这两方面的要求后，日本公司提供了有很大后座空间和更高效的加热器的车型。不出几年，这些日本进口车便蚕食了大众公司的汽车市场。外国汽车制造商还发现了很多追求方便性和舒适性的消费者群体。其结果是，出现了很多日本及德国产豪华型轿车，这些轿车在高档车市场中能够很好地同美国车型竞争。

其他要求对产品进行改动的文化因素包括颜色和语言。在美国，人们在葬礼中穿黑色衣服；而在其他一些国家，在葬礼中使用白色，因此在消费品中不宜使用这种颜色。类似地，美国市场中的绝大多数洗发水都是浅颜色的；而在一些东方国家，消费者更喜欢深颜色的洗发水。语言也是一个修改产品时要考虑的重要因素，因为产品往往需要借助文字来说明其内容及使用程序。在同时使用两种或更多语言的地方，如加拿大和瑞士，这些信息都要同时以各种相应的语言文字进行表述，语言对于正确表达产品的形象也十分重要。人们经常发现很难翻译的广告文字，因为有些说法或口号在其他语言中根本没有意义。

3．当地法规

当地法规也可能要求对产品进行改动，以使其满足当地环境和安全的要求。例如，美国的汽车排气控制法规曾要求日本及欧洲汽车制造商对出口美国的汽车进行很大改动。一些国家的食品和药品法规对商品包装和说明的要求往往也不同于商品产地国。例如，在沙特阿拉伯，任何含有动物脂肪的产品，都必须说明其脂肪来自何种动物并申明没有使用猪油。商标保护法规也会要求对产品进行某些改动。例如，福特汽车公司发现，在墨西哥必须给其福特鹰牌（Falcon）汽车改名，因为这一商标在那里已为他人所注册占用。该公司的野马牌（Mustang）汽车在德国也遇到了同样的问题。

### 4．技术及产品的生命周期

改造产品的另一个理由是要解决有限的产品生命周期问题。例如，在20世纪80年代，福特汽车公司曾在欧洲市场获利甚丰，但在20世纪90年代，这一盈利已不复存在，因为福特公司没能够开发出新型的、有竞争力的产品。吉列公司是另一个很好的例子。该公司非常有效地将技术与营销结合，以便在老产品的市场份额明显下降之前及时推出新产品。

通过在老产品衰落之前推出新产品和服务项目而缩短产品生命周期，是一种非常有效的战略，图5-2说明了这一点。请注意，图中有两种产品生命周期。一种是标准的产品生命周期，它覆盖了一个较长的时期，一般为4~5年。另一种是时间跨度短得多的产品生命周期。很多公司发现，通过缩短产品生命周期和提供新产品，它们能够获取和保持很大的市场份额。其通常的做法是，推出一种新产品，之后对其进行改进，并在竞争者做有效反应之前推出新的改进产品。在某些时候，公司可通过推出变革性产品而得到竞争优势，但只要产品改进战略仍具有价值，公司便可继续靠这一战略而保持产品领先者的地位。这一战略正为遍及世界各地的跨国公司所采用。

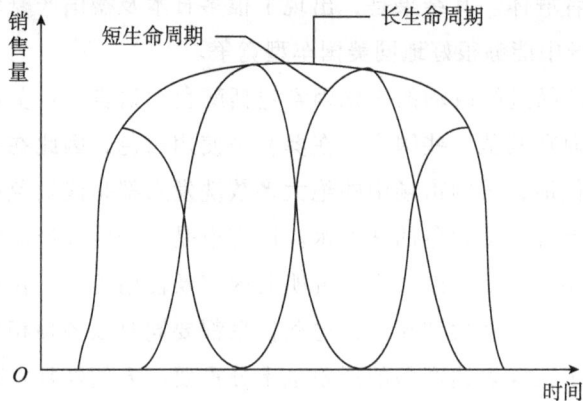

图5-2　两种不同的产品生命周期

## 二、国际市场定价策略

### （一）影响国际市场定价的因素

在国内业务中，定价就已经是一项既烦琐复杂又通常具有主观性的工作。在国际业务中，定价工作更是难上加难，因为各国货币各不相同、贸易壁垒名目繁多、成本考虑因素进一步增加、分销渠道通常也更长。经营者都会毫不迟疑地承认：能否获得国际市场成功，价格起到关键性作用。

总而言之，价格的确能够对销售量造成可量化的效力，因而直接影响企业的获利能力。一方面，价格常常招致竞争性反应，而竞争性反应能够使价格下跌；另一方面，由于存在关税、税收和国外中间商的抬价，价格也可能攀升到一个不合理的水平。不同市场中的价差还能导致灰色市场行为——由授权分销商以外的其他中间商将正品合法进口到一国市场（也称平行进口）。

定价与所有其他营销方案要素相互作用，并对所有其他营销方案要素产生影响。价格能够影响消费者对价值的认知度，能够决定国外中间商的积极性，能够影响促销开支和促销战略，能够弥补营销组合中其他要素的不足。影响国际市场定价的因素可以分为以下四类。

1.产品或行业的性质

专业化产品或具有技术优势的产品，可以使企业在定价上具有更大的灵活性。当企业在某项产品上掌握相对垄断权力时（如微软的操作系统软件），企业通常能够索要高价。

2.生产机构的位置

在拥有低成本劳动力的国家配置生产环节，能够使企业制定较低的价格；在主要市场或临近主要市场的位置配置工厂，能够使企业削减运输成本，还可以杜绝由外汇波动引发的问题。例如，20世纪80年代，丰田公司和本田公司都在各自最重要的国外市场——美国建立起汽车制造厂。但是，马自达汽车公司仍然将许多生产环节留在了日本国内，而采取向美国出口汽车的方式。随着日元对美元不断升值，马自达公司不得不提高自己的售价，因而对其在美国的销售造成了不利影响。

3.分销体系的类型

如果企业出口依赖的是国外独立分销商，那么企业的出口定价有时会遭到分销商的更改，因为分销商希望价格适应他们自己的目标。一些分销商会大幅抬高价格（一些国家的价格抬升幅度达到200%），而这会危害制造商在市场中的形象和定价策略。相比而言，如果企业国际化依赖的是企业通过对外直接投资而建立的公司控股的海外营销分公司，那么管理层就可以维持自己对定价策略的控制力。如果企业出口采取的是将产品直接卖给最终用户的方式，那么企业也能控制自己的定价，能够对定价做出迅速调整以适应不断变化的市场条件。

4.国外市场条件

各种国外市场因素（如气候等自然条件）可能要求企业投入资金更改自己的产品或产品的分销方式。运往气候炎热地区食品需要冷藏，所以增加了企业的成本。在农村人口居多或者分销基础设施落后的国家，将产品送达广泛分布的客户手中需要支付较高的运费，所以企业必然要制定较高的价格。国外政府的干预也是一个需要考虑到的重要因素。政府征收关税会导致价格升高；许多政府还实施价格管制，例如，加拿大对处方药实施的价格管制降低了企业定价的灵活性；健康标准、安全标准和其他规制也会增加在当地运营的成本，所以企业也必然要制定更高的价格。

### （二）国际市场定价的分类

在营销组合中，定价是一个产生收益的元素，其他都是成本。因此，在营销决策的主要方面，它应该作为积极的战略工具来使用。但是，因为政府干预、货币不同和附加成本等因素，国际市场定价比国内市场定价复杂得多。国际市场定价可以基本分为三类：出口定价、国外市场定价和转移定价。

1. 出口定价

在国际市场一般有三种定价战略：全球统一定价；双重定价，也就是区分国内价格和出口价格；市场差异化定价。

前两种是以成本为中心的定价方法，设置时相对简单，容易理解，包含了所有的必要成本。全球统一定价的基础是固定成本、变动成本和出口相关成本的平均单位成本。

在双重定价中，国内价格和出口价格是不同的，这里有两种方法：成本加成法和边际成本法。成本附加战略（以成本加成法定价）涉及实际成本，也就是，将国内和国外成本全部分配至产品。虽然这种定价方法保证了一定的利润，但是最后的价格可能超出了顾客的承受范围。因此，一些出口商寻求灵活的成本附加战略，根据顾客类型、竞争程度或订单大小，必要时给予一定的折扣。边际成本法是将出口生产和销售的直接成本作为底价，所定价格不低于底价。工厂的固定成本、研发费用、国内一般管理费用和国内营销成本都不计价格内。出口商因此可以较低的出口价格在市场上取得竞争优势，否则可能被排除在市场之外。

另一方面，市场差异化定价是以需求为中心的战略，因此与营销概念更为一致。这种方法在设置出口价格时还考虑到竞争因素。主要问题是出口商不断遇到困境，即缺乏信息。所以，在多数情况下，边际成本为竞争比较提供了一个基础，并依此设置出口价格。

在准备报价单时，出口商必须审慎考虑特殊出口相关成本，可能的话，将它们包括在内。除了与国内成本共享的标准成本，它们包括以下内容。

（1）为国外市场调整商品产生的成本。

（2）出口业务的运营成本。譬如人员、市场调研、附加的运输和保险成本、与外国客户的通信成本，以及国外促销成本。

（3）进入国外市场产生的成本。这些包括关税；在不同的市场，与购买者相关的风险（主要是商业信用风险和政治风险）；不使用出口商本国货币交易产生的风险，也就是外汇风险。

明确的和隐含的成本加起来导致出口价格远远超过国内价格。这种现象称为价格升级。由于货币贬值，以美元标价的产品对于当地购买者也会变得昂贵。例如，在1997年亚洲金融危机期间，印度尼西亚、马来西亚、韩国和泰国的许多公司大幅削减购买。出口商在这些情况下，可以有多种选择，例如，放宽付款条件，削减价格，或者向受影响的市场销售价格低的、更负担得起的产品。

2. 国外市场定价

企业业务所在市场的定价决定于企业目标、成本、顾客行为和市场条件、市场结构、环境制约。所有这些因素因国家而异，跨国公司的定价政策也因此不同。即使赞成国际市场统一定价，价格歧视也是在不同市场开展业务的企业定价政策一个必不可少的特点。在对美国42个跨国企业的研究中，定价决策中的主要问题是面临的竞争、成本、缺乏有利的信息、分销和渠道因素，以及政府壁垒。

因为各种因素的影响，标准全球定价可能只是一个理论问题。但是，定价的协调还是必需的，尤其在较大的区域市场，如欧盟。标准化常常只是确定价格水平，将定价作为一种定位的工具。

对于跨国企业有巨大重要性的，是对中间商的定价控制与协调。当货币兑换率差异加大时，就会出现半黑市。半黑市指进入一个国家时是合法的品牌进口，但是处于正规的分销渠道之外。促使半黑市出现的原因是，一些企业可以在国外市场以比分销商低得多的价格出售商品，例如，美国分销商，诸如美元或日元等坚挺货币也是促使半黑市出现的原因。美国的汽车、手表，甚至婴儿奶粉、照相机和口香糖等半黑市很活跃。这一现象不仅在经济上损害了企业，而且破坏了企业的声誉，因为授权经销商常常拒绝保修从半黑市购买的产品。譬如，在美国，从半黑市买来的汽车也许没有通过EPA（美国国家环境保护局）检查，因此可能使无辜的用户付出代价。

半黑市的支持者声称争取"自由贸易"的权利，指出制造商在一些市场不仅生产过剩，而且定价过高。主要的受益者是消费者，他们得益于较低的价格和折扣分销商。

3. 转移定价

转移定价或公司内部定价是向公司集团内部成员销售时的定价。企业整体的竞争和资金地位形成了定价政策的基础。在这一点上，转移定价发挥着关键作用。企业内部销售可以很容易地改变企业在全球的整体结果，因为它们常常是一个企业内最重要的不断进行的决策领域之一。转移定价通常由企业主要的财务负责人（财务副总裁或财务经理）设定，母公司的管理人员都不愿意让其他部门或分公司的管理人员过多地参与。

过去已经出现了四种转移定价的方法：①按照直接成本转移；②在直接成本上附加额外的费用进行转移；③参照最终产品的市场价格转移；④以正常交易价格（非关联价格）转移，也就是，同一笔交易双方没有关联关系时所达成的价格。

在国外做生意需要处理特殊环境的复杂事务，它的影响可以通过操纵转移定价来抵消。需要调整的因素包括税收、进口关税、通胀倾向、不稳定的政府和其他的规章制度。例如，如果分公司所在国所得税较高，企业可以以高转让定价将商品运往分公司，以低价进口分公司商品，从而最大限度地减少分公司的税收。税负不仅来源于绝对税率，而且也因收入计算方法的不同而不同。另一方面，较高的转移定价可能会影响进口税，尤其是按照广告补助基数来征收。超出一定的限度会使进口税大幅度增加，因此给分公司带来负面影响。

在本国，跨国公司关心的是要维持一个企业公民的好形象。许多企业在起草跨国行为准则时，明确规定企业内部的定价将遵守非关联原则。人们也发现他们严格按照税收法规对转移定价进行管理。经济合作与发展组织也颁布了包括转移定价方法和记录说明的准则，来帮助企业遵守规定。

## 三、国际市场分销策略

### （一）国际市场分销渠道

分销渠道的价值在于提高销售效率，降低销售成本。可以想象，如果可口可乐从美国经过太平洋运到中国，再卖到消费者的手上，那成本是怎样的惊人？如果是百威啤酒，也许运到中国都已经过了保质期，那又如何销售呢？如果建立了分销渠道，那时候情形就大不相同了——可口可乐、百威啤酒通过在中国建立分装厂家，建立各级分销环节来完成产品和消费者的接触。这样一来，既有效地节省了从美国越洋运输的成本，又节省了从产品生产到销售之间的时间，让产品出现在消费者可能购买的各个角落，极大地方便了消费者。另一方面，拥有分销渠道，企业不必面对大量的消费者，面对过多的非销售因素，而将经销商作为交易对象，提高了交易效率，降低了交易的成本。

国际市场分销渠道是指将产品实体及其所有权经过各种通道和中间机构从一国的生产者转移到国外消费者或最终用户手中所经过的各种通道和中间机构的总和。渠道的两端分别是产品的制造商和产品的消费者或使用者。从更广泛的角度上看，这个制造商也可能是某一渠道中的一个中介机构，因为要从事产品制造必须组织购进各种生产要素。这种渠道，即由供应商、制造商、中间商（各种经销商、代理商等）、最终使用或消费者所组成。

出口方式进入国际市场时，一次分销的完成一般必须经过三个环节：国内的分销渠道；由本国进入进口国的分销渠道；进口国的分销渠道。出口分销系统的结构如图5-3横箭头所示。在国外设厂生产，就地销售时，与出口的方式相比则可能要简单一些，分销所经过的过程和环节，与国内分销差不多，如图5-3竖箭头所示。

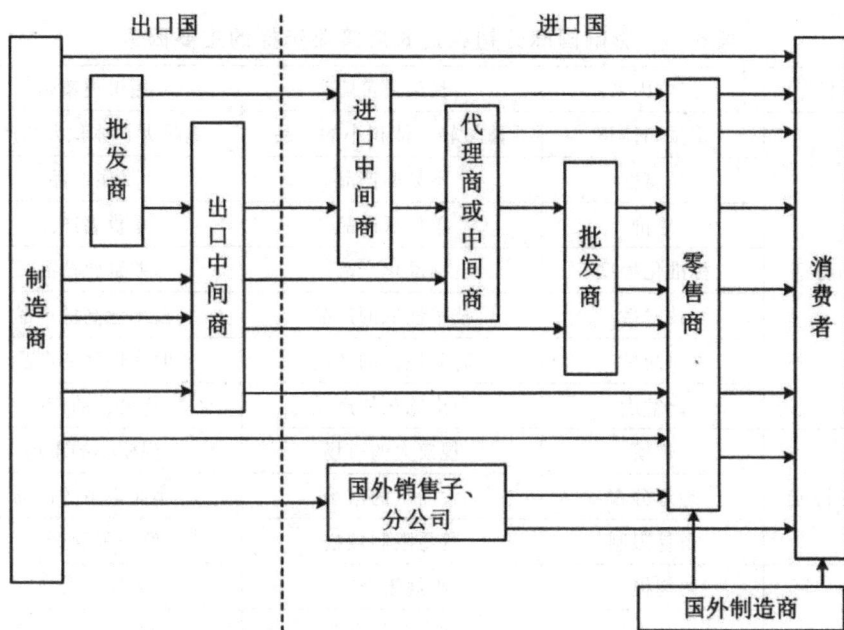

图 5-3 国际分销系统结构示意图

**（二）国际分销渠道长度策略**

1. 短渠道策略

短渠道策略，是指企业直接与国外零售商或用户交易，尽可能越过中间环节，使商品在跨国界销售中的中间环节减少到最少层次。短渠道策略有以下三种具体方式。

（1）企业直接与消费者或用户交易，又称直接分销。

（2）企业直接与大百货公司、超级市场、大连锁店交易。

（3）企业直接在国外建立直销机构进行销售。

直接分销是工业品分销的主要方式，随着现代网络技术的发展，许多消费品生产企业也可以通过网络直销自己的产品。短渠道策略的优点：越过大量中间环节，可以节约经营成本，有利于增强竞争能力。其缺点：有的商品难以缩短中间环节，过短则不利于进入更广阔的市场。

2. 长渠道策略

长渠道策略，是指企业选择两个或两个以上环节的中间商销售产品对于那些与广大的消费者贴近的商品。企业往往采用多个环节的中间商进行分销。长渠道策略的优点：产品易于进入国外更广阔的地理空间和不同层次的消费者群。缺点：容易形成产品在各个层次上的较大存量，增加销售成本。

影响渠道长度策略选择的因素如表5-3所示。

表5-3　影响国际分销渠道长度策略选择的主要因素

| 项目 | 影响因素 | 长渠道策略 | 短渠道策略 |
|------|----------|------------|------------|
| 产品特征 | 重量和体积 | 重量轻、体积小的产品 | 重量大、体积大的产品 |
| | 易腐性 | 不易腐产品 | 易腐产品 |
| | 单价 | 单价低产品 | 单价高产品 |
| | 标准化程度 | 标准化产品 | 差别化产品 |
| | 技术性 | 技术性低的产品 | 技术性高的产品 |
| | 时尚性 | 时尚性差的产品 | 时尚性强的产品 |
| | 新颖度 | 历史悠久的产品 | 新投放的产品 |
| 市场特征 | 规模 | 规模大的市场 | 规模小的市场 |
| | 地理分布 | 大而广的市场 | 小而集中的市场 |
| | 贸易限制 | 贸易限制较松 | 贸易限制严厉 |
| 企业特征 | 规模 | 小规模企业 | 大规模企业 |
| | 财务力量 | 财力弱的企业 | 财力强的企业 |
| | 营销能力 | 经营能力差的企业 | 经营能力强的企业 |
| | 产品组合 | 产品组合窄的企业 | 产品组合宽的企业 |

### （三）国际分销渠道宽度策略

#### 1. 窄渠道策略

窄渠道策略，又称独家分销策略，是指进入国际市场的企业在目标市场上，给予中间商一定时期内独家销售特定商品的权力，一般规定这家中间商不能经营其他竞争性产品，而制造商也不能在该地区内直接销售自己的产品或使用其他中间商分销其产品。独家分销包括独家包销和独家代理两种。窄渠道策略的优点：有利于鼓励中间商开拓国际市场，并依据市场需求订货和控制销售价格。其缺点：容易造成中间商垄断市场，对中间商能力要求较高，风险较大。

#### 2. 宽渠道策略

宽渠道策略，是指企业在进入国际市场直到接触最终消费者的各个环节（层次）中，选择较多中间商销售产品，又分广泛分销策略和选择分销策略。广泛分销策略是指在同一渠道层次使用尽可能多的中间商分销其产品，对每一中间商所负责的地区范围不做明确规定，对其资格条件也不做严格的要求。选择分销策略是指企业在一定时期、特定的市场区域内精选少数中间商来分销自己的产品。宽渠道策略的优点：促进企业产品进入广阔的市场；利于中间商之间展开竞争，扩大商品销售。其缺点：价格、整合沟通等较难控制，中间商一般不愿为产品承担广告宣传费用，还可能造成中间商互相削价竞销，损害产品在国际市场上的形象。

有些产品为了能迅速进入国际市场，在开始时往往采用广泛分销策略，但经过一段时间后，为了减少费用，保持产品声誉，转而选用选择分销策略或独家分销策略，逐步淘汰那些作用小、效率低的中间商。也可选用几家中间商进行试探性分销，待企业有了一定国际市场经验或其他条件比较成熟以后，再调整市场分销策略。

由此可见，从事国际市场营销的企业有多种分销渠道模式可供选择，这依赖于企业已确定的国际市场进入战略。不仅如此，企业在选择具体的国际分销策略和设计国际分销渠道结构时，还必须充分地考虑企业自身的资源及其所在行业的特点、竞争者的渠道策略、目标市场特征、目标市场国家的法律环境，以及消费者的生活方式和购买习惯等。此外，不论采取何种选择，国际营销企业都必须考虑渠道的效率和对渠道的控制。

**（四）国际企业的国际分销渠道策略**

对国际企业来说，它必须同时开拓国内与国外两个市场。这样才能确保自己"左右逢源"，在最大范围内，发展自己。就国际分销渠道策略来讲，有三种类型策略可供选择。

1. 间接出口

所谓间接出口是指国际企业将产品销售给国内的销售中介机构，而后再由这个销售中介机构转售给国外用户，或者向整件产品制造商的出口产品的生产提供零部件或附件，由其通过整件产品的出口，达到销售自己产品到国外的目的。

当企业在国际市场上尚未树立一定的声誉，其产品品牌在国外用户中缺乏一定的知名度，由于初次涉及对外贸易活动，企业在人员、资金、机构建设和经验等各方面都不具备直接向国外市场推出产品的条件。在这种情况下，可以选择间接出口的方式，为直接出口创造条件，打下基础。

2. 直接出口策略

直接出口是国际企业的既定目标，直接出口不仅使企业有向国外用户展示自己和了解国外市场变化的机会，更为企业的产品打开了一个更为广阔的市场。

（1）以进口国的商业企业为中间商。这是一种国际企业对国外市场需求掌握不够充分情况下，常常采用的策略。利用进口国的商业企业熟知本国市场和已有的分销渠道等条件，选择其中合适者作为出口商品的中介。

（2）向进口国派驻机构。条件成熟的国际企业，在了解进口国的各种有关法律规定后，直接派驻本企业人员或聘请当地人员，组成专门从事销售本企业产品的机构。这种策略下建立的分销渠道，有很大的稳定性，企业可以严格控制各种渠道行为的发生。对企业来说，更大的好处是企业可不断发挥这一渠道所具有的调研、沟通、促销等各种功能，为企业在国际市场上参与各种竞争提供了坚实的基础。

（3）直销策略在产品出口中的运用。国际企业可以通过举办或参与各种国际产品展销会、进出口贸易洽谈会，直接与国外最终用户达成供货协议后，将产品直接销售给这些最终用户。这是在出口贸易活动中最短的分销渠道，也是许多国际企业常采用的渠道策略。

3. 国外生产策略

国际企业常为国际市场竞争日趋激烈与国际贸易保护主义现象不断严重的矛盾所困惑。扩大产品出口是每一个国际企业和其国家的目标，但进口国家则为保护本国弱小的民族工业得以生存而树立贸易壁垒。国际企业面对进口国家政府的种种进口限制，以及这些国家民族主义情绪的不断高涨，必须制定出一个两全之策，而国外生产不失为一种较理想的选择。国外生产，对生产企业来讲有合资和独资两种方式可供选择，合资又可分许可证方式、特许方式、行业合作方式、合同生产方式、管理合约方式等五种。

## 四、国际市场促销策略

### （一）促销的形式

从本质上看，促销是一种信息传递和交流的过程，是一个旨在通过促销信息的传递，使信息接收者按信息传送人的预想结果进行反馈的过程。促销的主要任务是实现企业与客户之间的沟通。国内市场促销策略中有关人员推销、营业推广、广告宣传、公共关系的策略，同样适用于国际市场。但是，由于国际营销环境的复杂性，国际市场促销策略的运用比国内市场更为复杂。

1. 人员推销

人员推销（personal selling），又称派员推销或直接推销，是指以促销人员的介入为基础，通过介绍、演示、指导和具体业务活动中的行为等方式促成潜在客户（包括中间商或用户）购买的方法，是一种古老的但很重要的促销方式。因其选择性强、灵活性高、能传递复杂信息、促进买卖双方良好关系、能有效激发购买欲望和及时反馈信息等优点，成为不可或缺的促销手段。但也有覆盖面小、费用大、销售人员的素质达不到要求等缺点。

国际市场营销同国内市场营销一样，人员推销主要适用于工业品，特别是资本密集型工业产品销售，但通过人员直销也越来越成为高附加值消费品销售的重要手段。但国际人员促销形式还包括国际博览会、展览会和交易会等常见的重要形式。

人员推销的关键是有关促销人员的选择与培训。国际人员推销人才难觅、培训更难、费用更高。

（1）促销人员的来源。

一是企业的外销人员，优势是易与公司沟通，忠诚度高；二是母公司所在国移居国外的人员，其优势是懂得两国的语言和文字；三是国外当地人员，其优势是在当地有一定的社会关系，熟悉目标市场的政治、经济和社会文化。

（2）促销人员的培训。

主要是适应性和技能性两个方面，一是要使促销人员熟悉当地的社会、政治、经济、法律，特别要适应当地的文化，包括价值观、审美观、生活方式、商业习惯等；二是要使促销人员熟悉促销的技能和技巧，提高他们促销的能力。

（3）促销人员的激励。

除精神激励外，还可采用固定薪金加奖励、佣金制、固定薪金与佣金混合等物质方式。

2. 营业推广

营业推广（sales promotion），又称销售推广，主要指能够刺激顾客引起强烈反应，促进短期购买行为的各项促销措施。它具有短期性和策略性特征，可以在短期内刺激目标市场需求，销量大幅度增长，但使用不当，会降低产品的身价，影响产品声誉。

3. 广告宣传

广告（advertising），是由广告主以付费方式，运用媒体劝说公众的一种信息传播活动。广告是一种极为常见的促销方法，是企业用于信息传播和推销商品的有力武器。国际广告由于其诉求对象和目标市场是国际性的，广告代理是世界性的，因而与国内广告相比存在一定的差异。这是因为不同的国家和地区有不同的社会制度、不同的政策法令、不同的消费水平和结构、不同的传统习俗与习惯、不同的自然环境，以及由此形成的不同的消费观念及市场特点。

广告策略是指企业在分析环境因素、广告目标、目标市场、产品特性、媒体特点、政府控制和成本收益关系等的基础上，对广告活动的开展方式、媒体选择和宣传劝告重点的总体原则做出的决策。对应于企业国际竞争战略中的本土化、全球化、跨国战略和国际市场产品策略中的差异化、标准化及综合产品策略，国际广告策略的主要形式有差异化、标准化及综合广告策略。差异化策略，又称当地化策略，是指企业针对各国市场的特性，向其传送不同的广告主题和广告信息。标准化策略是指企业在不同国家的目标市场上，采用同样或类似的广告策略。两者的结合是"策略标准化，创意制作当地化"广告策略，它指事先制定出一种全球统一的广告宣传策略，再以它为中心针对当地情况灵活实施。不同国际广告策略的优缺点类似不同的国际市场产品策略。但要注意，国际市场产品标准化策略，依然可用国际广告差异化策略或"策略标准化，创意制作当地化"广告策略；国际市场产品差异化策略，也可采用"策略标准化，创意制作当地化"广告策略。采用何种国际广告策略，取决于消费者购买产品的动机，而不是广告的地理条件。

### 4. 公共关系

公共关系（public relations），主要是指企业为改善与社会公众的关系，促进公众对组织的认识、理解及支持，达到树立良好企业形象、促进商品销售目的的一系列促销活动。公共关系的直接目标有两个，即外在形象和内在形象的建立。前者主要是通过一系列措施与手段的运用，给社会以良好的印象，进而为企业的经营活动创造良好的外部环境。正是因为如此，公共关系同时也被视为"塑造企业形象的艺术"和重要的促销形式；后者主要是强化职工对企业的认同与归属感，进而形成强大的合力，并以此来影响和感染企业的外部经营环境。公共关系的对象主要是顾客、舆论界、有关单位、竞争者和本企业职工等。可供企业选择的具体措施很多，如积极参与公益活动，认真听取和处理各方面的意见，与舆论界、政府部门、社会团体等组织结构建立和保持良好的关系等。

在国际市场上，公共关系促销的作用日益增强，特别是进入一些封闭性较强的市场，公共关系的好坏会直接影响到能否进入市场并在进入后能否取得较好效益。在国际营销中，公共关系应当特别重视以下方面的工作：①与当地政府保持良好关系，争取当地政府的支持和帮助；②利用有关传媒正面宣传企业经营活动和社会活动，树立良好的企业形象；③建立多条沟通渠道，收集公众意见，及时消除相互之间的误解和矛盾，处理公关危机。

### （二）影响促销组合的因素

上述四种促销形式各有优缺点。企业在实际运用过程中，可以根据不同的需要选择不同的促销形式或促销组合，以提高促销效果。但促销形式的选择与应用是一个非常复杂的问题，一般应充分考虑以下几个方面的因素。

### 1. 市场类型与产品特点

工业品市场和消费品市场在顾客数量、购买量和分布范围上相差甚远，各种促销形式的效果也不同，不同促销工具在工业品市场和消费品市场的重要性也不相同，在工业品市场上更多采用人员推销，而在消费品市场上则大量采用广告，这是因为工业品市场的顾客数量少，分布集中，购买批量大，适宜人员推销，而消费品市场顾客数量多而分散，通过广告能以相对较低的成本达到广而告之的目的。因此，消费品公司往往将资金更多地投入广告，其次为营业推广和人员推销，最后才是公共关系。相反地，工业品公司则将大部分的资金用于人员推销，其次为营业推广、广告和公共关系。一般而言，昂贵且具有风险性的产品，以及消费者数量较少但市场规模较大的领域，常常采用人员推销的方式。

2. "推"式策略与"拉"式策略

菲利普·科特勒认为，企业可能采取两种促销策略，即"推"式策略与"拉"式策略，如图5-4所示。

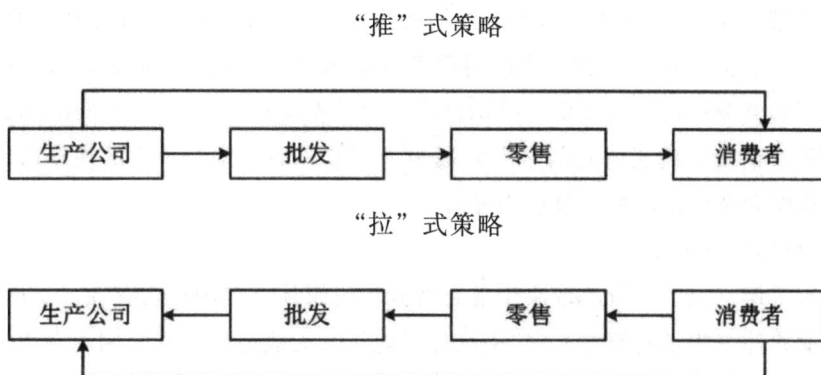

图 5-4 "推"式策略与"拉"式策略的区别

企业是选择"推"式策略还是"拉"式策略来创造销售，对促销组合的方式也具有重要影响。"推"式策略是指利用推销人员与中间商促销将产品推入渠道，具体说就是生产者将产品积极推到批发商手中，批发商又积极地将产品推给零售商，零售商再将产品推向消费者。"拉"式策略则是以最终消费者为主要的促销对象，即以广告和公共关系等促销形式引起潜在顾客对促销产品的注意，刺激他们产生购买的欲望和行为。如果促销有效，消费者就会向中间商选购这一产品，促使中间商积极进货。

3. 促销目标

促销组合方式也会因促销目标而有所区别。若以树立公司形象，提高产品知名度为目标，促销重点应是广告，同时辅之以公关宣传；若以让顾客充分了解某种产品的性能和使用方法为目标，印刷广告、人员推销或现场展示是较好的选择；若以在近期迅速增加销售为目标，则营业推广最易立竿见影，要是辅以人员推销和适量的广告，效果更好。

4. 产品生命周期

在产品生命周期的不同阶段，各种促销形式所带来的成本效应是不同的。在产品的投入期，广告和公共关系具有最高的成本效应，因此促销组合应以广告和公共关系为主；在产品的成长期，各种促销形式的成本效应都降低了，但为了维持其市场增长率，促销仍以广告和公共关系为主，但广告内容应突出宣传产品的品牌、特色和优势；在产品的成熟期，促销强度应加大，并采用以营业推广为主要促销形式，辅以广告、公共关系和人员促销；在产品的衰退期，仍以营业推广为主，但促销投入要降到最低限度。

5. 购买准备阶段

促销形式在不同的购买准备阶段有着不同的成本效益。在认知阶段，广告宣传的作用最为重要；在理解阶段，消费者主要受到广告宣传和人员推销的影响；在信任阶段，消费者主要受到人员推销的影响，接下来是广告宣传和营业推广；在购买阶段，人员推销和营业推广对消费者影响最大；到了再购买阶段，同样是人员推销和营业推广更为重要，提示性广告对消费者也起到一定的作用。很显然，广告宣传在消费者购买过程的早期阶段最为有效，而在购买过程的晚期阶段，则是人员推销和营业推广的效果更为显著。

6. 媒体的可得性

能否采用"拉"式策略取决于能否找到广告媒体。美国社会存在大量的媒体，包括印刷媒体（报纸和杂志）、广播媒体（电视和无线电）和互联网。在美国，有线电视的崛起极大地推动了有针对性广告的发展，如针对青少年的MTV（音乐电视），针对妇女的生活杂志，针对体育爱好者的体育娱乐电视频道（ESPN）。互联网也是这样，不同的网站吸引不同类型的用户。尽管这种媒体的混合在其他一些发达国家中也存在，但还不普遍。即使在很多发达国家，能用来做广告的电子媒体与美国相比还是少得多，例如，在斯堪的纳维亚地区，直到最近才有商业电视或无线电台，所有的电子媒体以前都是国有的，它们不播商业广告。当然，随着卫星电视管制的取消，这一局面已经有所改变，在发展中国家，因为各种大众媒体非常有限，因此这方面受到的限制也就更多，所以，在有些国家，使用"拉"式策略将受到媒体的限制。在这种情况下，"推"式策略更具有吸引力。例如，联合利华在很少有大众媒体可用的印度农村采用"推"式策略销售消费品。

在有些情况下，媒体的可得性还受到国家法律的约束。虽然一般国家都允许在印刷媒体上做烟酒广告，但很少有国家允许在电视和无线电台上做这类广告。日本最大的威士忌酿酒商三得利公司（Suntory）每年花在版图上的广告费大约5000万美元，但在进入美国市场时，它不得不放弃传统的电视广告促销模式。

# 下篇　工商管理研究

下篇　工商管理研究

# 第六章 工商管理概论

## 第一节 工商管理的基本概念

### 一、企业

#### （一）企业的含义

企业是指以营利为目的，运用劳动力、资本、土地、技术等各种生产要素向市场提供商品或服务，实行自主经营、自负盈亏、独立核算的具有法人资格的社会经济组织。企业的含义十分丰富，不同学科对企业的内涵有着不同的认识：经济学认为，企业是创造经济利润的机器和工具；社会学认为，企业是人的集合；法学认为，企业是一组契约关系；管理学则认为，企业是为实现盈利而形成的一类组织。

亚当·斯密在其经典著作《国富论》中用劳动分工来解释企业出现的原因，劳动分工导致专业化生产，这种专业化生产的优势在企业内部表现得最为明显，劳动分工使原来整体的制造流程被分为各种专门职业，这种专门职业的形成与发展使工人获得了更多的熟练技巧和判断力。各种专门职业的合作生产，使企业能够完成单个人无法完成或无法大量完成的工作。亚当·斯密曾对制针行业进行了观察，发现制针行业操作环节众多，如果没有分工，一个工人可能一天也制作不出一根针。而当时的工厂将制针分为18种操作，由18个工人担任，也有些工厂由一个工人兼任两三种操作。这种分工大大提高了劳动生产率，每天平均每人可以生产4800枚针，效率的提升是相当惊人的。

企业是社会分工发展的产物。从劳动分工的角度来看，企业这种经济组织将具有专门技能、分属于不同职业的人集中在一个作坊里，利用专门的机器实现某些特殊工艺，实现了专业化生产。企业存在的意义是能够利用劳动分工和专业化的优势促进劳动生产率的提高。随着社会分工的不断发展壮大，企业现在已经成为市场经济活动的主要参与者，构成了市场经济的微观基础。

### （二）企业的分类

根据我国现行的有关法律条款规定，按照投资人的出资方式和所承担的法律责任不同，企业主要存在三类组织形式：个人独资企业、合伙企业和公司制企业。其中，公司制企业是现代企业中最主要和最典型的组织形式。

1.个人独资企业

个人独资企业是最古老也是最常见的企业法律组织形式，又称个人业主制企业，是由一个自然人投资并承担无限连带责任，全部资产为投资者个人所有的营利性经济组织。这类企业的典型特征是个人出资、自负盈亏，业主对企业债务承担无限责任。当个人独资企业财产不足以清偿债务时，经营者要以个人其他资产予以清偿。这类企业的创设条件最简单。

2.合伙企业

合伙企业是指由两个或两个以上的人共同出资经营、共享收益、共担风险，并对合伙企业债务承担无限连带责任的营利性组织。合伙企业通常要订立合伙协议，决策由合伙人集体做出，不如个人独资企业自由，但具有一定的规模优势。合伙企业包括普通合伙企业和有限合伙企业两种形式。两者最大的区别在于有两种不同类型的所有者：普通合伙人和有限合伙人。其中，普通合伙人对合伙企业的债务负无限责任，而有限合伙人仅以投资额为限承担有限责任，但一般不拥有对企业的控制权。

3.公司制企业

公司是现代社会中最主要的企业形式，是以营利为目的，由法定人数以上的投资者出资形成，拥有独立的资产，享有法人财产权，独立从事生产经营活动，依法享有民事权利，承担民事责任，并以其全部财产对公司的债务承担责任的企业法人。与个人独资企业、合伙企业相比，公司制企业最大的特点是仅以其所持股份或出资额为限对公司承担有限责任。公司制企业的主要形式为有限责任公司和股份有限公司。

## 二、管理

管理是人类社会活动和生产活动中普遍存在的社会现象。管理实践活动已存在了上千年，几乎与人类历史一样悠久。早在原始社会，人们为了抵御恶劣的自然环境就形成了以血缘关系为基础的氏族部落，从事集体劳动并共同生活。推选出的部落首领负责安排狩猎等组织活动，进行简单的分工协作，猎取的食物按照一定的规则在成员间进行分配等，这些维持共同生活的组织活动就是管理实践，虽然处于原始的自发状态，但其本质与今天的管理并无差异。

马克思对于这种人类特有的活动进行过十分精确的描述："一切规模较大的直接劳动或共同劳动，都或多或少地需要指挥，以协调个人的活动，并执行生产总体的运动——不同于这一总体的独立器官的运动——所产生的各种一般职能。一个单独的提琴手是自己指挥自己，一个乐队就需要一个乐队指挥。"[①]虽然马克思在这段名言中没有提及"管理"一词，但十分清晰地描述了人们基于群聚活动建立具有共同目标的组织之后，就必然出现指挥的工作来协调人们的活动。这是一种新的社会职能，它不同于这个群体活动中每个人所干的具体工作，而是一种以协调个人活动以取得总体目标的社会职能。显然，这种指挥的工作就是我们这里所说的管理活动了。

18世纪下半叶，从英国开始的工业革命，导致工厂制度的出现，孕育和发展出一批大型企业组织，规模经济成为竞争的重要战略方向。但现代意义上的社会大生产带来了一系列新的管理问题，正如管理思想史学者丹尼尔·雷恩指出的："新兴工厂体制提出了不同以往的管理问题。教会能够组织和管理其财产，是因为教义以及忠诚信徒的虔诚；军队能够通过一种严格的等级纪律和权威控制大量人员；政府官僚机构能够在无须面对竞争或获得利润的情况下运转。但是，新工厂体制下的管理者无法使用上述任何一种办法来确保各种资源的合理使用配置。"[②]

新兴的工厂制度所提出的管理问题完全不同于以前传统组织所碰到的管理问题。新制度下的管理人员不能用以前的任何一种管理办法来确保各种资源的合理使用。这些前所未有的管理问题需要人们去研究解决，在这种情况下，针对企业的管理研究开始出现。

### 三、工商企业管理

人们的劳动专业化分工和相互协作形成各类企业，企业中的成员要想实现分工协作，达到预期目标，必须对参与分工协作的成员的行为、利益等进行协调，使成员能够心往一处想、劲往一处使，取得1+1>2的效果。管理是协作的客观需要，共同劳动涉及的范围越广，管理工作就越复杂。

---

① 姜杰.中国管理思想史［M］.北京：北京大学出版社，2011：序言.

② 雷恩.管理思想史：第6版［M］.孙健敏，译.北京：中国人民大学出版社，2014：27-28.

从管理实践来看，企业的寿命极为短暂。据美国《财富》杂志报道，美国大约62%的企业寿命不超过5年，只有2%的企业存活达到50年；中小企业平均寿命不到7年，大企业平均寿命不足40年；一般的跨国公司平均寿命为10~12年；世界500强企业平均寿命为40~42年，1000强企业平均寿命为30年。日本《日经实业》的调查显示，日本企业平均寿命为30年。中国民营企业面临极为激烈的市场竞争，对其寿命虽然估计不甚精确，但有研究表明中国民营企业的平均寿命为7.5年。对于工商企业如此短命的现象，诸多管理学者已做出各自的解释。美国管理学家切斯特·巴纳德曾指出："在西方文明中，有一个正式组织——罗马天主教会——存在了很长时间。有少数大学、极少数的民族政府或正式组织起来的国家，超过了200年。有些市政当局稍微长寿一些，但其他法人组织很少有超过100年历史的。在人类的历史中，显著的事实是，协调的失败，协作的失败，组织的失败，组织的解体、崩坏和破坏。"[①]管理大师彼得·德鲁克也曾经十分确定地指出："显然，公司是人为建立的机构，因而它不可能长盛不衰。对一个人为建立的机构而言，即使是维持50年或一个世纪的短暂时光也谈何容易。因此，天主教意味深长地指出，它的缔造者是上帝而不是人类。"由此可见，管理问题是企业之所以如此短命的根本原因。

工商企业管理就是借助管理这种手段，来实现企业盈利并持续经营的目标。工商企业管理与工商行政管理存在着本质区别。工商企业管理定位于具体企业，其目标是提高单个企业的竞争力，改善经营业绩，增加股东回报，为企业决策提供依据。一般来说，在讨论企业管理问题时，我们会站在某个企业的立场上，关心如何解决其所面临的独特问题，如何能够将企业利益最大化，发掘出其核心竞争力。虽然随着时代的发展，企业也开始承担社会责任等工作，但其社会责任决策也要服从营利性这个根本目标。工商行政管理属于公共管理学科的范畴，是指国家为了建立和维护市场经济秩序，通过市场监督管理和行政执法等机关，运用行政和法律手段，对市场经营主体及其市场行为进行的监督管理。工商行政管理的执行主体是各地的工商行政管理局，其主要职能是：监督管理各类市场、依法规范市场交易行为，保护公平竞争，查处经济违法行为，取缔非法经营，维护正常的市场经济秩序。工商行政管理的主要目的是站在政府的角度，保护公平竞争，制止不正当竞争，保护经营者和消费者的合法权益，维护整个市场的公平与效率。

---

① 巴纳德.经理人员的职能［M］.李丹，译.北京：电子工业出版社，2016：5.

## 第二节　工商管理学科概述

### 一、工商管理学科的基本概念

#### （一）管理概念

为了明确工商管理学科的概念，我们首先要从管理的定义说起。对于什么是管理，有很多种定义。过程学派认为，管理是通过计划、组织、控制、领导等职能活动，优化配置及充分运用一个组织所拥有的人力、物力、财力、知识力，使之发挥最大作用，以达到组织的目标。决策理论学派认为，管理就是决策，基于这样的认识与研究，赫伯特·西蒙（Herbert Simon）在有限理性决策等方面的研究使其获得了诺贝尔经济学奖。有的学派认为，管理就是设计一种良好环境，使人在群体里高效率地完成既定目标的过程。也有的学派认为，管理就是领导。不论怎样定义，管理的实质是提高组织的协作水平与运作效率的过程。

由于在管理主体、管理对象或管理职能上的不同，管理有许多不同的种类。例如，在政府活动中有行政管理、税收管理、财政管理等，在工商企业活动中则有战略管理、人力资源管理、生产管理等。所谓的工商管理，其实就是对企业所能支配和影响的资源进行整合，提高其协作水平和运作效率，以求达到企业目标的过程。

#### （二）学科定义

工商管理学科是关于工商管理活动的诸多科学的总结，是研究按照一定的结构而形成的科学分支。从人才培养的角度，关于这一学科，国际上有很多种定义。

定义之一：（Prepares individuals to plan, organize, and direct the operations of a firm or organization. Includes instruction in management theory, human resources management and behavior, accounting and other quantitative methods, purchasing and logistics, marketing, and business decision-making.[①]）使个人具备企业或组织的计划、组织和运行指导的能力。其包括管理理论、人力资源管理和行为、财务与其他量化手段、采购与后勤、市场营销和企业决策的知识传授。

定义之二：（An instructional program that generally prepares individuals to plan, organize, direct, and control the functions and processes of a firm or organization. Includes instruction in management theory, human resources management and behavior,

---

① 中国工商管理学科发展战略课题组. 工商管理研究备要［M］北京：清华大学出版社，2003：3-4.

accounting and other quantitative methods, purchasing and logistics, organization and production, marketing, and business decision-making.[①] ）一组教学计划一般要使个人具备计划、组织、指导和控制与运作企业的能力。其包括管理理论、人力资源管理和行为、财务与其他量化手段、采购与后勤、组织与生产、市场营销与企业决策的课程教学。

定义之三：（Business Administration and Management, General）A summary of groups of instructional programs that prepare individuals to perform managerial, research, and technical support functions related to the commercial and/or non-profit production, buying, and selling of goods and services.（企业管理与经营总称）是几组教学计划的统称，其使个人具备与商业和／或非营利生产、购买或出售商品和服务等有关的管理、研究与技术支持的能力。

**（三）共同特征**

上述论述对我们定义工商管理学科有很重要的参考价值。它们的共同点如下。

（1）都强调了工商管理是为一定的工商企业或实体服务的，而且这样的组织一般都是营利组织。

（2）都明确工商管理是管理的一部分。事实上，作为科学的管理学，其发展历史上最初的成就主要都来自工商管理这一部分。

（3）都描述了工商管理所包含的活动内容，如人力资源管理、会计、生产、营销、管理决策、财务等。

从学科自身的规律性、学科发展，以及自然科学基金资助的角度考虑，我们认为"工商管理"学科的定义不宜过宽而使学科发展不能突出重点，也不能过窄而限制了学科间的交叉和融合。因此，我们认为将其定义为"营利组织的管理"是比较合适的。具体地说，工商管理学是研究营利组织经营活动规律及工商企业管理理论和实践的学科。与其对应的是公共管理学。两者区分的标志就是所研究的活动对象是不是营利组织，若是则为工商管理，若不是则为公共管理。

从我国学科发展现状来看，这样定义是比较切合学科发展实际的，工商管理学科已经有了很长足的发展，虽然其水平与世界一流水平还有很大差距，但是我们已经奋起直追了；而非营利组织（公共管理）才刚刚起步，而且变得越来越重要，将成为GDP增长的主要来源，并将吸收更多的就业人口，所以有必要把对这些组织的管理作为管理未来发展的另一个重要分支。另外，虽然营利组织和非营利组织在管理上有很多共通之处，但是由于其组织的使命与目标的不同，在管理

---

① 中国工商管理学科发展战略课题组.工商管理研究备要［M］.北京：清华大学出版社，2003：3-4.

的对象和实质内容上有一定差别。工商企业是作为营利的手段；但公共事业的发展方向是满足政治需要，作为协调政治关系和促进社会稳定的手段。在工商企业中能以产量来评价企业，但在公共领域中产量却显得过于定量而不太容易衡量公共事业的发展。具体地说，在营利组织中财务管理（financial management）要强调如何运作资金，使其更好地发挥作用，带来经济的或非经济的效果；而在非营利组织中，要更多地注重保持财务上的平衡和吸引捐助。因此，明确这两个学科的界限，对于两门学科的发展，都是有好处的。

## 二、工商管理学科的基本特点

工商管理学科是一门以社会微观经济组织为研究对象，系统地研究其管理活动及决策的一般方法和普遍规律的科学。由于工商管理学科的研究对象是由人组成的社会微观经济组织，兼具自然属性与社会属性，故工商管理学科各领域的研究同时具有人文属性与社会属性。从学科基础、研究方法和研究内容来看，工商管理学科是以经济学和行为科学等为理论基础，以统计学、运筹学等数理分析方法和案例研究方法为分析手段，以工商企业的公司治理、生产运营、物流配送、组织行为与人力资源、财务与会计、市场调研与销售、管理信息系统与互联网技术应用、技术创新与管理、战略管理、服务管理等职能管理为主要研究领域，探讨和研究工商企业内部产品或服务设计、采购、生产、运营、投资、理财、销售、战略发展等管理决策的形成过程、特征和相互关系，以及工商企业作为一个整体与外部环境之间的相互关系，并从中归纳和总结出旨在提高工商企业经营管理效率和社会效益的管理原理、管理规律，以及管理方法和技术的一门科学。因此，对工商管理学科的特点，我们总结如下。

### （一）综合性

工商管理学是一门综合性的学科，工商管理活动包括的范围非常广，涉及的知识面也非常宽。为了适应动态变化的外部环境，提高工商企业经营过程的效率和效果，需要解决十分复杂的问题。工商管理学研究内容的复杂性决定了它既涉及普通心理学、生物学、生理学等不具有阶级性的自然科学，又应用社会学、社会心理学、政治学等具有明显阶级性的社会科学，它正是在这些自然科学和社会科学互相交叉渗透的基础上发展起来的。这也要求从事管理的实践工作者要以广博的知识作为基础。

### （二）实践性

工商管理学是一门实践性很强的学科，相对于心理学、人类学等学科来说，工商管理学属于应用性学科。理论来自实践，又对实践起着指导作用。工商管理学是从人类长期的实践中总结而成的，同样要去指导人们的管理工作。这与其他的学科是相同的，但相比之下，它的实践性更强。环境因素和人的因素总是在不断地变化，对组织的管理模式不可能一成不变。通过学习工商管理这门课程，根据实际情况在实践中不断运用所学知识，才能不断增长才干和积累经验。

### （三）不精确性

工商管理学是一门不精确的学科。数学、物理学等学科，根据规律和所给定的初始条件就可以得出问题的解，是一门精确的科学。而工商管理学则不同，它具有不精确性：一是在工商管理工作中，所遇到的因素、所要解决的问题，除了像资源、时间等这样可以精确地用数来表示，有许多因素是不能用数来表示的，即无法精确地度量。现实中有些因素尽管不能度量，但可以按一定的规则来量化。例如，歌手大奖赛，裁判员或评委通过对歌手的气质、发声技巧、表演能力等进行打分来分出高低。这些因素我们可以称作可量化因素。但是管理工作中所遇到的一些环境因素及变化，如人的思想情绪、心理变化等都是无法量化的。二是所从事的工商管理工作中有许多因素之间存在明确的关系，可以用函数关系来表示，而更多的关系是无法用函数关系来表示的，有的甚至是演绎推理也无法表示清楚。例如，一个组织中全体员工在总经理的领导下工作效率不高，而换了一个总经理后工作效率就明显提高了，那么领导方式和所达到的效果之间就不存在一种明确的函数关系。

### （四）软科学性

工商管理学是一门软科学，如同计算机中有硬件、软件之分一样，一个组织里的人、财、物等有形的资源就是硬件，管理则为软件，管理学则称为软科学。在组织里，工商管理学除了要运用其他学科的知识作用于无生命的物上，更重要的是要充分发挥组织中最重要的资源——人力资源的作用。通过管理，充分调动组织成员的积极性，更好地利用各种资源，获得经济效益和社会效益。

# 第七章　工商管理学科的发展历程

## 第一节　工业革命和管理思想的发展

### 一、工业革命的发展

工业革命是指资本主义生产从以手工技术为基础的个体手工生产过渡到以机器为主体的大规模社会化生产。18世纪60年代开始的工业革命始于英国的纺织工业，毛纺织业的发展引发了圈地运动，改变了土地所有制，原有的自然经济遭到严重破坏，从而一举摧毁了小农经济和自给自足的生产方式。这不仅为大工业的产生扫除了传统习惯的阻力，而且圈地运动使得许多人失去了自己的家园，成为无业人员，为资本主义工业的生产提供了大量而丰富的劳动力资源。而之后蒸汽机的发明，为工业革命的爆发点燃了导火线。蒸汽机的广泛应用使机器大工业代替了手工业小作坊，大大促进了整个工业的发展，并且成为工业革命的推进器。

工业革命最早在英国出现，随后迅速扩散到欧洲，在19世纪中期美国南北战争结束后又传到美国。这一阶段，机器取代人力，大规模工厂化生产取代了个体手工生产，工厂制度带来了生产组织方式上的革命，出现了现代意义上的企业组织，也出现了对于管理活动的客观需求。首先，机器的使用使得低薪、无技术的工人能够操作机器，从而取代了那些手工制作产品的高薪、技术熟练的工匠。工人操作机器完成生产环节的一小部分，但管理者需要协调生产系统的不同环节，最大化整体产出。其次，大型工厂取代了小型手工作坊，数以百计甚至数以千计的人共同工作，管理者必须考虑如何建立规章制度，如何组织人数众多的员工，以适应组织规模的扩大。

## 二、管理思想的发展

随着工业革命及工厂制度的发展，不少对管理理论的建立和发展具有重大影响的管理实践和思想应运而生。工业革命初期，蒸汽机发明者詹姆斯·瓦特（James Watt）和其合作者马修·博尔顿（Matthew Boulton）于1800年接管了父辈创办的铸造工厂，并进行了管理改革，主要有：（1）在生产管理和销售方面，根据生产流程的要求，配置机器设备，编制生产计划，对市场进行研究和预测；（2）在成本管理方面，建立起详细的记录和先进的监督制度；（3）在人事管理方面，制订工人和管理人员的培训与发展规划；（4）推行职工福利制度等。空想社会主义的代表人物之一，英国的罗伯特·欧文（Robert Owen）在1800年至1828年间进行了一系列的改进工作条件、改善工人生活状况的试验，开创了在企业中重视人的地位和作用的先河，对以后的行为科学理论产生了很大影响。英国的数学家和机械工程师查尔斯·巴贝奇（Charles Babbage）是科学管理的先驱者，在1832年出版的《机器和制造业经济学》一书中，他对专业化分工、机器与工具使用、时间研究、分配制度等管理思想进行了论述，为后来古典管理理论的形成提供了思想基础。

当管理实践在英国繁荣一时之后，其中心随着工业革命移向美国。当时，美国规模最大的公司是铁路公司，由于开发西部的客观需要，铁路发展非常迅速，但是由于缺乏管理，问题很多，事故不断，效率极低。1841年10月5日，美国马萨诸塞州的两列火车发生对撞事故，造成近20人伤亡。为了平息公众的怒火，在马萨诸塞州议会的推动下，铁路公司不得不进行管理改革，老板交出企业管理权，只拿红利，另外聘请具有管理才能的人员担任企业领导。这是历史上第一次在企业管理中实现所有权和管理权的分离，这种分离使得具有管理才能的人掌握了管理权，直接为科学管理理论的产生创造了条件，为管理学的创立和发展提供了前提，也使社会出现了对职业管理者的需求。为此，学校开始开办管理专业来满足这一日益增长的社会需求。

1853年，美国铁路管理者丹尼尔·麦卡勒姆（Daniel Craig Mccallum）提出了岗位责任制、工作报告制和考核晋级制度等一系列铁路管理制度。长期担任《美国铁路杂志》编辑的亨利·普尔（Henry Poor）发展了麦卡勒姆的思想，提出建立组织分工系统、汇报通信系统，并制定了严格的规章制度，以便使管理者能及时了解铁路运行情况，采取各种措施避免事故发生。

英国的管理思想集中于纺织业，而美国则集中于铁路，这充分说明了管理与经济发展的紧密关系。但是这一时期的管理往往是少数先驱者的个人尝试或思想，缺乏上升到理论层面的总结和传播。当时更多的企业是凭借企业主个人的经验和能力进行管理，管理实践还没有上升为一般性的、具有普遍意义的管理理论。

## 第二节　管理理论的出现

工业革命以来，管理经验的积累和职业经理层的出现，为管理理论的产生提供了前提条件。在这样的背景下，19世纪末20世纪初，美国出现了持续四五十年的社会性管理研究潮流，很多管理者和工程师认识到管理的重要性及其对经济发展的意义，致力于管理理论、规划和方法的研究，导致了管理理论的出现。通过在工业界的应用和传播，以科学管理为代表的管理理论在社会、公众中获得了广泛的认知，引起了人们思想上、观念上的转变。这一时期被人们称为"管理运动"，管理由此走上科学的轨道，发展为影响社会经济生活的完整理论，成为独立的研究领域。

随着科学管理思想的普及、劳动生产率的不断提高和生产技术的日趋复杂，生产专业化程度日益提高，劳资矛盾也随之恶化。如何协调劳资矛盾，进一步调动员工的积极性以提高劳动生产率的需求，以霍桑实验为代表的行为科学理论对此给出与科学管理不同的回答。

二战之后，资本主义生产力和生产关系有了新的发展，出现了众多的管理学派，管理理论空前繁荣，进入了"管理理论丛林"的阶段。

### 一、古典管理理论

古典管理理论（classical theory）的核心是寻找科学地管理劳动和组织的各种方法，包括三个不同的理论学派：以泰勒为代表的科学管理理论、以法约尔为代表的一般管理理论和以韦伯为代表的科层组织理论。

#### （一）科学管理理论

弗雷德里克·温斯洛·泰勒（Frederick Winslow Taylor，1856—1915），被称为"科学管理之父"，是科学管理理论（scientific management theory）的创始人。他从钢铁厂的学徒工开始，做过技术工人、工长、车间主任、工程师等职位，直至升任总工程师。由于长期在生产一线工作，泰勒对现场管理很熟悉，对当时工厂中普遍存在的生产效率低下、"磨洋工"等现象有切身体会与深刻了解。他认为，通过科学的管理可以避免"磨洋工"现象。通过在企业中的大量试验和实践，泰勒在《科学管理原理》一书中提出了科学管理原则。

泰勒的科学管理理论的主要内容可以概括为以下八个方面：

（1）工作定额。要制定出有科学依据的工人"合理的日工作量"，就必须进行时间和动作研究。方法是选择合适且技术熟练的工人，把他们的每一项动作、每一道工序所使用的时间记录下来，加上必要的休息时间和其他延误时间，就得出完成该项工作所需要的总时间，据此制定工人"合理的日工作量"，这就是工作定额原理。

（2）标准化。要使工人掌握标准化的操作方法，使用标准化的工具、机器和材料，并使作业环境标准化，这就是所谓的标准化原理。泰勒认为，必须用科学的方法对工人的操作方法、使用的劳动工具、工作时间的安排、作业环境的布置等进行全面的分析，消除不合理的因素，把各种最好的因素结合起来，形成一种最好的方法，这是管理当局的首要职责。

（3）差别计件工资制。为了鼓励工人努力工作，完成定额，泰勒提出新的报酬制度——差别计件工资制，即计件工资率随完成定额的程度而上下浮动。例如，如果工人只完成定额的80%，就按正常工资率的80%支付报酬，如果超额完成定额的120%，就按正常工资率的120%支付报酬。根据工人的实际工作表现而不是根据工作类别来支付工资。泰勒认为，这样做能克服消极怠工的现象，更重要的是能调动工人的积极性，从而促使工人大大提高劳动生产率。

（4）科学地挑选工人。为了提高劳动生产率，必须为工作挑选"第一流的工人"。泰勒认为，每个人都有不同的天赋和才能，只要工作对他合适，都能成为第一流的工人。因此，管理当局要根据每个人的能力把他们分配到相应的工作岗位上并进行培训，教会他们科学的工作方法，激励他们尽最大努力来工作。

（5）计划与执行分开。泰勒认为，应该用科学的工作方法取代经验工作方法。所谓经验工作法是指每个工人根据经验来决定用什么方法操作，使用什么工具等。泰勒主张明确划分计划职能与执行职能，由专门的计划部门来从事动作时间研究，制定科学的定额和标准化的操作方法及工具。现场的工人则按照计划部门制定的操作方法和指示，使用规定的标准工具，完成要求的定额，不得自行改变。

（6）劳资双方要进行"精神革命"。工人和雇主两方面都必须认识到提高效率对双方都有利，要相互协作，共同努力。雇主可以获得更多的利润，而工人则可以获得更高的工资，双方利益是一致的。泰勒曾指出，"一块经济利益的大饼，它的分享者之所以会不断地发生冲突，是因为其中一个分享者的份额如要有所增加，往往会损害到另一个分享者的份额"，但"如果能更加有效地使用资源使得整个经济物质和服务的供应有所增加，那么，大饼的分享者每个人的份额都可以不用争夺而有所增长"[①]。

---

① 泰勒.科学管理原理［M］马风才，译.北京：机械工业出版社，2013：5.

（7）实行职能工长制。泰勒主张实行"职能管理"，即将管理的工作予以细分，每个管理者只承担其中的一两项管理工作。他认为，当时通常由1个车间工长完成的工作应该由8个职能工长来承担，其中4个在计划部门，4个在生产现场进行监督，每个职能工长只负责某一方面的工作，在其职能范围内可以直接向工人发布命令。

（8）实行例外原则。泰勒认为，规模较大的企业组织和管理必须应用例外原则。即企业的高层管理者把一般的日常事务授权给下级管理人员去处理，自己只保留对例外事项或重要问题的决策和监督。这一原则实际上为后来的分权化管理和事业部制提供了理论依据。

泰勒以自己在工厂的管理实践和理论探索，冲破了工业革命以来一直沿袭的传统经验管理方法，将科学引入了管理领域，提出系统的管理理论体系，这套体系被后人称为"泰勒制"。泰勒制在实践中取得了显著的效果，使企业的生产效率大幅提高，受到企业主的普遍欢迎。泰勒的科学管理理论在20世纪初得到广泛传播和应用，影响很大。在泰勒同时期，有许多人也积极从事科学管理实践与理论的研究，为科学管理做出了重要的贡献。其中比较著名的有吉尔布雷斯夫妇、亨利·甘特（Henry Laurence Gantt）、哈林顿·埃默森（Harrington Emerson）等。他们在许多方面不同程度地发展了科学管理理论和方法，被称为"科学管理学派"。

**（二）一般管理理论**

亨利·法约尔（Henri Fayol，1841—1925），法国人，大学毕业后进入一家大型矿业公司担任工程师，逐渐成为专业管理者，长期担任公司的总经理，在实践中逐步形成了自己的管理思想和管理理论。法约尔生前发表了一系列关于管理的著述，其中代表作是1916年出版的《工业管理和一般管理》，总结了他一生的管理经验和管理思想。法约尔的一般管理理论（general management theory）的主要内容如下。

（1）企业的六项基本活动。法约尔指出，任何企业都存在六项基本活动，即技术、商业、财务、安全、会计和管理。在六项活动中，管理处于核心地位，即企业本身需要管理，其他五项属于企业的活动也需要管理。

（2）管理的五大职能。法约尔首次把管理活动划分为计划、组织、指挥、协调和控制五大职能，揭示了管理的本质，并对五大管理职能进行了详细的论述。后来许多管理学者按照法约尔的研究思路对管理理论深入研究，逐渐形成了管理过程学派，法约尔成为这一学派的创始人。

（3）管理的14条基本原则。法约尔认为，管理的成功不完全取决于管理者个人的管理能力，而是要灵活地贯彻管理的一系列基本原则，即劳动分工、权责相当、纪律严明、统一指挥、统一领导、个人利益服务整体利益、报酬、集权、等级制度、秩序、公平、人员的稳定、主动性、团结精神。

（4）管理教育。法约尔认为，人的管理能力可以通过教育来获得，当时之所以缺少管理教育是由于没有管理理论。为此，他提出了一套比较全面的管理理论，首次指出管理理论具有普遍性，可以用于各个组织之中。提出在学校设置这门课程，传授管理知识，并在社会各个领域宣传、普及和传授管理知识。

法约尔的贡献在于从理论上概括出一般管理的理论、要素和原则，他对管理五大职能的分析为管理学提供了科学的理论框架，来源于长期实践经验的管理原则给管理者以巨大的帮助。法约尔被认为是第一个概括和阐述一般管理理论的管理学家，为管理学的形成做出了卓越的贡献，因此被称为"经营管理之父"。现代社会中的许多管理实践和思想都可以直接追溯到一般管理理论的思想。

### （三）科层组织理论

马克斯·韦伯（Max Weber，1864—1920），是德国著名的社会学家、古典管理理论的代表人物，著有《社会组织与经济组织》《新教伦理和资本主义精神》《一般经济史》等。韦伯在管理理论上的研究主要集中在组织理论方面，主要贡献是提出了所谓理想的科层组织体系理论。科层组织体系（bureaucracy theory）通常还被译为官僚组织体系，是一种通过职位或职务，而不是通过"世袭"和"个人魅力"来进行管理的组织制度。

韦伯认为，等级、权力和科层制度是一切社会组织的基础。对于权力，他认为有三种类型：超凡权力、传统权力和法定权力。其中，超凡权力来源于别人的崇拜与追随，所谓的救世主、先知、政治领袖等往往被认为具有超自然、超人的权力。传统权力是传统惯例或世袭得来的，组织成员之间的关系是建立在个人关系、喜好偏爱、社会特权的基础之上。法定权力是法律规定的权力，只有它才能作为科层组织体系的基础。

韦伯理想的科层组织体系具有以下特点。

（1）明确的分工。每个职位的权利和义务都有明确的规定，人员按专业化进行分工。

（2）自上而下的等级系统。组织内的每个职位都处于上级的控制和监督下，每个管理者不仅要对自己的决定和行为负责，还要对下级的决定和行为负责。

（3）人员的任用。组织中的人员要完全根据职务的要求，通过正式考试和教育训练来任用。

（4）工资与升迁。按职位支付薪金，并建立奖惩与升迁制度，使组织成员能够安心工作。

（5）遵守规则和纪律。管理人员必须严格遵守组织中规定的规则和纪律，以及办事程序。

（6）组织中成员之间的关系。组织中成员之间的关系以理性准则为指导，不受个人情感的影响。组织与外界的关系也是这样。

韦伯认为，这种高度结构的、正式的、非人格化的科层组织体系是达到目标、提高效率的最有效形式。它在精确性、稳定性、纪律性和可靠性方面都优于其他组织形式，能适用于所有的管理工作及当时日益增多的各种大型组织，如教会、政府机构、军队、政党、企业和各种团体。韦伯的理论对泰勒、法约尔的理论是一种补充，对后来的管理学者，尤其是组织理论学家有很大的影响，韦伯被后人称为"组织理论之父"。

## 二、行为科学理论

科学管理理论侧重于生产过程、组织控制方面的研究，较多强调管理的科学性、合理性、纪律性，把人看作是生产的机器。尽管在提高劳动生产率方面取得了显著的成绩，但由于它片面强调对工人进行严格的控制和动作的规范化，忽视了工人的社会需求和感情需求，引起了工人的强烈不满，导致怠工、罢工和劳资关系日益紧张。在这种情况下，科学管理已不能适应新的形势，需要有新的管理理论和方法来进一步调动工人的积极性，激发员工的士气，从而提高劳动生产率。

在这样的背景下，一些学者开始从生理学、心理学和社会学等角度研究企业中有关人的一些问题，如人的工作动机、情绪、行为与工作之间的关系等，以及研究如何按照人的心理发展规律去激发其积极性和创造性，由此产生了行为科学理论。行为科学研究始于20世纪20年代，早期被称作人际关系学说，后期发展为行为科学，即组织行为理论。

### （一）霍桑实验

1924—1932年，由乔治·埃尔顿·梅奥（George Elton Mayo）负责，在美国西方电气公司所属的霍桑工厂开展了一系列的实验，实验结果引发了对当时管理者许多管理观念的挑战，从而揭开了研究组织中人的行为的序幕，产生了人际关系理论。

最初，在霍桑工厂开展的实验是根据科学管理理论中关于好的工作环境可以提高工人的劳动生产率的假设，进行"照明的亮度同工业中效率的关系"的研究，试图通过照明强弱的变化与产量变化之间的关系来分析工作条件和劳动生产率之间的关系。结果却发现，工作条件和环境的好坏与劳动生产率的提高没有必然联系，反而与人的因素有密切关系。为了证实这一结果，梅奥等人陆续开展了较长时间的研究，结果表明：生产率不仅同物质实体条件有关，而且同工人的心理、态度、动机，同群体中的人际关系，以及领导者与被领导者的关系密切相关。梅奥对其领导的霍桑实验进行了总结，于1933年出版了《工业文明中人的问题》，提出了与古典管理理论不同的新观点，主要归纳为以下几个方面。

（1）工人是"社会人"，而不是"经济人"。科学管理学派认为，金钱是刺激工人工作积极性的唯一动力，把人看作单纯追求经济利益的"经济人"。而梅奥认为，除了物质利益，工人还有社会、心理方面的需求，因此不能忽视社会、心理因素对积极性的影响。

（2）企业中存在非正式组织。非正式组织是企业成员在共同工作的过程中，由于具有共同的社会感情而形成的非正式团体。这种无形组织有自己的规范、准则和领袖人物，会通过左右工人的工作态度来影响企业的生产效率。因此管理人员应该正视非正式组织的存在，分析其特点，利用非正式组织为正式组织的活动和目标服务。

（3）新型的领导通过提高工人的满足程度，来达到提高工作效率的目的。生产效率的高低主要取决于工人的士气，而士气则取决于他们所感受到的各种需要得到满足的程度。在这些需要中，金钱与物质方面的需要只占很少的比重，更多的是获取友谊、得到尊重等人际方面的需要。因此，管理人员要善于倾听和与下属进行沟通，了解他们的需求状况，包括心理和思想需求，以采取相应的措施，这样才能合理、充分地激励工人，达到提高劳动生产率的目的。

霍桑实验及其结论对管理理论的演进方向产生了重大而深远的影响，它改变了当时那种认为人与机器没有差别的流行观点，激起了人们重新认识组织中人的因素，使西方管理思想在经历了科学管理理论阶段之后进入了行为科学理论阶段。

### （二）人际关系运动

霍桑实验之后，人们从各方面展开了对人的需要、动机、行为、激励，以及人性的研究，形成了人际关系研究的热潮。其中，最主要的推动者是马斯洛和麦格雷戈等人。亚伯拉罕·哈罗德·马斯洛（Abraham Harold Maslow）是著名的心理学家和行为科学家，他于1943年在《人的动机理论》一书中提出了需要层次理论，对人际关系运动做出了重大贡献。他认为，人有各种各样的需要，管理者可以据此激励员工的行为。在此基础上，人们又提出了各种各样的激励理论。

道格拉斯·麦格雷戈（Douglas M·Mc Gregor）是美国著名的行为科学家，曾先后在哈佛大学和麻省理工学院从事心理学的教学工作。他在1957年发表的《企业的人性面》一文中提出了著名的"X-Y理论"，认为管理者对员工有两种不同的看法，相应地他们会采取两种不同的管理方法。

这些理论向古典管理理论和早期人际关系理论有关人类行为的假设提出了挑战。

### （三）后期的行为科学

1949年美国芝加哥的一次跨学科会议首次提出使用"行为科学"这个名称来囊括有关企业人性方面的研究。1953年，福特基金会、洛克菲勒基金会和卡内基基金会相继拨款支持行为科学方面的研究，并正式创办《行为科学》杂志。自此以后，许多管理学家、社会学家、心理学家从人类行为的特点、行为的环境、行为的过程，以及行为的原因等多种角度展开了对人的行为的研究，形成了一系列的理论，使行为科学成为现代西方管理理论的一个重要学派。理论研究的发展反过来又促进了企业管理人员重视人的因素，强调人力资源开发，注意改善人际关系，注意组织的需要与其成员的需要协调一致等。

从行为科学研究对象涉及的范围来看，基本可以分为以下三个层次。

（1）个体行为理论：有关需要、动机和激励的理论；有关人的特性的理论。

（2）群体行为理论：有关群体动力的理论；有关信息交流的理论；有关群体及其成员相互关系的理论。

（3）组织行为理论：有关领导行为的理论；有关组织变革与发展的理论。

行为科学管理的特点在于改变了人们对管理的思考方法，把人看作宝贵的资源，强调从人的作用、需求、动机、相互关系和社会环境等方面研究其对管理活动及其结果的影响，研究如何处理好人与人之间的关系、协调人的目标、激励人的主动性和积极性，以提高工作效率。

### 三、现代管理理论

第二次世界大战之后，随着科学技术的迅速发展，企业规模不断扩大，生产社会化程度日益提高，环境已经成为管理中不可忽视的重要变量。企业不仅要考虑自身条件的限制，还需要研究环境的特点及要求，提高对外部环境的适应能力。为了应对管理实践的这一变化，许多学者包括数学家、社会学家、心理学家、统计学家等从不同的背景、角度，基于自身的专业，用不同的方法对管理问题开展研究，这一现象带来了管理理论的空前繁荣，形成了众多的管理理论学派。美国著名的管理学家孔茨将这些学派形象地描述为"管理理论丛林"，具体的一些代表性理论见表7-1。

表 7-1　现代管理理论

| 管理理论学派 | 特征与贡献 | 局限性 | 代表人物 |
| --- | --- | --- | --- |
| 经验主义学派 | 通过案例研究经验，确定成败要素 | 环境可能不同；目的不在于确定一些原则；发展管理理论的价值不同 | 彼得·德鲁克、艾尔弗雷德·斯隆等 |
| 权变理论学派 | 管理活动取决于环境 | 管理人员早已认识到做任何事情都不会有最佳方法 | 弗雷德·卢桑斯、弗雷德·菲德勒 |
| 管理科学学派 | 管理工作被看成是数学过程、概念、符号和模型，把管理看成是一种纯粹的逻辑过程，用数学符号和数学关系来表示 | 首先需要建立数学模型；管理工作的许多方面并不能模型化 | 埃尔伍德·斯潘塞·伯法 |
| 社会系统学派 | 把人际关系和群体行为两个方面引导到一个协作系统，把概念扩大到任何一个具有明确目的的协作群体 | 对于管理研究的范围过于宽泛；忽视了许多管理概念、原则和方法 | 切斯特·巴纳德 |
| 系统管理学派 | 系统有边界，但与外部环境存在互动关系；认识到研究一个组织和许多子系统内的计划、组织和控制的内部关系的重要性 | 很难被认为是新的管理方法 | 弗里蒙特·卡斯特、詹姆斯·罗森茨韦克 |
| 决策理论学派 | 强调决策的制定，做决策的人或群体，以及决策过程 | 管理工作远远超过决策工作量 | 赫伯特·西蒙 |

资料来源：韦里克，马春光，孔茨.管理学精要：国际化视角［M］.7版.北京：机械工业出版社，2010：8.

## 第三节　管理理论的新发展

进入20世纪80年代以后，随着信息技术的迅猛发展，知识经济的出现，以及国际经济逐步走向一体化，管理环境发生了重大变化，在这样的形势下，出现了一些新的理论与视角。

### 一、企业文化理论

企业文化理论形成于20世纪80年代，是由实践引出理论探讨的。20世纪70年代，遭遇石油输出国组织石油提价的西方国家陷入能源危机，这场危机对美国企业界产生了巨大影响，美国产品竞争力下降，使得国外市场萎缩，企业开工不足，工人失业率提高，国内市场竞争激烈，通胀率提高，经济处于停滞状态，不得不实行贸易保护政策。而大洋彼岸的日本，尽管本国资源奇缺，经济几乎完全依赖国际市场，但能源危机并没有使国民经济停顿，日本企业界反而发展出节约能源的消费产品，在汽车、电子等行业的飞速发展让西方国家震惊，日本也在20世纪70年代末一跃成为世界第二大经济强国。这种鲜明的对比极大地刺激了美国管理学者和实践界研究日本、反思自我的热情，企业文化理论正是在这种背景下提出的。1981—1984年相继出版了多部研究企业文化的著作，如威廉·大内的《Z理论——美国企业如何迎接日本的挑战》，理查德·帕斯卡尔和安东尼·阿索斯的《日本企业的管理艺术》，特伦斯·迪尔和艾伦·肯尼迪的《企业文化》，汤姆·彼得斯和小罗伯特·沃特曼的《追求卓越》等。

通过对日美企业管理的比较研究，美国学者发现在组织结构、制度、战略等硬要素方面日美企业差异不大，日本企业成功的奥秘在于领导方式、价值观、对人的重视、集体决策等软要素。与欧美企业中企业与员工之间独立平等而经济上单纯交换和雇佣性关系完全不同，日本企业就像一个大家庭，员工如同大家庭的成员，对企业保持着一定的人身依附关系。员工享有终身雇佣、缓慢的晋升和评价、集体决策与集体负责、较平均的分配制度、用职务轮换以培训通才为目标的骨干培养路线、来自组织的全面关怀等做法和政策，都反映了这种文化特色。在比较研究和大量企业调研的基础上，学者们对企业文化理论进行了整理和总结，主要内容如下。

（1）企业文化是为全体员工共同遵守，但往往是自然约定俗成而非书面的行为规范，并有各种各样的仪式和习俗来宣传、强化这些价值观念。企业文化之间的差异是造成绩效不同的重要原因。

（2）企业文化包括精神文化、制度文化和物质文化三个层次，其中精神文化是核心。精神文化表现为一系列明确的价值和行为规范、道德准则，以及清晰的信念；制度文化表现为组织的结构形态、规章制度、奖惩方式，以及信息沟通渠道等内容；物质文化表现为可以观察到的组织环境、员工和管理人员行为等表层形象。

企业文化的功能主要体现在导向功能、凝聚功能、约束功能、激励功能和辐射功能。这五种功能是以文化的形式潜移默化地起着作用，员工在这种文化氛围中自觉地调整自己的行为，表现出符合组织要求的积极行为。正因为如此，企业文化具有其他管理手段难以达到的巨大作用。

## 二、流程再造理论

20世纪80年代以来，信息技术革命使企业的经营环境和运作方式发生了很大的变化,而西方国家经济的长期低增长使得市场竞争日益激烈,企业面临着在低速增长时代增强自身竞争力的严峻挑战。在这种背景下,结合美国企业为应对来自日本、欧洲企业的威胁而展开的实际探索,美国管理学家迈克尔·哈默和詹姆斯·钱皮在1993年出版了《企业再造》一书,提出了企业流程再造理论。他们通过对企业的考察发现,在许多公司从事的具体工作中,"有许多是跟满足客户需要——生产的产品质地要优良、供应的价格要公道、提供的服务要优质——风马牛不相及的。他们的许多工作纯粹只是为了满足公司内部的需要"。因此,哈默和钱皮提出,为了能够适应新的充满竞争和变化的环境,企业不适宜根据亚当·斯密的劳动分工理论去组织自己的工作,必须摒弃已成惯例的运营模式和工作方法,以工作流程为中心,重新设计企业的经营、管理及运营方式,即进行流程再造。

企业流程再造(enterprise process reengineering)是指为了获取可以用诸如成本、质量、服务和速度等方面的绩效进行衡量的显著的成就,对企业的经营过程进行根本性的再思考和关键性的再设计。其具体实施过程包括以下几项主要工作:

(1)对现有流程进行全面的功能和效率分析,以发现现有流程中各活动单元及其组合方式上存在的问题。

(2)改进相关单元的活动方式或单元之间关系的组合方式,设计流程改进的方案。同时,制定与流程改进方案相配套的组织结构、人力资源配置和业务规范等改进计划,形成系统的企业再造方案。

(3)组织流程改进方案的实施,并在实施过程中根据经营背景的变化组织企业流程的持续改善。企业活动及其环境是动态变化的,因此企业再造或流程重组将是一个持续不断的过程。

企业流程再造理论在欧美企业中得到了高度重视,被迅速推广,带来了显著的经济效益,涌现出大批成功的范例。管理研究领域也相当关注这一理论,相当多的学者加入流程再造的研究中来,论证流程再造与价值创造、经营绩效改进之间的逻辑关系,研究流程再造实例,寻求更好的流程管理方法等。作为组织设计工具,流程再造带来了巨大的收益,但也招致了一些批评,主要由于流程再造使少数人能够完成以前大多数人做的事情,造成了公司削减成本和裁员,妨碍了士气和绩效。后来,流程再造的提出者汉默和钱皮也承认70%的再造项目由于忽视工作场合中人的影响而失败了。

### 三、学习型组织

20世纪90年代以来,知识经济的到来使信息和知识成为重要的战略资源,相应地诞生了学习型组织理论。1990年,管理学家彼得·圣吉出版了《第五项修炼——学习型组织的艺术与实务》。在这本著作中,圣吉认为,在全球的竞争风潮下，人们日益发现21世纪成功的关键，与19世纪和20世纪成功的关键有很大的不同。在过去，低廉的天然资源是一个国家经济发展的关键，而传统的管理系统也是被设计用来开发这些资源。然而，这样的时代正离我们而去，发挥人们创造力现在已经成为管理努力的重心[①]。因此他提出学习型组织理论，并指出学习型组织是21世纪全球企业组织和管理方式的新趋势。

学习型组织（learning organization）是指通过培养弥漫于整个组织的学习气氛，充分发挥员工的创造性思维能力而建立起来的一种有机的、高度柔性的、扁平化的、符合人性和能够持续发展的组织。这种组织具有持续学习的能力，具有高于个人绩效总和的综合绩效。建立学习型组织，需要进行五项修炼，即自我超越、改善心智模式、建立共同愿景、团队学习、系统思考。其中系统思考是五项修炼中的核心。

### （一）自我超越

自我超越是学习型组织的精神基础，组织成员必须学习不断理清并加深个人的真正愿望，集中精力，培养耐心，并客观地观察现实。

### （二）改善心智模式

心智模式是指根深蒂固于个人或组织之中，影响人们如何认识周围世界，以及如何采取行动的许多假设、成见和印象。改善心智模式就是要学习改变自己多年来养成的思维习惯，强制和约束自己，以开放的心灵容纳别人的想法。

### （三）建立共同愿景

共同愿景是指能鼓舞组织成员共同努力的愿望和远景，或者说是共同的目标和理想。建立共同愿景的关键是要能够将组织中个人的愿景整合为组织的共同愿景，这样才能使员工主动而真诚地奉献和投入，形成不断进步的合力。

### （四）团队学习

团队学习就是组织化的学习或交互式的学习。通过团队学习，可以充分发挥整体协作的力量，形成高于个人力量之和的团队力量，达到运作上的默契并形成团队意识，唯有团队成员一起学习、成长、超越和进步，才能让组织持续创造佳绩。

### （五）系统思考

系统思考是五项修炼的核心，它要求人们运用系统的观点来看待组织的生存和发展。在现有的不少组织中，大多数人把自己的眼光局限于本职工作，固守经

---

① 圣吉.第五项修炼：学习型组织的艺术与实践［M］.张成林，译.2版.北京：中信出版社，2016：19.

验，一旦出现问题就常常归罪于其他部门，缺乏进行整体思考的主动性和积极性。系统思考就是要培养人与组织进行系统观察、系统思考的能力。

学习型组织理论认为，21世纪最成功的企业将是学习型组织，因为未来持久的竞争优势，就是要有能力比你的竞争对手学习得更快。注重学习而且善于学习，可以使我们及时察觉可能发生的变化或迅速了解正在进行的变化，在变化来临之前或在变化过程中做好应变准备，从而适应不断变化的环境并在变化过程中不断增强自己的竞争优势。

## 四、21世纪管理的发展趋势

信息技术的发展将冲击传统管理规则。信息技术的发展正在改变着人类的生活方式。信息时代与工业时代不同，它没有带来有形产品，但它带来的是无形的存在物，即用来搜集、分析、传输和综合处理信息的才智和能力，其结果是新公司和新产业，如互联网公司、人工智能、电子商务等的诞生。在工业化时代，企业得以繁荣发展是因为它们能够得到并利用原材料、拥有标准化产品和服务及大批量生产能力。而随着科技的进步，产品变为商品的速度大大加快，新产品一旦问世，几个月甚至几天内具有类似特性的无牌产品立即会出现在市场上。对于生产者来说，只能利用品牌等无形资产，才能将自己与其他竞争者相区别，并以较高的价格出售商品。这意味着，在21世纪最有价值的商品是无形资产，而不是有形资产，有形资产只不过是无形资产的载体而已，无形资产成为现代企业管理的重要内容之一。

信息技术的发展使组织之中，以及组织之间的信息处理方式发生了翻天覆地的变化。未来组织的管理模式必然随之发生变化，各种具有适应性的网络型组织可能会替代传统的金字塔形组织。信息社会要求企业必须及时高效地运作，在网络型组织中，企业仅保留具有核心竞争力的部门，大部分工作由其他企业或临时性的职能工作团队完成；决策主要由基层做出，依靠技术手段，基层的知识型员工可以获得丰富的信息，不必再等上级管理者的指示就可以自己做出判断；按照客户的要求提供个性化定制生产或服务，即时生产技术取代以前的批量流水线作业，生产过程将变成公司、合作伙伴与顾客之间同时互动的过程；非正式组织将在网络组织中发挥主导作用，权威的建立更大程度上取决于个人的品质、专长和创造性而不是正式职位；这种结构的最大特点在于它能充分发挥个人的能力，同时组织具备快速反应的能力。

网络式结构使组织具有高度的灵活性和对环境更好的适应性，但同时也带来了个人决策和能力的控制问题，一旦失控，对企业可能会产生灭顶之灾。巴林银行的倒闭就是一个典型的例子——一个证券经纪人就搞垮了一个全球性的大型银行。从这一点来看，网络型组织的管理必然会与传统组织管理有所区别，管理手段和管理职能的内涵都有可能发生变化。

管理理论和实践随着社会的发展而发展，一定的管理理论反映了当时所处的社会环境的客观要求。环境的变化是永恒不变的真理，而且只要环境在变，管理理论和实践就在不断地创新以适应不断变化的环境。可以预言，在未来管理的发展中，新的管理理论还将会被不断地提出，创新将成为管理理论发展的主旋律。

# 第八章　工商管理人才培养研究

当美国人约瑟·沃顿（Joseph Wharton）于1881年在美国宾夕法尼亚州建立起世界上第一个管理学院——沃顿商学院时，他坚信未来的工商企业领导者需要一个全面的富有生机的教育。一百多年来，经过不断探索和实践，以商学院为代表的高等学校工商管理教育取得了巨大成功，其标志是高等学校培养的大批工商企业管理者领导工商企业发展壮大，推动全球经济获得显著增长。与其他学科人才培养一样，高等学校培养工商管理人才首先要明确培养目标，概括来说是先"为人"，再"为学"；先关注"面"，再侧重"点"。其次要探索和确立实现上述目标的方法和途径，就是通识教育与个性发展相结合。通识教育与个性发展是相辅相成的：前者着重"一般性"，后者强调"个别性"，两者有机结合。

## 第一节　工商管理人才能力架构

### 一、能力架构模型

不论学生是否拔尖，是否杰出，是否能够成为某一领域的专家，他们首先应该是现代文明社会中有良好素养的人。有良好素养的人就是一个能够代表人类文明进步的人，能够汲取迄今为止人类文明成果的人。先成人，再成才。人不是工具，人本身就是目的。教育不是为了培养工具，育人本身就是目的。工商管理人才除了具备良好素养，还需要基于工商企业管理者要完成的任务和履行的职责或者扮演的角色具备各种能力，形成工商管理人才能力架构模型。

管理角色学派代表人物亨利·明茨伯格在《管理进行时》中提出一个包括"三个平台、六种角色"的通用管理模型。在信息平台上，工商企业管理者要收集传播信息并控制信息；在人员平台上，工商企业管理者要领导和联络；在行动平台上，工商企业管理者要行动并处理。只有将这三个平台上的各个管理角色结合起来，才能满足管理实践的必要条件——平衡。工商企业管理者必须从事一项全面的工作。工商企业管理者一般都要亲自履行两项具体职责，即构思工作框架和安排工作日程。

在明确工商管理人才培养目标下，以亨利·明茨伯格"三个平台、六种角色"的通用管理模型为基础，结合现代工商管理学交叉综合和深度国际化这两大基本特征，工商管理人才需要具备由技术能力和流程能力组成的经营能力，由信息能力和人际能力组成的沟通能力，由逻辑思维能力和批判性思维能力组成的创新能力，经营、沟通和创新这三大能力综合后以计划能力、组织能力、领导能力和控制能力在工商企业管理过程中展现出来，从而形成"2+3+4"工商管理人才能力架构模型（见图8-1）。

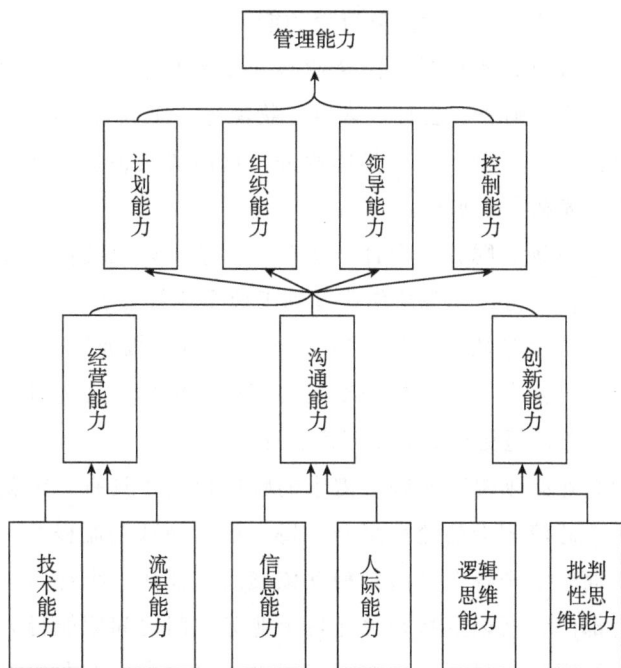

图8-1 工商管理人才"2+3+4"能力架构模型

从国际著名商学院的人才培养方案来看，在人才培养的指导思想（即培养目标）上基本强调以能力为基础，尽管这些能力的表述比较简单也不够系统。例如，信息管理与信息系统专业的培养目标是培养数字经济时代具有创新精神和国际化视野的复合型管理人才，基本要求是培养学生具有坚实的数学基础、系统的管理学基础、必要的经济学知识和较强的中英文沟通能力，掌握计算机专业知识，并有一定的信息系统和数据分析，以及信息资源开发和利用的技能。而会计学专业的培养目标是为高端就业市场培养全方位与国际接轨的一流会计人才，基本要求是具备在工商企业管理和资本市场中运用现代会计学知识分析问题和解决问题的能力，以及从事研究型工作的能力。经济与金融专业的培养目标是既掌握系统的经济学和金融学理论分析方法，又具备解决现代经济特别是金融领域中实际问题的技能，既具有国际性视野同时也了解中国国情的高素质复合型经济与金融人才。其特点是更好地融合经济学与金融学教学，将学生对金融学的分析技巧和操作方法的掌握建立在更加全面和扎实的经济学基础上，使之更加深入和灵活，达到理论和实践的融合。

## 二、经营能力

经营能力是指使用有关程序、技术和方法开展工商企业具体业务的能力，能力包括技术能力、流程能力。技术能力是指开展工商企业某项具体业务的能力，流程能力是指设计工商企业经营业务流程的能力。

工商企业需要经营，也就是工商企业必须开展业务。工商企业的典型业务包括研发、市场、生产、财务、会计、人事、物流等。工商管理学各专业的毕业生，首先要从事自己的专业，开展某项具体业务，这需要具备技术能力，技术能力的高低体现其专业素养和专业水准。

但从事研发、市场、财务、会计、生产、人事，以及类似领域的优秀专业人才，还需要具备流程能力，实现从作业者到工商企业管理者"跨越式的一跳"。按照周易乾卦来分析，就是从"下乾"到"上乾"，从"惕龙"到"跃龙"的转变。不过，管理不是业务经营，管理更需要在工商企业整体层面上进行长远考虑，管理的对象是具体业务，但更重要的是工商企业本身。

今天的工商企业必须提高对顾客需求的响应速度才具有一定竞争力。工商企业经营行为是一个总流程上的流程集合，每一项活动都是流程的一部分，是一个流程的节点，工商企业中各个部门是相互依赖的，任何一个部门所发生的变化会影响到其他所有部门，所以要特别关注各个业务部门之间职能行为的完整有机联系，采取有利于组织整体目标实现的方式行事。设计合理的业务流程去快速满足顾客需要的能力，即流程能力是工商企业管理者重要的经营能力之一。这是今天复杂的商业实践提出的要求。

## 三、沟通能力

沟通能力是指收集、传播信息和激励、培养他人并在工商企业内外建立关系网络的能力，包括信息能力和人际能力。信息能力是指通过聆听、访问、演讲、演示、简报、报告、视觉、感觉等收集信息和传播信息的能力。人际能力是指激励、劝说、指导、培训他人高效完成工作的能力，也包括建立内外关系网络的能力。

工商企业管理工作要进行大量信息处理，要通过大量的倾听、观察、感觉和交谈来收集和传播信息，这些信息包括工商企业内部运营和外部事件。外部事件既包括一般环境中的事件，更包括具体环境中的事件。工商企业管理者应该成为所分管部门的神经中枢，不仅要把大量信息传播给所在部门的其他人员，与他们共享信息，而且对外要代表部门利益向各类人群发表演讲，为了部门目标的实现进行各种游说，在各种公开刊物上代表部门的专业水准，随时向各方汇报部门的最新进展。由于工商企业管理者更需要从说话者的语音语调、面部表情、肢体语言、情绪和氛围中捕捉信息，并且能够掌握时下的尚未记录在案的"道听途说"的信息，以便更好地实施"控制"职能，故信息能力对工商企业管理者非常重要。

理查德·格林柏利（Richard Greenbury）在掌管英国著名玛莎百货期间，常常邀请曼彻斯特联队主帅亚历克斯·弗格森（Alex Ferguson）共进午餐，借机向他讨教管理技巧。弗格森的管理秘诀之一就是全方位收集信息。弗格森是足球史上获得奖杯数量最多的个人，他为他的球队创造出了卓越的价值。更厉害的是，他似乎有能力一直这样做下去。

由于更加依赖他人来完成各项工作，故工商企业管理者会花费大量的时间激励、劝说、指导和培训员工，让员工能以饱满的热情，摆脱羁绊，自由而高效地做事，同时获得自我发展。工商企业管理者还需要将员工凝聚起来，组成相互协作的团队，不断解决团队内部和团队之间的各种冲突。这些通常被称为"领导力"的工作职责必然要求相应的人际能力作为基础。此外，人际能力还包括建立内外关系网络的能力。工商企业管理者应该要建立广泛的人脉关系网络，以形成强大的支持者联盟，这对中国的工商企业管理者尤为重要。

罗伯特·卡茨（Robert Katz）认为，人际技能是高效工商企业管理者的技能之一。他把人际技能描述为工商企业管理者作为团队的一员高效地开展工作，以及在自己领导的团队中促使大家团结协作的能力，主要是怎样"待人"，体现在个体对上级、同级、下级的感知方式上（以及如何判别他们对自己的感知），也体现在由此而产生的行为方式上。人际技能可以细分为：①处理部门内部关系的能力；②处理跨部门关系的能力。对于中低层管理职位，前者至关重要，而随着管理职位的上升，后者变得越来越重要。

### 四、创新能力

创新能力指的是对工商企业管理过程中存在问题的认识、分析、综合、概括，同时创造性、建设性地解决这些问题的能力。创新能力包括逻辑思维能力和批判性思维能力。

逻辑思维是人们在认识过程中借助于概念、判断、推理反映现实的过程。它与形象思维不同，是用科学的抽象概念、范畴揭示事物的本质，表达认识现实的结果。逻辑思维是一种确定的而不是模棱两可的，前后一贯的而不是自相矛盾的，有条理、有依据的思维。在逻辑思维中，要用到概念、判断、推理等思维形式和分析、综合、归纳、演绎、抽象、概括等方法，而掌握和运用这些思维形式和方法的程度，也就是逻辑思维的能力。分析是在思维中把对象分解为各个部分或因素，分别加以考察的逻辑方法。综合是在思维中把对象的各个部分或因素结合成为一个统一体加以考察的逻辑方法。根据事物的共同性与差异性就可以把事物分类，具有相同属性的事物归入一类，具有不同属性的事物归入不同的类。归纳是从个别性的前提推出一般性的结论，前提与结论之间的联系是或然性的。演绎是从一般性的前提推出个别性的结论，前提与结论之间的联系是必然性的。抽象就是运用思维的力量，从对象中抽取它本质的属性，抛开其他非本质的东西。概括是在思维中从单独对象的属性推广到这一类事物的全体的思维方法。抽象与概括和分析与综合一样，也是相互联系不可分割的。

批判性思维的特征是善于对通常被接受的结论提出疑问和挑战。无条件地接受专家和权威的意见不是批判性思维，用分析性、创造性、建设性的方式对疑问和挑战提出新解释、做出新判断。批判性思维不是对一切命题都持否定态度。进一步说，批判性思维也不是认为所有命题都同样有道理，它是能够判断哪个更有说服力。一个人即使学会了人类的全部知识，但若没有批判性思维能力，他最多是一个有知识的人，但还不是一个有智慧的人，也不可能是一个有创造能力的人。

## 第二节  工商管理人才培养课程体系

### 一、课程结构

考察国内外工商管理教育各专业培养方案，其课程主要由普通共同课、学科共同课、专业方向课和任意选修课四个模块组成，这种课程结构形成对"2+3+4"工商管理人才能力架构模型的支撑。

#### （一）普通共同课

普通共同课一般包括写作课、外语课、数学课、计算机课和体育课。这些课程都是基础技能课，作为基础技能课，它们是基础性的，而非专业性的。也就是说，它们对所有专业都适用。现在一些大学毕业生写不好会议纪要和总结报告，所以在大学开设写作课非常必要。事实上，美国的一流大学大都要求本科生修

（英文）写作课，有的要求还不止一门（如麻省理工学院）。哈佛大学的英文写作课（expository writing）是本科生唯一的必修课，其他课程均为选修课。至于国内的中文写作课不是大学语文课，而是训练中文写作能力的课程。一方面，这门课不是为了培养文学创作写作能力；另一方面，这门课也不是为了培养一般秘书所需要的公文写作能力。写作课程的教学目标是使学生能够写出有逻辑、有观点、有证据的短文、总结、调查报告、备忘录等，阅读对象包括单位管理层、政府部门领导、专业人士和大众。所以，这门课的重点是教会学生思维逻辑和对论点证据的组织，侧重于不同体例的规范，而非文字的华丽。我国过去的英语教学首先关注阅读，其次是翻译。现在则要求学生经过大学学习后能够把英语作为工作语言，能够在毕业后到海外学习和工作。为了达到这个目的，首先要在一、二年级突破英语的口语关，即具备自如的听说能力。具体要求是学生应该能够听得懂英语的授课，能够用英语做演示、提问题、做交流。其次是英语写作能力，学生应该能够用英语写电子邮件、短文和报告。此外，目前国家统一要求的思想政治理论课共4门，包括思想道德修养与法律基础、中国近代史纲要、马克思主义基本原理、毛泽东思想和中国特色社会主义理论体系概论，共14学分，这类课程也属通识教育。工商管理教育百年发展历史表明，为适应现代经济发展对工商管理人才多方面能力的要求，工商管理教育应该从传统的专才教育向通才教育转变，着力培养综合素质高的复合型人才，因此，普通共同课对工商管理人才的培养仍然是非常重要的。

### （二）学科共同课

学科共同课一般是指工商管理学核心课程，其设置既是提升工商管理人才培养质量的核心所在，也是国际认证的关键点之一。只有通过严格的工商管理学基本训练，才能使学生真正领悟现实商业环境，增强其应用能力，而这正是多年来在工商管理教育实践中凝聚的共识。工商管理学核心课程主要有微观经济学、宏观经济学、财务会计、管理会计、公司金融、投资学、管理学、市场营销、运营管理、信息管理、概率论和数理统计等。这种课程设置不仅有利于国际认证，也使得课程设置与工商管理人才培养目标更加匹配。

### （三）专业方向课

专业方向课是按照工商管理学各专业的要求和特点来设置的，通常分为专业必修课和专业选修课。国内工商管理教育在专业方向课程设置上普遍存在一个现象，那就是必修课程很多，而选修课程很少。再加上学生专业方向在被录取时就被定好，入校后就基本没有重新选择专业的余地（只有少数的转专业名额），使得多数学生的兴趣与所学并不是很匹配。一些院校在探索按工商管理学等大类招生的同时，借鉴国际一流商学院的办学经验，通过增加选修课的方式让学生根据自己的兴趣来选择课程。在完成学校和工商管理必修的平台课基础上，学生通过专业必修课和较多选修课程来实现自己的兴趣和专长，这有利于拓宽学生的知识面。

### （四）任意选修课

任意选修课一般为学校各院系开设的任何课程。现代工商管理人才培养应该具有对市场的高度适应性和对学生学习兴趣的高度尊重两大特征。学生在满足工商管理学平台课的基本要求前提下，可以在较大程度上根据自身兴趣与市场特征来设计自己的培养方案。任意选修课跟思想政治理论课和基本技能课一样，也是通识教育的重要组成部分。通识教育要避免的偏差是把通识课程当成简单的开阔眼界的课程，甚至有的成了娱乐课程。如果这种偏差不纠正，就会出现学生反映有的通识课程很"水"的普遍情况。通识教育的另一个偏差是把通识课程当作专业补充的实用性课程，如让工科学生学习管理和法律课程就是这种思路的反映。首先要认识清楚通识教育核心课程不应该是什么。第一，它不应该是点缀，如文学欣赏课。第二，它不应该是给理工科学生增加有用的补充知识，如实用的法律和管理课。它也不应该是为专业知识打基础的课，如专业课的导论课。那么什么课程可以作为通识教育核心课程呢？在确定具体课程之前，我们首先需要决定选择通识教育核心课程的原则。这需要回到我们的本科生培养目标——培养有素养的现代文明人，为杰出人才脱颖而出创造条件。通识教育是为了实现这个目标提供基础性的教育，它是为学生今后的一生而非毕业后立即的生计着想。因此，通识课程必须是改变学生思维方式、观察世界角度的课程，而不是为了立即学以致用的实用课程，因此，这些课程的精髓内容应该是学生在20年、40年后还会记得。通识课程必须以成熟学科为基础，必须有深度和系统性。因此，这些课程不应是没有系统性的、松散的讲座系列。这些课程必须覆盖足够宽的领域，而不能是很窄的话题，特别是所谓的热点话题。虽然热点话题在大学教育中也需要，但是应在高年级开设或者作为新生研讨课，而不应作为核心课程。哈佛大学要求本科生的八组通识课程是审美与解释理解、文化与信仰、道德推理、经验推理、国际社会、世界中的美国、物质科学、生命科学。加利福尼亚大学的要求也是八组，即美国文化、艺术与文学、历史、哲学与价值、社会与行为科学、国际研究、物质科学、生命科学。两者大同小异。通识课程具体的课组名称并不重要，重要的是要坚持基础性和覆盖面。这两所学校选择的课组的共同点是二者都是人文、社会科学和自然科学的基础性学科，都没有管理、法律或工程、技术等应用学科领域的课程。

## 二、课程趋势

多学科集成是工商管理学课程体系演变的第一个新趋势。这就是将课程建立于一个多学科和综合性解决问题的基础上，使学生更多地在跨学科的通识教育上理解商业。例如，在国际企业的课程上，要求学生观摩《阿凡达》后，回答三个问题：①潘多拉星上的纳维人与地球人在文化和艺术上有什么不同？②纳维人是否应该接受全球化（或者更准确地说是"宇宙化"）的浪潮？③如果您是RDA公司在潘多拉星上的外派经理，您将会如何推进全球化？这种在功能性课程中添加文化和伦理的内容可以避免孤立地分析和解决问题，加利福尼亚大学的彼得·纳瓦罗（Peter Navarro）教授称之为"功能性竖井"，以适应现代工商管理学超越专业界线，具有高度的学科交叉性和综合性的要求。

注重软技能开发课程的设置是工商管理学课程体系演变的第二个新趋势。软技能是指沟通、领导、谈判、创业、团队建设和人际关系技巧，其支撑课程包括管理沟通、组织行为学、领导力提升、人力资源管理、商务谈判、企业家精神与创业启动、创新与创业管理等，这些课程与分析性课程占据同样重要的地位。从工商企业用人来看，工商企业规模越做越大，结构和经营环境越来越复杂，因此，更加看重具备综合能力的人才。特别是金融危机爆发之后，应对危机的能力、沟通和领导能力，这些已经成为工商企业选择工商管理者的重要指标。软课程对于教授的要求非常之高。就领导力课程来说，授课前要花很多精力准备PPT、短片，课上组织学生小组交流，通过角色扮演，让学生全方位了解上级、下级和同级对自己的看法。而商业谈判的课程，则需要模拟实战场景，进行一对一的教练式培训。类似这样的课程，对商学院教授的要求之高，可想而知。以往的教学评估中，软课程的教师评估比较差，硬课程比较高，所以，教软课程教师的挑战非常大。

伦理和社会责任课程的独立设置是工商管理学课程体系演变的第三个新趋势。今天的商业世界，伦理和社会责任必须置于工商企业管理者决策的中心位置。"英特尔的企业社会责任已进入3.0时代。"英特尔前中国执行董事戈峻表示，英特尔的企业社会责任经历了三个发展阶段。第一阶段是以慈善、公益活动为主的初级阶段；第二阶段是把企业社会责任作为整体战略重要组成部分与业务发展紧密结合的阶段；第三阶段是系统性地催化社会创新的阶段。"企业公民只有树立从'独善其身'到'兼济天下'的远大抱负，才能真正进化为基业长青的社会公民。"英特尔系统性地催化社会创新阶段的核心就是要把企业责任社会化，让更多的工商企业加入进来。通过英特尔的努力，倡导分工合作、跨界合作，使更多工商企业投入社会责任事业中，帮助企业解决重大的社会问题。在这一过程中，英特尔希望可以发挥引领和催化作用，做社会创新的倡导者、实践者和先行者。为此，英特尔倡议成立一个数字企业志愿者联盟，并得到了多家知名工商企业的响应，另外，其"云公益"平台建设也已开始运作。

## 第三节　工商管理人才培养情境教育

### 一、情境教育的内涵

情境教育是一种以真实或模拟的工商企业运营情境为背景，以工商企业管理实践信息为知识载体，以学生主导的协作和交流为核心，以教师的引导和协助为依托，以培养学生分析和解决实际问题的能力为目标的教学方法。

教学方法是实现教学目标、体现教学特色的重要途径和载体。哈佛商学院和瑞士洛桑国际管理学院等国际一流商学院已经构建起成熟的工商管理人才培养情境教育体系，造就了一批杰出的企业家和工商企业管理者。而自20世纪80年代初我国开展工商管理教育以来，已经培养了近3800万名管理人才。国内各商学院在工商管理人才培养的教学方法上，借鉴国际一流商学院的经验，结合中国蓬勃发展的经济现实，探索综合运用多种情境教学方法，展示出情境教育在工商管理人才培养中的巨大作用。

情境教育属于建构主义教学方法的范畴。建构主义主张知识具有情境性，知识是人们对客观世界的一种解释、假设或假说，不是最终答案，因此，无法用任何一种符号系统表征，知识将随着人们认识程度的深入而不断地变革、升华和改写，出现新的解释和假设；不存在通用知识，需要针对具体问题的情境对原有知识进行再加工和再创造；并且知识不可能以实体的形式存在于个体之外，只能由学生基于自身经验背景建构起来。因此，知识不是通过教师传授得到的，而是学生在一定情境下借助教师和学习伙伴等的帮助，利用必要的学习资料，通过意义建构的方式而获得的，学生的体验是知识学习的核心。学习包括四个要素，即情境、协作、交流和意义建构。学习环境中的情境应该有利于学生完成对所学内容的意义建构。协作包括自我协商和相互协商，自我协商是指学生自己针对特定问题进行的反复思考；相互协商是指学生与学生之间，以及学生与教师之间进行的讨论和辩论。交流是协作过程中最基本的方式和手段，协作学习的过程就是交流的过程。意义建构是教学的最终目标，建构的意义是指事物的性质、规律，以及事物之间的内在联系。

工商管理知识具有明显的隐性知识特征，并不属于结构良好的领域的知识，而是具有显著的结构不良领域知识的特征，难以被结构化地表达出来。对于这类知识，要求学生把握知识的复杂性，能够灵活地分析思考问题并在新的情境中灵活运用这些知识去建构解决新问题。通过为学生创设学习的情境，以学生为主体，通过学生的自主思考和小组讨论等形式，促进学生对既有知识体系的重构，获得新知识。因此，对于工商管理知识的教学需要遵循建构主义观点，采用建构主义框架下的教学方法，通过为学生创设学习的情境来实现教学目标。

## 二、情境教育的类型

工商管理情境教育是一个完整的体系，其形式主要是工商企业实践、工商企业管理者进课堂、案例教学、角色扮演和模拟教学。

### （一）工商企业实践

工商企业实践包括两种形式，即体验型和强化型。前者通过对工商企业业务和管理观察、跟踪和访谈获得对情境的体验并最终完成对情境的构建，掌握相关的工商企业实践信息。后者依托与工商企业合作为学生提供实习机会，使学生在已经完成知识学习的基础上进入工商企业进行实践，以真实的工作岗位为背景，通过处理实际工作中遇到的问题加深对所学知识的理解，对既有知识进行重构，强化知识的学习效果。工商企业实践因学生能够亲自进入工商企业，听到大小不一机器的隆隆轰鸣声，观察工人在流水线上紧张有序的作业，呼吸车间内部弥漫着的汽油味道，使得工商企业走出课本变得鲜活起来。工商企业实践是情境强度最高的教学类型。

### （二）工商企业管理者进课堂

工商企业管理者进课堂包括体验型和解析型。前者是学生通过聆听工商企业管理者报告，以及学生与工商企业管理者的面对面交流，听取工商企业管理者对工商企业实践经验介绍，提出感兴趣的问题并获得解答，从而获得情境的体验并构建起情境。后者通过邀请案例工商企业的管理者进入课堂，为学生介绍现实中的决策和执行情况并相互交流，使学生获得情境体验。工商企业管理者进课堂不仅能够使学生获得对工商企业的身临其境的体会并且完成对情境的构建，而且在这个过程中，还能形成对工商企业实践的理解。由于工商企业管理者决策和行为的示范性，工商企业管理者进课堂能够使学生获得新知识。

### （三）案例教学

案例教学记录了工商企业的焦点实践和相关背景信息，从而为学生提供了知识学习的情境。通过相关资料的收集、思考和讨论等活动，学生还能不断地补充和完善情境。在案例教学中，通过阅读案例，以及收集相关资料，学生形成对案例情境的认知，在已有知识体系的基础上，通过对决策问题进行思考和讨论，以及最后的教师点评，学生能够逐步加深对工商企业实践的理解，从而通过对既有知识的重构掌握新知识。

案例教学法作为一种以案例为基础的教学法，在20世纪20年代由美国哈佛商学院所倡导。案例教学法的主要特点在于：鼓励独立思考，重在分析与决策，重在变知识为能力，重在教师和学生的双向交流。其作用表现在：培养学生解决实际问题的能力；缩短教学情境与工商企业实际情境的差距。

案例教学法的采用具备以下必要条件：一是要有好的案例素材，二是要明确教师的角色定位，三是要明确学生的任务。教师在案例讨论中要对学生进行全程指导。在讨论前的准备期，教师应事先布置案例，对分组进行必要的调整，提供不同类型的问题，对学生讨论前需要做的准备予以明确。在讨论过程中，教师需要引导讨论方向；把握讨论节奏；控制讨论过程，对学生的表现及时给予反馈、点评，启发学生进一步思考。讨论后，教师需要批改学生上交的案例作业。案例讨论中学生是主角，其在课前需要进行充分的案例准备，反复阅读案例。

### （四）角色扮演

角色扮演是在教学中由学生扮演工商企业中的不同角色，如CEO、研发总监、营销总监、财务总监等，并通过扮演感受角色的经历，加强对扮演角色的个人关注点、问题、行为和参与等方面的感受。以教师设定的初始状态为起点，通过角色扮演构建情境并获得对情境的体验。在角色扮演中，学生根据教师设定的初始条件进行角色扮演并在这个过程中对焦点问题进行分析和解决。一个参与者的决策将引发其他参与者的变化，这些参与者的决策即构成学习的情境。在构建情境的同时，参与者还会形成对情境的认知，在动态情境中通过对决策问题的分析和思考，角色扮演者将逐步加深对决策问题背后机理的理解，掌握相关知识。

### （五）模拟教学

模拟教学是应用计算机技术为学生创造一个虚拟的工商企业竞争平台，学生自愿或通过指派组成多个团队，每一个团队相当于一家虚拟工商企业，每名学生扮演不同角色的高管。各团队之间展开竞争，通过经营虚拟工商企业的过程，体验经营工商企业的酸甜苦辣。在模拟教学中，通常情况下教师设置一个竞争的初始状态，学生以组建小组的形式参与竞争。各小组的行为及其结果，构成了新时点上的情境。因此，学生在参与模拟竞争过程中既能在对情境理解的基础上构建新的情境，同时也能形成对新情境的认知，这两个环节循环往复，周而复始。通过独立思考和小组讨论，以课堂上学习过的知识为基础，学生对竞争形势进行分析并做出决策。在这一过程中加深对所学知识的理解，强化知识的学习效果。模拟教学是一种特殊的角色扮演。

### 三、情境教育的协同互补

采用单一类型的情境教学方法能够推动学生的知识学习和能力提升，综合运用各种类型则能取得更好的效果。各种类型的情境教育具有不同的特征，综合运用这些情境教学方法能够汲取各方法的精华，实现各种方法的协同互补。

工商企业实践、工商企业管理者进课堂、案例教学、角色扮演和模拟教学五种工商管理人才培养的情境教育类型，在情境构建主体、情境强度、协作交流对象、团队合作强度，以及在知识学习中的作用五方面各有其独有的特征。

#### （一）情境构建主体

情境构建主体包括学生和非学生两类。在案例解析型工商企业管理者进课堂中，情境构建主体是现实工商企业的工商企业管理者；在案例教学中，情境构建主体是教师；其他情境教育类型的构建主体都是学生。以学生为主体构建的情境建立在学生对情境体会的基础上，因此，相对于其他主体构建的情境，学生对情境具有更为深入的理解，更加有助于知识的学习。学生对情境的构建过程实质上是知识学习过程的前向延伸。

#### （二）情境强度

从工商企业实践、角色扮演和模拟教学到工商企业管理者进课堂再到案例教学，情境的强度依次减弱。在工商企业实践中，由于学生进入现实中的工商企业，对其情境能够形成十分强烈的亲身感受；在角色扮演中，由于学生需要进入角色，从所扮演的角色视角出发分析问题和解决问题，能够很好地融入其中，形成对情境的强烈感受；在模拟教学中，由于学生自己扮演工商企业各种类型的工商企业管理者进行竞争博弈，故也能形成对情境的强烈感受；在工商企业管理者进课堂中，由于能够与工商企业管理者进行面对面的交流并且能够听取工商企业管理者的讲述，也能形成强烈的情境感受；而在案例教学中，由于学生只能通过阅读的方式形成对情境的认知，其情境强度相对较弱。

#### （三）协作交流对象

在协作交流对象方面，这五种情境教学方法的协作交流对象分为学习伙伴和非学习伙伴两类。其中，学习伙伴是指学生本人、团队的其他成员、其他团队的成员，以及教师；非学习伙伴是指学习伙伴以外的其他主体，包括工商企业管理者、员工和其他利益相关者。在工商企业实践、工商企业管理者进课堂情境教学中，学生不仅能够与自己、团队其他成员、其他团队成员，以及教师进行交流与协作，而且还能与工商企业管理者、员工和其他利益相关者等非学习伙伴进行交流。而在案例教学、角色扮演和模拟教学中，学生的交流伙伴仅限于学习伙伴。

同时与学习伙伴与非学习伙伴进行交流有助于拓宽信息的来源渠道，多视角理解、分析问题，极大地深化和拓展知识的学习效果。

### （四）团队合作强度

在案例教学和模拟教学中，学生需要与其他学习伙伴进行讨论和协作，因此需要以团队合作为基础，团队合作强度高。而在工商企业实践、工商企业管理者进课堂和角色扮演中，学生多局限于自我思考，无须团队合作或者是没有条件进行合作，因此，团队合作强度较低。团队合作的开展不仅有助于培养学生团队合作意识和沟通能力，而且在团队合作过程中通过与他人的交流促进个人的思考，强化对知识的理解和应用。

交流强度与团队合作强度密切相关。对于团队合作强度高的情境教学方法，其交流强度一定高。原因在于团队合作需要以团队成员之间的交流为基础。案例教学和模拟教学两种教学方法的团队合作强度高，因此，交流强度也高。但对于团队合作强度低的情境教学方法，其交流强度不一定低。原因在于交流的模式主要分为三种类型，即合作性交流、交互性交流和竞争性交流。在工商企业实践中，由于学生需要对工商企业管理者、员工和其他利益相关者进行访谈并获得所需信息，学生与这些主体的交流属于交互性交流的范畴，因此，虽然合作强度较低，但交流强度却较高。在角色扮演中，角色扮演者需要与其他人进行谈判、共同决策或采访等，因此，需要进行竞争性交流、合作性交流或一般交互性交流，虽然团队合作强度低，但交流强度高。高交流强度的情境教学方法能够有效促进学生思考并有助于提升学生的信息能力和人际能力，即沟通能力。

### （五）在知识学习中的作用

情境教育五种类型在知识学习中的作用可分为两类，一是进行新知识的学习，二是强化知识的学习。在以新知识学习为目的的情境教学中学生基于已有的知识体系进行问题分析、思考和讨论并完成知识重构。而在以强化知识学习效果为目的的情境教学中，学生已经学习过相关知识，将使用这些知识完成情境教学过程，通过体验、思考和讨论等环节，能够深化对知识的理解，从而达到强化学习效果的目的。体验型工商企业实践、体验型工商企业管理者进课堂、案例教学和角色扮演主要用于新知识的学习，而强化型工商企业实践、解析型工商企业管理者进课堂和模拟教学则主要用于强化知识的学习效果。

由于不同类型的工商管理情境教育方法具有不同的优势，故这些方法之间能够形成协同效应。将不同类型的情境教育方法进行有机整合并运用到教学中去能够发挥"1+1>2"的效应。在课程教学前期，综合使用体验型工商企业实践、工商企业管理者进课堂、角色扮演和案例教学能够汲取各种教学方法的精华，构建一个以学生为情境构建主体，感受真实的工商企业环境，融入工商企业决策者角色，提高思考的主动性、与学习伙伴和其他各种类型非学习伙伴进行协作交流，培养团队合作和交流能力的情境教育体系。在课程教习后期，通过依次运用模拟教学和强化型工商企业实践，为学生创造一个运用所学知识进行问题识别、分析和解决的机会，从而强化对所学知识的理解。并且两者之间在情境构建主体、协作交流对象、团队合作和交流强度等方面存在互补性。

## 第四节　工商管理专业的毕业去向

从目前来看，工商管理专业的学生在毕业后将会面临四种选择：就业、保研、考研和出国。其实无论是保研、考研，还是出国，都是继续选择研究生教育；而就业则是直接走上工作岗位，开启人生的职业生涯。

### 一、研究生教育

研究生教育是学生本科毕业之后继续进行深造和学习的一种教育形式，又可分为硕士研究生教育和博士研究生教育。考生参加国家统一组织的硕士研究生入学考试（含应届本科毕业生的推荐免试和部分高等学校经教育部批准自行组织的单独入学考试），被录取后进行2~3年的学习，在毕业时，若课程学习和论文答辩均符合学位条例的规定，可获硕士生毕业证书和硕士学位证书。

#### （一）学术型硕士与专业型硕士的区别

硕士研究生又可以进一步分为学术型硕士研究生和专业型硕士研究生，这两类研究生的区别如下。

1.培养方向不同

根据中国的有关规定，普通硕士教育以培养教学和科研人才为主，授予学位的类型主要是学术型学位；而专业硕士是具有职业背景的硕士学位，为培养特定职业高层次专门人才而设置。学术型硕士偏重理论和研究，而专业型硕士主要是进入企业发展，就业更灵活，发展空间广阔。

2.招生条件不同

全日制学术型硕士、全日制专业型硕士和在职专业型硕士的招生考试均是每年的12月份统考。学术型硕士不要求报考者有一定年限的工作经历，而专业型硕士仅部分专业（管理类）要求工作经验。自2009年起，国家将部分全日制专业型硕士纳入1月统考（后调整为12月统考），与学术型硕士考试时间一致，且招生条件类似（应届生可报考）。

3.学制不同

全日制学术型硕士基本上以学习理论为主，学制一般为2~3年。全日制专业型硕士的学制同样是 2~3 年，但其中要求有不少于半年的实习期。两种类型硕士的在校主干课程基本相同，专业型硕士更强调实践学习和活动。

## （二）专业的选择

在选择攻读硕士研究生以后，学生需要根据本科阶段的学习状况，以及自己的兴趣，来选择硕士研究生的专业方向。硕士阶段的专业选择非常重要，因为相对于本科阶段来说，硕士阶段的学习更加深入而且有针对性，专业是毕业后就业或继续攻读博士学位的基础。

在确定了专业以后，相应的考试科目也就明确了。一般而言，硕士研究生入学考试会包括公共课和专业课，对于经济管理类专业而言，公共课是全国统一考试的数学（根据不同的专业会考核数学三或者数学四）和英语，专业课则由所报考院校的相关专业来自行命题。因此，在进行专业和报考院校的选择时，需要进行综合考量，才会大大提高考取的可能性。

如果是继续在本校攻读本专业的硕士研究生，那么本科阶段的学习对于备考而言就显得十分重要，可以大大降低备考中的复习工作量。如果选择了本校的其他专业或者是外校的本专业或其他专业，那么就需要更早地做好复习准备，至少在专业课方面将要投入更多的时间和精力。

## （三）推荐免试研究生

推荐免试研究生，简称"保研"，是指部分优秀本科生不经过研究生统一考试等程序，通过一个考评形式鉴定学习成绩、综合素质等，在教育部允许的名额范围内，直接由学校保送至本校或其他招生单位攻读研究生。按照国家教育部门的有关规定，推荐免试研究生一般包括发布保研办法或保研简章、准备和寄送材料、笔试面试、预录取和报名等几个阶段。

推荐免试研究生，既可以报考校内的专业，也可以报考校外专业。推免研究生夏令营是近几年各高校（特别是著名高校）抢夺优质生源的一种方式。高校利用暑假中一周左右的时间，与学生较长时间接触，包括参观实验室、介绍各导师研究方向、学术交流会等形式，通过多种方式（如笔试、面试、实验测试等）考核学生，以确定是否发放拟录取通知书，改善了以往仅靠 10 月前后的推荐免试的缺陷。因此，在大学三年级的下学期，具备推荐免试资格的同学就应该密切关注各个高校相关的推免研究生夏令营活动，同时做好多方面的准备工作，提早为自己争取到进入名校优势专业攻读硕士研究生的资格。

## （四）出国攻读硕士学位

目前，全球化的进程不断发展，对于一些同学而言，希望能走出国门，到国外的高水平大学攻读硕士学位，丰富自己的经历。

国外大学在硕士研究生的招生中一般采用申请的方式，每个学校的要求不尽相同。在申请的过程中，国外的大学不仅要参考申请者大学阶段的学习成绩、实践活动情况，而且对于英语也有较高的要求。因此，致力于到国外攻读硕士学位的同学，除了多注意搜集不同院校的信息，还要在大学阶段努力学习，取得优良的学习成绩，特别是专业课成绩；而且，还需要认真学习英语，积极备考雅思或者托福，为自己争取一个好的英语成绩。

## 二、就业

最近十几年出现了一个非常有趣的现象，一些国际知名企业的总裁、CEO等纷纷著书立说，以现身说法来介绍各自的管理经验和技巧。大量商业管理类书籍登上畅销书排行榜，这反映了社会对于高级工商管理类人才的追捧，"向管理要效益"已经成为众多企业的共识。

广义的工商管理包含的领域很多，下设的二级专业各具特色，主要包括工商管理、市场营销、财务管理、人力资源管理、旅游管理等。作为二级专业的工商管理，在就业中可以从事的领域包括运营管理、质量管理、市场营销、人力资源管理等。

### （一）工商管理专业的就业前景

工商管理专业是一门基础较宽的学科专业，学科内容范围相对比较广、系统庞杂，既涉及企业经营管理中的计划、组织、领导和控制，又涉及人员、资金和财务的管理。工商管理学学科的理论基础是经济学和管理学，知识构成跨越自然科学、人文科学的不同领域，研究对象涵盖企业经营运作中的财务管理、资金筹措、投资分析、市场营销和资源配置等各个方面。因此，在相对严峻的就业形势下，工商管理的就业方向相比会计、金融等方向性较强的专业，反而拥有更大的选择空间。有专家预测，未来五年工商管理专业的就业前景还是会被看好的。

随着第三产业的兴起，市场经济的快速发展，社会对各类管理人才的需求越来越大，例如，人力资源管理、电子商务、物流管理、旅游和酒店管理、金融管理等都需要管理科学做基础，同时也呼唤职业经理人来进行管理。而工商管理专业的目标就是要培养适应我国工商企业和经济管理部门需要的中高层次综合管理人才。

但是，很多人抱着一毕业就能进企业当管理人员的想法也是不现实的。因为卓越的管理能力是要有科学的理念和来自一线实践的支撑，实践能力需要从具体工作和实际操作中来积累。因此，学生在校期间要有意识地多接触社会和企业，利用寒暑假和课余时间，到企业进行锻炼，从基层的工作做起，积累从业经验，锻炼自己的实际操作能力，这样在求职时才会具有竞争力，也为今后从事相关工作或走上管理岗位打下良好的基础。

**（二）工商管理专业的就业选择**

1.营销管理类，如市场分析员、销售员、售后服务工程师等

市场营销岗位入行要求低、高端营销岗位收入丰厚，而且市场需求量大，每年都吸引了大量的管理专业毕业生。相对于其他专业的毕业生，工商管理专业的毕业生在与市场营销相关的市场管理，以及项目策划领域更能有出色的表现。面对激烈的行业内竞争，销售人员需要具备更为专业的素质和技能，因此需要毕业生和准毕业生能够根据自身的职业定位和兴趣爱好，选择某一个行业的某个领军公司作为切入点，深入研究其销售模式、销售渠道、促销手段，以及经典的营销案例，并且有意识地培养自己的心理承受能力和沟通能力。

2.行政管理类，如总经理办公室、行政管理、财务人员等

行政管理类工作岗位主要负责的内容是公司年度运营方案的策划及推进，运行方案实施情况的监控、评价及持续改进。此类岗位要求对公司的总体运作、竞争对手、国内外大的环境的变化等比较熟悉并具有一定的敏感度。从事该岗位主要对个人的组织能力、沟通能力，以及常用的统计分析工具有一定的要求；最好能掌握SWOT、标杆管理、企业营运等方面的知识。但是对于初入职场的应届毕业生，由于没有技术背景和管理经验，往往难以胜任。为此，很多企业会考虑安排管理专业的新员工下到基层部门接受实践锻炼，以积累进入管理层所需的经验。作为走向管理岗位的过渡期，这一阶段的工作会比较庞杂、辛苦，作为初入职场的新人，认真观察、踏实做事、不怕辛苦、注重积累，才能为日后的工作积蓄力量。

3.人力资源管理岗位，如招聘专员、绩效专员、培训专员等

一般的大中型企业内部都设有人力资源部，主管企业的招聘、员工培训、绩效考核、薪酬管理、人事调度等具体的工作。工商管理专业下设有人力资源管理方向，而且开设了如人力资源管理、组织行为学等课程，也为工商管理专业的毕业生和准毕业生开辟了一条就业渠道。

具有一定工作经验的人力资源岗位的高级管理人员比一般管理人员更容易成长为职业经理人员，因此对于致力于从事这一岗位的工商管理专业的毕业生和准毕业生，不妨多利用实习机会，尽量争取能够进入大公司的人力资源部，熟悉招聘、培训、考核等日常工作流程，以及一些简单而实用的工作技巧。

4.质量管理岗位，如质量体系工程师、供应商质量工程师、认证工程师等

一般来说，从事质量管理岗位需要具备一定的技术知识，目前国内该岗位就

业前景不错，薪资待遇也还可以。但若要真正从事这一岗位的工作，就需掌握相对丰富的知识，如质量管理体系、3C认证、全面质量管理、统计分析学、供应商管理等。因此，致力于从事质量管理岗位工作的工商管理专业毕业生和准毕业生，首先需要认真学习课程内的理论知识，同时多参加一些制造型企业的实习锻炼，不断积累经验。

5.项目管理岗位，如项目管理人员、项目经理等

项目管理是管理学的一个分支学科，所谓项目管理就是在项目活动中运用专门的知识、技能、工具和方法，使项目能够在有限资源限定条件下，实现或超过设定的需求和期望的过程。项目管理是对一些成功达成一系列目标相关的活动（如任务）的整体监测和管控，包括策划、进度计划和维护组成项目的活动的进展。因此，想要成为一名合格的项目管理人员，不仅需要掌握关于财务规划、人事管理、沟通管理、风险管理、质量、成本管理等的专业知识，还需要成为一个优秀的资源整合者，像最优秀的工程师、专家、供应商的大小老板、品质的专家、产线的专家，甚至于优秀的焊工都变成自己的人脉资源，慢慢路就会越走越宽，机会也会越来越多。

6.物流管理类岗位，如报关员、跟单员等

物流是继物资资源、人力资源之后的"第三个利润源"。物流的职能是将产品由其生产地转到消费地，从而创造地点效用。物流管理的好坏将直接影响到企业的产品、服务质量，甚至是企业整体的经济效益。

由于我国物流产业的快速发展，对人才的需求也是急剧上升，物流管理人才已经被列为12类紧缺人才之一，据统计，市场需求量超过600万人。但物流岗位又是一个很注重工作经验的岗位，需要一定的积累。

物流管理的特殊性要求从业人员具备一定的物流、法律、国际贸易等方面的专业知识，对外语的要求也比较高。对于致力于从事物流岗位工作的工商管理专业的毕业生和准毕业生，可以关注一下全国报关员和跟单员的资格认证，有助于熟悉物流流程和提高物流规划意识。

7.管理咨询类岗位，如管理咨询师

一般来说，企业在竞争激烈的环境下很难承担决策失败的风险，所以需要专业的外部独立视角来对企业的管理决策做检验，这也是管理咨询行业存在的需求基础。管理咨询师是一种职业，其价值在于其专业的独立分析判断能力，当然在具体业务中往往是管理咨询团队而非个人。

从事管理咨询工作往往需要较强的调查和分析能力，而且需要对相关行业领域有较为深刻的认识，因此本科毕业生独立从事管理咨询工作的机会相对较少。但目前已经有越来越多的本科生进入管理咨询行业，从基础的助理做起，通过参

与服务项目提升自身的能力，最终走上管理咨询师的岗位。因此，对于致力于成为管理咨询师的工商管理专业的毕业生和准毕业生，需要不断加强理论学习，而且要经常进行思维和写作锻炼。

8.培训岗位，如企业培训师、职业培训师等

培训师是指能够结合经济发展、技术进步和就业要求，研发针对新职业的培训项目，以及根据企业生产经营需要，掌握并运用现代培训理念和手段，策划开发培训项目，制订实施培训计划，并从事培训咨询和教学活动的人员。

随着改革开放，催生出大量新兴产业，行业的发展势必带动岗位人才的需求，这就促使大批在不同行业内有一定从业经验的人从原岗位升职，通过不同方式将自己的技能与经验传授给其他人，成为本行业的专职讲师，从而获得回报。

培训师在市场上主要分为两类：企业培训师和职业培训师。对于致力于成为培训师的工商管理专业的毕业生和准毕业生，大家需要在特定专长领域内不断学习研究；而且随着经验的积累，能够根据不同行业、公司的培训需求，有针对性地进行培训课程的开发和调整；最后就是要能够灵活运用各种培训方法和培训工具，讲授培训课程，实现培训目标。

# 第九章　企业战略管理创新发展研究

## 第一节　战略管理

### 一、战略管理的产生和发展

#### （一）战略管理的萌芽阶段

战略管理作为一个重要的管理学研究领域，萌芽于20世纪初。在此时期，虽未出现系统的战略理论，但是已经出现了不同的战略思想。管理过程学派创始人法约尔在20世纪初对企业内部的管理活动进行整合，提出了六大类工业企业活动，即技术活动、商业活动、财务活动、安全活动、会计活动和管理活动，并提出了管理的五项职能：计划、组织、指挥、协调和控制，其中计划职能是企业管理的首要职能。这是最早出现的企业战略思想。

之后，系统组织理论创始人切斯特·巴纳德于1938年在《经理人员的职能》一书中，首次将组织理论从管理理论和战略理论中分离出来，认为管理和战略主要是与领导人有关的工作。此外，他还提出管理工作的重点在于创造组织的效率，其他的管理工作则应注重组织的效能，即如何使企业组织与环境相适应。这种关于组织与环境相"匹配"的主张成为现代战略分析方法的基础。

肯尼斯·安德鲁斯的经典著作《公司战略概念》一书为战略提供了最初的分析框架。他将战略划分为四个构成要素，即市场机会、公司实力、个人价值观和渴望、社会责任。其中市场机会和社会责任是外部环境因素，公司实力与个人价值观和渴望则是企业内部因素。他还主张公司应通过更好的资源配置，形成独特的能力，以获取竞争优势。

### （二）战略管理的形成阶段

20世纪60年代初，美国著名管理学家钱德勒的《战略与结构：工业企业史的考证》一书出版，首次引入了企业战略问题的研究，并提出了"结构追随战略"的论点。他认为组织结构必须适应企业战略的变化，而企业战略又应当与外部环境相适应，从而确立了"环境—战略—结构"这一开创性的战略理论分析方法。此后，很多学者积极参与企业战略理论的研究，逐渐形成战略管理的十大学派，这些学派从不同角度或维度对战略管理提出自己的主张。其中，以"设计学派"和"计划学派"最具代表性。

设计学派以美国哈佛商学院的安德鲁斯教授为代表，将战略结构区分为两大部分：制定与实施。制定过程采用SWOT分析法，通过一种模式，将企业的目标、方针、经营活动及环境结合起来。设计学派认为，在制定战略的过程中要分析企业的优势与劣势、环境所带来的机会与造成的威胁；主要的领导人员应是战略制定的设计师，并且还必须督导战略的实施；战略应该是清晰的、易于理解和传达的。

计划学派几乎与设计学派同时产生，计划学派以安索夫为代表。安索夫在1965年出版的《公司战略》一书中首次提出了"企业战略"这一概念，"战略"一词随后在理论和实践中广泛运用。1979年安索夫出版《战略管理》，系统提出战略管理八大要素：外部环境、战略预算、战略动力、管理能力、权力、权力结构、战略领导、战略行为。计划学派认为，战略构造应是一个有控制、有意识的正式计划过程；企业的高层管理者负责计划的全过程，而具体制订和实施计划的人员必须对高层负责；通过目标、项目和预算的分解来实施所制订的战略计划；等等。

### （三）战略管理的发展阶段

从20世纪80年代开始，战略管理研究进入繁荣时期。这个阶段战略管理理论有两个主要进展：一是以哈佛大学商学院的迈克尔·波特为代表的定位学派；二是以普拉哈拉德和哈默为代表的资源基础学派。

定位学派认为，企业在制定战略的过程中必须做好两个方面的工作：一是企业所处行业的结构分析；二是企业在行业内相对竞争地位的分析。定位学派将战略分析的重点第一次由企业转向了行业，强调了企业外部环境，尤其是行业特点和结构因素对企业投资收益率的影响，并提供了诸如五种竞争力模型（供应商、购买者、当前竞争对手、替代产品厂商和行业潜在进入者）、行业吸引力矩阵、价值链分析等一系列分析技巧，帮助企业选择行业并制定符合行业特点的竞争战略。

随着战略管理研究的不断深入，学者们逐渐发现纯粹的战略定位观已无法满足战略实践的需要，尤其是对于相同行业中采取相同战略，其绩效却迥然不同的企业，这时从企业内部寻找竞争优势来源的资源基础观逐渐成为新的战略逻辑。伯格·沃纳菲尔特发表的《企业的资源基础论》标志着资源基础理论的诞生。资源基础学派认为，企业战略的主要内容是如何培育企业独特的战略资源，以及如何培育最大限度地优化资源配置的能力，它强调要素市场的不完全性，认为不可模仿、难以复制、非完全转移的独特资源是企业获得持续竞争优势的源泉。

**（四）战略管理的前沿**

20世纪90年代以前的企业战略管理理论，大多建立在竞争的基础上，侧重于讨论竞争及竞争优势。随着信息技术和网络技术的广泛使用，企业面临的竞争环境更加富于变化和难以预测。在新的形势下，企业逐渐认识到，企业战略的目的不是仅仅保持优势，而是不断地创造新优势，企业必须超越以竞争对手为中心的战略逻辑。在此背景下涌现出一系列新的战略理论。

1.集群竞争战略

20世纪90年代以来，有关集群的研究成为经济学、地理学、管理学和社会学的焦点。波特于1990年在《国家竞争优势》中提出集群的概念后，在1998年又发表了《产业集群与竞争》，在该文中波特肯定了企业集群对维持企业竞争优势的重要性。他认为，在一定的地理位置上集中的相互关联的企业，以及相关机构，可以使企业享受集群带来的规模经济和好处，也可以保持自身行动的敏捷性。

2.蓝海战略

2005年由钱·金和勒妮·莫博涅合著的《蓝海战略》一书引起极大反响。蓝海战略要求企业突破传统的血腥竞争所形成的"红海"，拓展新的非竞争性的市场空间。与已有的，通常呈收缩趋势的竞争市场需求不同，蓝海战略考虑的是如何创造需求，突破竞争。目标是在当前的已知市场空间的"红海"竞争之外，构筑系统性、可操作的蓝海战略，并加以执行。只有这样，企业才能实现机会的最大化和风险的最小化，赢得真正的竞争优势。进入21世纪以来，战略管理有了诸多新的发展，推动了战略管理理论的不断创新，主要有企业战略国际化、技术创新战略等理论。

## 二、战略管理的主要内容

**（一）战略管理的基本框架**

企业战略管理是确定企业使命，根据企业外部环境和内部经营要素确定企业目标，保证目标的正确落实并使企业使命最终得以实现的一个动态过程。一般来说，战略管理的基本框架如图9-1所示。

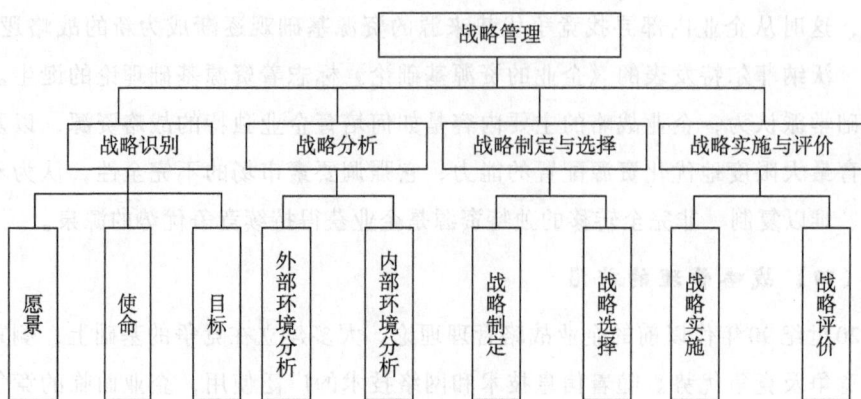

图 9-1　战略管理的基本框架

### （二）战略识别

战略管理的首要任务是确立战略方向，包括制定企业的愿景、使命与目标。企业愿景是对企业使命和未来理想状态的一种精简描述，它为企业战略的制定提供了背景框架，是企业自身的一种定位。企业愿景的陈述具有前瞻性、开创性特征，是就企业未来发展前景达成的共识，反映了企业的价值观和期望，是对"我们希望成为怎样的企业"的一种持续性回答。企业愿景具有指引战略实施、凝聚员工、提高组织绩效等作用。

企业使命是对企业在社会中的经济身份或角色的表示，它是对企业存在的价值和意义的概括说明。企业使命描述了企业的愿景、共享的价值观、信念，以及存在的原因，通常会载入企业的政策手册和年度报告中。它是企业管理者确定企业发展的总方向、总目的、总特征和总的指导思想。它反映了企业的价值观和企业力图树立的形象，揭示出企业与其他企业总体上的差异。一般来说，绝大多数企业的使命是高度概括和抽象的，企业使命不是企业经营活动具体结果的表述，而是企业开展活动的方向、原则和哲学。

企业目标是指企业通过一段时期的战略行动而达到的具体结果，它是对企业使命的进一步细化和分解，是对企业生产经营管理活动全局的筹划和指导。企业目标是对企业战略的一种定位，是企业战略的核心，表明了企业战略的指向。

### （三）战略分析

通过战略识别确定企业目标之后，要进一步展开对外部环境和内部环境的分析，以便及时对战略做出判断。

企业通过外部环境分析，对行业环境做出判断，预测行业未来的发展态势；对产业结构进行分析，掌握产业当前的竞争局势。外部环境分析主要包括：（1）宏观环境，主要由政治（political）、经济（economic）、社会（social）和技术

(technological) 因素相互影响而成，因此，宏观环境分析又简称为PEST分析。宏观环境分析的意义，在于如何确认和评价政治法律、经济、科技及文化因素对企业战略目标和战略选择的影响。（2）行业环境分析，是指对行业的性质、竞争者、供应商、消费者进行分析。行业环境分析的目的在于弄清行业的总体情况，把握行业中企业的竞争格局，以及本行业和其他行业的关系，有效地发现行业环境中存在的威胁，努力寻找企业发展的机会，从而选择自己希望进入的行业，以及在行业中所处的地位。（3）竞争者分析，包括竞争者的确定、竞争者的战略目标分析、竞争者的现行战略分析、竞争者的假设及能力分析。

企业内部环境，是指企业能够控制的内部因素。内部环境是企业进行生产经营活动的基础，内部环境虽然包含很多内容，但是最根本的是企业的资源与能力，企业战略的制定和实施必须建立在现有的资源和能力上。资源是指企业所拥有或控制的、能够为顾客创造价值和实现企业自身战略目标的各种要素禀赋。进行企业资源分析就是系统地分析企业资源在数量和质量两个方面的构成及配置情况，其意义在于发现企业在资源获取和利用上的优势和劣势。相较于资源而言，企业能力是指企业通过整合资源实现企业价值增值的技能。进行企业能力分析旨在对企业关键性能力进行识别，以及对关键性能力在竞争表现上的分析，主要从生产能力、营销能力、研发能力、管理水平、业务能力等方面进行分析。

此外，在内部环境分析时，需要掌握一些基本的方法，主要有SWOT分析法、价值链分析法和投资组合分析法。这些方法帮助我们清晰地了解企业内部情况，从而为下一步战略制定打下基础。

### （四）战略制定与选择

战略制定是战略活动的起点。企业战略制定是在分析企业内外部环境的基础上，认清企业面临的威胁与机遇，明确自身优势与劣势，根据企业发展要求和经营目标，依据机遇和机会，列出所有可能达到的战略方案；之后评价和比较战略方案。企业根据股东及相关利益团体的期望和要求，确定战略方案评价标准，并依据标准比较各种可行战略方案；在评价和比较的基础上，企业选择一个最为满意的方案作为正式方案。

战略决策者在面临多个可行方案时，往往很难做出决断。在这种情况下，影响战略选择的因素很多，其中，较为重要的包括以下几点：（1）过去战略的影响；（2）企业对外界的依赖程度；（3）对待风险的态度；（4）竞争者的反应；（5）文化因素；（6）政治法律因素。

### （五）战略实施与评价

战略实施是指将企业制定的战略方案付诸行动。企业在弄清了所处内部环境和外部环境之后，根据企业的使命和宗旨制定了实现战略目标的战略方案，然后专注于将战略方案转化为具体行动。战略的实施是一个自上而下的动态管理过程。自上而下主要指在公司高层制定了战略目标后，在各层级梯次传达的过程。在这个梯次传达执行的过程中，各部门分工和执行各自的工作内容。

战略评价主要是指评估企业经营计划的执行情况，监控企业内部环境和外部环境的变化，考察企业的战略基础，以保证企业可以快速应对环境的变化和防范风险的发生。战略评价主要包括以下三项基本活动：（1）考察企业的战略基础。企业的战略是在对内部环境和外部环境分析的基础上做出的选择，战略基础是对企业内部环境和外部环境的界定。如果战略基础发生变化，那么原有战略基础上制定的企业战略就会失去有效性。（2）比较预期业绩与实际业绩。企业比较预期业绩与实际业绩的差异，可以解决两个方面的问题：一是战略实施的实际业绩如何，是否发生偏差；二是发现战略基础发生变化造成的影响。（3）分析偏差的原因及应采取的对策。其重点在于判断偏差产生的原因。

## 第二节 创新管理

### 一、创新管理概念的产生和发展

#### （一）创新管理概念的形成阶段

创新管理是社会组织为达到科技进步的目的，适应外部环境和内部条件的发展变化而实施的管理活动。20世纪上半叶是创新管理理论的形成时期，创新管理理论的研究范围在扩大，对社会的影响也逐渐扩展。最早论述创新管理的学者当推著名的经济学家约瑟夫·熊彼特。

约瑟夫·熊彼特于1912年出版了其名著《经济发展理论》。在书中，他首先确定了创新的含义，将创新这个概念纳入经济发展理论，论证了创新在经济发展过程中的重大作用。熊彼特认为，创新是把一种从来没有过的关于生产要素和生产条件的"新组合"引入生产体系。这种新组合包括五种情况：（1）采用一种新产品或一种产品的新特征；（2）采用一种新的生产方法；（3）开辟一个新市场；（4）掠取或控制原材料或半制成品的一种新的供应来源；（5）实现任何一种工业的新的组织。因此，创新不是一个技术概念，而是一个经济概念；创新不仅包括产品创新、技术创新，还包括市场创新、资源配置创新和组织创新。

熊彼特的创新概念与创新思想独树一帜，令人耳目一新，因而也使创新本身引起人们的重视，这是熊彼特的最大贡献。创新管理概念由此形成。

### （二）创新管理概念的发展和完善阶段

熊彼特之后涉及创新管理的人士和学派，主要是以科斯教授为首的新制度经济学派。科斯于1937年发表了一篇被认为是新制度经济学奠基之作的论文——《论企业的性质》。在这篇论文中，科斯教授回答了他自己一直迷惑不解的问题：企业的起源或纵向一体化的原因。科斯教授提出了"交易费用"的概念，认为市场交易是有成本的，这一成本就叫作交易费用，企业的生产和存在是为了节约市场交易费用，即用费用较低的企业内交易代替费用较高的市场交易。企业规模大小则取决于企业内交易的边际费用等于市场交易的边际费用或等于其他企业内部交易的边际费用的那一点上；而相继生产阶段或相继产业之间是订立长期合同，还是实行纵向一体化，则取决于两种形式的交易费用孰高孰低。交易费用揭示了企业与市场机制之间存在替代关系，为我们提供了观察企业产生发展及创新的新视角，而这恰恰是传统经济学与传统管理学所不具备的视野。

科斯教授的追随者威廉姆森进一步发展了科斯的思想与观点，提出企业或公司的形成与发展是追求节约交易费用的组织创新结果。在威廉姆森的理论中，组织创新可以节约交易费用，而组织创新的原动力又在于追求交易费用的节约。因此，他认为组织创新的方向和原则则有三条：（1）资产专用性原则。组织中资产专用性程度越高，组织取代市场所节约的交易费用越大。（2）外部性内在化原则。外部性越强，交易费用越高，因此组织创新的方向与原则之一应将外部性尽量内部化，从而使外部性降低，节约交易费用。（3）等级分解原则。在组织创新的过程中，组织结构及相应的决策权力和责任应进行分解，并落实到每个便于操作的组织的各个基层单位，从而有助于防范"道德风险"，进一步节约交易费用和组织运作成本。由此可见，新制度经济学派虽然未能直接论述创新管理问题，但他们在回答企业组织的产生与发展原因时所提出的组织创新概念本身已经涉及了创新管理这一命题。

小艾尔弗雷德·钱德勒在其《看得见的手——美国企业的管理革命》一书中阐述了创新管理的概念。他指出，随着资本密集型工业的出现，企业为了节约交易成本出现了纵向一体化的大型企业。大公司是把大量生产过程和分配过程集中于一个单一的公司之内形成。大公司出现之后，管理的复杂化程度提高，从而推动了经理阶层职业化和管理方式科层制，这就是人类历史上最伟大的一次创新管理。

## 二、创新管理的特点与学习意义

### （一）创新管理的特点

创新管理以组织结构和体制上的创新确保了整个组织采用新技术、新设备、新物质、新方法成为可能。创新管理具有以下特点。

### 1.创新管理的紧迫性

企业宏观生存环境和市场竞争环境的变化比以往更快、范围更广泛，对企业管理创新活动的要求也更加紧迫，不变革就意味着在市场竞争中消亡。德鲁克指出："我们无法驾驭变革，我们只能走在变革之前。"如果企业在创新管理上没有空前的紧迫感，就只能永远跟在别人后边跑，直至被淘汰出局。

### 2.创新管理的决定性作用

在知识经济时代，人的智慧资本和企业的无形资产在产品与服务中的比重越来越大，诸如互联网经济、娱乐经济、眼球经济、色彩经济等新型经济形式已经越来越受到人们的关注和重视，知识经济在一个国家国民经济中的比重也越来越大。在市场竞争中，只有不断创新的企业和附加值高的产品才能在竞争中取胜。如果说以往创新决定着一个企业是否比别人跑得更快，那么今天创新则决定着一个企业的生死存亡。

### 3.创新管理的广泛性

过去的创新主要集中体现在技术创新和产品创新领域，而在今天，企业的创新几乎涵盖企业的一切经营管理活动，尤其是在商业模式、营销活动、企业组织、运营流程、企业文化等方面，都是传统的创新活动几乎没有关注到的领域，而这些领域的创新又恰恰是当今企业价值创新系统中最为关键的薄弱环节。现在很多企业苦于没有足够的资金和人员，以支持对新产品和新技术的开发创新；而另一些取得非凡成功和超常规发展的企业，仅靠改变一下模式、改进一个流程、改进一点服务，甚至改变一种想法，就可以在竞争中取胜。

### 4.创新管理的不确定性

改革开放以来，我们努力学习国外的先进管理经验，当我们现在感觉刚刚明白了一些道理、掌握了一些规律的时候，大师们又毫无预警地告诉我们，现在又进入了一个什么都说不准的"不确定性时代"。那些预测事物发展变化的方法有可能会在今天变得无效，就连过去信奉多年的顾客市场细分方法也受到了前所未有的挑战：只关注顾客群体的需求是不对的，更大的商机也许就潜藏在人数更多的"非顾客群体"的需求之中。可见，经营环境和市场的不确定性，对企业的创新管理活动提出了更高的要求：一方面，企业需要突破传统的思维方式，积极拓展开放式经营，大胆进行破坏性创新；另一方面，企业需要加强对创新管理活动的风险评估和管理，尽可能减少意外的风险和损失。这对企业来说，无疑是一道高难度的智力题，考验着每一个企业家的创新灵感和经营智慧。

### （二）创新管理的学习意义

著名管理学家德鲁克曾说过，现代企业最重要的职能只有两个：一个是创新，另一个就是营销。对企业而言，创新管理是其自身生存发展的需要。经济全球化是当今世界经济发展的特征，各国经济通过商贸往来相互联系、相互依存、相互融合。现代资源、技术、信息、人才和商品在全球范围内流动，企业竞争日趋激烈。市场经济的法则是优胜劣汰。企业在竞争中要想占据优势地位，不断创新，提升管理水平是其唯一的选择。

学习创新管理，有助于增强企业市场竞争力。企业研究和运用创新管理原理，了解企业所处阶段，分析市场环境，制定和实施有效的创新管理策略，将有助于企业的经营管理和运行机制更加规范合理，实现人、财、物等资源的有效配置，保证和促进其自身的生存和发展。

## 三、创新管理的主要内容

创新管理是指企业在其现有资源的基础上，发挥人的积极性和创造性，通过一种新的或更经济的方式来整合企业的资源。创新管理的内容主要包括制度创新、组织创新、管理创新、技术创新和市场创新。

### （一）制度创新

制度创新包括制度创新与变迁、企业产权制度重构等内容。制度创新与变迁包括制度创新的动因与一般过程、制度变迁的路径绩效与种类等内容。其中，制度创新的推动因素包括国家偏好、市场规模、生产技术、意识形态。

企业产权制度重构是一种制度性的产权关系调整，尤其是对国有企业来说，其产权关系须向现代企业产权制度转变。国有企业产权制度调整要从两方面入手：第一，通过产权重构，实现政资分离，解决产权不明的问题；第二，通过建立现代公司管理结构，实现政企分开，解决法人财产权的所属问题。这两方面目标的实现依赖以产权革命为核心的企业制度创新。产权革命的目的是要实现企业产权关系及产权责任明晰化、人格化、市场化、法律化，并通过法人治理结构予以有效运作。现代企业制度创新的运作机制主要包括两点：一是现代企业制度创新中利益关系的调整；二是制度创新中利益主体间的博弈。

### （二）组织创新

组织创新是指对实现企业目标的各种要素和人们在工作过程中的相互关系进行组合配置，产生有助于创新活动的组织结构。现代创新型企业必须从根本上改革企业的组织结构，使之成为面向顾客的流程化组织形式，更快、更有效率地将创新孵化成可制造、有商业价值的产品。

组织创新是一个系统过程，实践表明：成功的组织创新需要遵循科学的创新程序。组织创新可以按以下程序进行：认识变革的力量及需要；明辨问题；确定组织创新的内容；认识限制条件；确定解决问题的方法；实施变革计划；检查变革结果，进行反馈；找出以后改进的途径。然后再按上述步骤循环进行，每次循环都要有所改进和提高，以便组织不断地得到完善。

## （三）管理创新

管理创新是指用新的、更有效的方式方法来整合组织资源，以期更有效率地实现组织的目标与责任。管理创新包括管理创新的动因、管理创新的主体、管理创新的方法等。

管理创新的动因是指管理创新主体的内在动力，是创新行为发生和持续的主要原因。创新主体的创新动因并不是单一的，而是多元的，这既与创新主体的价值取向有关，也与企业的文化背景有关。一般而言，管理创新的动因包括：创新心理需求、成就感、经济性动机、责任心。管理创新的主体包括企业家、管理者、企业员工。管理创新的方法是通过探讨影响创新的环境因素来帮助管理者激发创新，一般包括组织结构、文化和人力资源三类要素。

## （四）技术创新

技术创新是指新的技术在生产等领域里的成功应用，包括对现有技术要素进行重新组合而形成新的生产能力的活动。技术创新是一个全过程的概念，既包括新发明、新创造的研究和形成过程，也包括新发明的应用和实施过程，还应包括新技术的商品化、产业化的扩散过程，也就是新技术成果商业化的全过程。技术创新包括技术创新的战略类型、技术创新的模式、技术创新的动力机制、技术创新的扩散机制等内容。

1.技术创新的战略类型

技术创新的战略类型大致具有两种分类方式：一是按照企业在所在产业技术创新中的地位划分；二是按照企业技术创新的源泉划分。按照企业在所在产业技术创新中的地位划分，现代企业可以选择三种类型的技术创新战略类型：主导型、跟随型、模仿型。按照企业技术创新的源泉划分，企业的技术创新战略也可以分为三类：独立研究开发型、技术引进型、引进与创新相结合型。

2.技术创新的模式

技术创新的模式包括率先创新与模仿创新两种。率先创新是指一个企业领先于其他企业首次将某项科学发明成果市场化，并获得相应的经济利益；模仿创新则是指企业学习率先创新企业的成果和经营行为，并在此基础上加以不同程度的改进与创造，向市场提供相应的产品，并获取收益的创新活动。

3.技术创新的动力机制

技术创新的动力来源有三种模式：一是技术推进模式。按照这一模式，技术创新是由技术发展的推动作用而产生的，科学技术上的重大突破是技术创新的原动力，是驱使技术创新活动得以产生和开展的根本动因。二是市场需求拉引模式。这一模式强调了研究分析市场机会对于企业的重要性。通常因市场需求而导致的技术创新大多都是产品创新和工艺创新，创新周期较短。相对技术推进模式而言，企业对市场需求的变化反应更为敏感，因为市场需求为企业提供的创新目标更为明确一些。三是技术推进和市场需求拉引的综合作用模式。这种模式认为，现代技术创新是一个复杂的过程，不可能明确界定某一个因素是创新活动唯一的或最基本的决定因素。

4.技术创新的扩散机制

技术创新的扩散是指技术创新通过一定渠道在潜在使用者之间的传播采用过程。技术创新的扩散效益包括：技术扩散是延长产品生命周期的有效途径；技术扩散也是企业分散风险的有效途径；技术扩散还有助于形成"创新、转让、再创新"的良性循环。

### （五）市场创新

市场创新是指企业从微观角度促进市场产生的变动和市场机制的创造，以及伴随新产品的开发对新市场开拓、占领，从而满足新需求的行为。市场创新包括市场优势创造、市场障碍与突破、市场营销创新等内容。

1.市场优势创造

市场优势能为企业带来良好的发展，要在动态条件下保持市场优势需要做到以下两点：一是适应外部条件的变化，保持创业者精神；二是强化企业内部系统，防止被模仿。

2.市场障碍与突破

市场障碍是指阻碍市场有序运行的问题、矛盾和摩擦。市场障碍包括时间上的障碍、空间上的障碍、生产能力的障碍，以及竞争不断升级的障碍。当企业市场存在障碍时，要想办法突破这些障碍。突破障碍的途径包括从整体营销中突破障碍、针对竞争对手克服市场障碍，以及为他人树立难以突破的障碍。

3.市场营销创新

市场营销创新是指根据市场营销环境的变化情况，并结合企业自身的资源条件和经营实力，寻求营销要素在某一方面或某一系列的突破或变革的过程。在这个过程中，并非要求一定要有创造发明，只要能够适应环境，赢得消费者的心理且不触犯法律法规和通行惯例，同时能被企业所接受，那么这种市场营销创新就是成功的。

# 第三节 企业战略管理的创新发展

随着知识经济时代的到来，知识已经成为企业最具战略性的资源和资产，成为企业核心竞争力的决定性因素。知识管理是对知识的获取、创造、共享、整合、记录、存取和更新的过程，也是对知识的创造、应用和规划管理的过程。面对日益激烈的市场竞争，创新的速度明显加快。企业要发展，就要创新战略管理，突破传统的管理理念和方法，以知识创新推动企业战略管理的发展，通过不断获取新知识，以新知识为媒介，为企业创造新的价值。要以适应知识经济时代发展的知识管理战略，促进企业战略管理创新发展的实现。

## 一、当前企业战略管理的现状分析

知识经济时代的发展使得企业生存的外部环境复杂多变，传统的企业战略管理已经无法获得生存和发展，而其主要原因有如下几点。

### （一）传统的战略管理理念缺乏科学性，管理方式过于线性化

在传统的企业战略管理形式中，企业战略管理的过程相对简单、理性和僵化，相对极端的管理方法不能及时地解决企业内部复杂的外部环境和突发的变化所带来的矛盾。在传统的企业战略管理中，管理思路和管理模式呈现出一种机械化的状态，其对企业发展的环境、知识文化的传递和员工的激励作用有限。

环境变化是影响企业战略管理的主要因素，预见环境的变化性与复杂性是企业战略管理的主要内容，而传统的企业战略管理却未能意识到这一点，其研究的重点仅仅是环境变化所带来的后果，这种单一性的分析令企业的战略管理理论的自我完善速度减慢，令企业的战略管理理念缺乏一定的科学根基和说服动力。

### （二）传统的战略管理仅注重显性知识，忽视隐性知识的重要性

在传统的企业战略管理中，对知识管理的认识较为狭隘，企业内显性知识以其鲜明的特点而备受关注，并逐渐成为企业战略管理的基础。然而，隐性知识由于其隐蔽性而被忽视和忽视，它被视为与显性知识具有相同的性质，存在于企业的内外部环境中，也被认为是可以转移、沟通和共享的。这种传统的、落后的、错误的知识观，使得企业的战略管理无法显示成效、取得成果，使得企业的战略，以及战略管理的方法和框架无法实现创新优化。

### （三）传统的战略管理将管理的核心归结在企业的竞争上

知识经济的盛行及其不断发展，使得知识开始取代传统的生产要素，传统企业战略管理中以竞争为中心的管理已无法满足企业发展的需要。在知识经济形势

下，企业管理已经转移了管理的核心，已经从以竞争为核心的管理形式转变为以知识的交换转移和沟通共享，企业管理的发展将依赖于知识的生产和创新。

## 二、企业战略管理与知识管理之间的关系

在知识经济时代，企业战略管理与知识管理密切相关。企业战略管理需要在知识运作的基础上进行，在知识创新的基础上发展。企业的经营和发展是一个知识生产、储存、传递和应用的动态过程，是一个包含企业所有经营活动的复杂系统过程。

### （一）企业战略管理的本质是知识的进化过程

从传统经济学的角度来看，影响企业发展的因素是外部环境的变化和竞争的刺激。然而，企业的发展不仅在于外部环境的变化，更在于内部管理思想和管理方法的转变。企业战略管理思维与管理模式的研究实际上是一个知识生成与积累的动态过程，是一个知识创造、认知与肯定的动态过程，是一个内部资源与外部竞争力相互整合与匹配的动态过程。

### （二）企业战略管理思维逻辑是知识的创新过程

企业战略管理主要表现为企业战略管理思维的适应性、创新性和演化性，是一种创新的、创造性的思维逻辑形式。在某种程度上，战略管理的思维逻辑和战略理论的发展过程趋于一致。战略逻辑思维的发展是基于企业现有的知识结构，是在周边松散的知识结构基础上进行的创新发展过程。企业战略管理计划的制定和实施在知识积累和管理的过程中得到优化和完善。

## 三、以知识管理支撑企业战略管理创新发展的有效策略

21世纪，企业的成功越来越离不开企业所拥有的知识质量。如何利用企业所拥有的知识创造和保持竞争优势，一直是企业面临的挑战。知识管理对企业的长远发展至关重要，是企业战略管理创新发展的根本，是企业获得竞争优势的基础。知识管理视角下企业战略管理的创新与发展，是对企业环境复杂性和可变性的适应要求，是企业做出正确决策和应对市场变化的基础，是企业重新确定竞争优势的动力，是企业不断发展壮大的不竭动力。

### （一）以知识管理实现企业战略思想的创新

知识管理是企业知识创新的基础过程，是以创新知识推动企业发展的系统循环过程，是重新定义和构建企业战略思想的重要内容。在企业战略管理的创新与发展中，持续的知识创新是企业可持续发展的动力，从知识形态的角度看，知识创新是企业显性知识与隐性知识的转化过程。作为企业，有必要将企业发展中客

观、有形的显性知识进行梳理，使其以清晰、完整的状态传递给员工；对于复杂、隐性的隐性知识，企业可以采取人性化的策略进行传播和共享，从而促进企业知识的社会化。

企业要处理好显性知识与隐性知识之间的转化关系与过程，要将隐性知识外化为显性知识，要将显性知识内化为隐性知识，要将显性知识与隐性知识进行合并积累，要对纷杂的知识内容进行系统的规划与总结，并将归结的知识体系融入于企业战略管理思想之中，要摒除以竞争为核心的传统观念，树立以知识管理为核心的战略思想，以知识管理的理论基础实现企业战略管理思想的创新性研究，实现战略管理思想及时转变。

### （二）以知识管理实现企业战略制定的创新

以知识管理为导向的企业战略制定是系统行为的交互式动态过程，是企业全体员工共同参与的知识创新过程。在知识经济环境下，企业管理战略的制定要以企业知识的理性分析为基础，要从全局、最大化企业价值的角度对企业内外知识进行管理，要对有价值的知识进行收集、整理和统一分类，并将这些知识资源作为企业创新管理决策的依据，作为企业战略创新制定的源泉。作为企业的领导者，要对企业的内外部环境进行系统性的分析，要根据企业的特定需求进行企业知识中显性知识与隐性知识的分析与归纳，要用实效性的观点看待企业知识，要注重企业知识的外部引进与内化吸收，以此挖掘出对企业发展和战略制定有价值的知识。企业还要根据企业内外部环境进行不断地调整，在调整的过程中及时进行知识缺口的补充和管理，以知识缺口发现企业战略管理中的阻碍因素，并以理性的分析实现企业战略制定的有效创新。

### （三）以知识管理实现企业战略实施的创新

以知识管理为导向进行企业战略实施，就需要企业以智能化的方式进行知识管理，需要将信息系统和数据挖掘技术融入企业的知识管理之中，要利用技术进行企业显性知识与隐性知识的深入挖掘，以技术形式应对知识的多变性、复杂性与分散性，以此实现企业知识的创新管理。作为企业，要对企业知识采取内部创新与外部引进相结合的策略，要以各种有效的方式引导内部员工积极主动地参与组织学习，以学习提升员工的工作态度和文化水平；企业还要充分信任内部员工，以信任提高员工知识转移的能力，实现个体资本递升为组织资本，实现隐性知识向显性知识的过渡；企业还要注重外部人员的引进，要以薪酬与福利吸引外来员工的加入，将新员工、新知识作为弥补和建立企业竞争优势的关键，以新员工、新知识作为企业知识创新的基础，以此完善企业行为主体的知识管理和员工的行为机制，以此实现企业战略的顺利沟通与实施。

　　综上所述，在知识经济蓬勃发展的环境下，以知识管理为指导，提升企业综合实力已成为企业战略管理的核心和关键。作为企业，有必要充分认识到企业知识管理在企业战略管理中的重要地位，评估企业战略管理的现状，确定企业知识管理的正确方向，规划知识管理的复杂过程。只有将知识管理充分融入企业战略管理，只有将显性知识与隐性知识有效整合，只有将企业外部知识与内部知识有机整合，只有将企业知识与员工知识相统一，才能促进企业战略管理的创新与发展。

# 第十章　工商企业文化研究

在企业界，人们常常会看到这样一种现象，有些工商企业能够办成百年老字号，长盛不衰，始终保持旺盛的生命力，而有些工商企业只有较短的寿命，昙花一现后，就销声匿迹了。就连那些借助政策优势、市场机遇一夜成名的大型工商企业也逃脱不了这样的命运。据美国《财富》杂志统计：1970年名列世界500强排行榜的大公司，到了20世纪80年代已有160家销声匿迹，淘汰率高达三分之一。为查找这些工商企业衰落的原因，西方工商企业管理学界进行了认真的研究，发现这些工商企业都有一个共同特点：缺乏内动力、没有先进的工商企业文化。

## 第一节　工商企业文化与工商企业文化管理

### 一、工商企业文化的定义

美国学者赫尔雷格尔（Hellriegel）于1992年给出的定义是：工商企业文化是企业成员共有的哲学、意识形态、价值观、信仰、假定、期望态度和道德规范。清华大学教授、著名经济学家魏杰先生在其所著的《企业文化塑造》一书中给工商企业文化的定义是：所谓工商企业文化就是企业信奉并付诸实践的价值理念，也就是说，工商企业信奉和倡导并在实践中真正实行的价值理念就是工商企业文化。

沙因在《组织文化与领导》中提出一个基本假设——学术只能解释世界，不能改变世界。沙因的研究，并不是努力去创建一种新的组织文化，也不是谆谆教导经理人怎样运用文化手段，而是在组织的现实行为中发现人们没有意识到的假设，并给出符合逻辑的文化解释。从这种解释中，人们可以发现组织文化的演变内在元素和发展趋势，可以使自己对文化的认知从无意识到有意识，甚至可以对文化的先进与落后、有利与不利做出更准确的判断。但是，不可能因此而去大刀阔斧地改造文化，也不可能像捏面团似的去新建一个文化。

工商企业文化就是工商企业在其形成和发展的过程中，在与周围环境的适应过程中形成的，并被组织成员普遍认可的精神、观念、心理、习惯等行为规范的总和。工商企业文化是一个给定的工商企业在其应对外部适应性和内部一体化问题的过程中，创造、发现和发展的，被证明是行之有效的，并用来教育企业员工正确地认识、思考和感受上述问题的基本假定。也就是说，工商企业文化是组织在生产经营活动中长期形成的工商企业管理的文化氛围，是企业员工认同的核心价值观指导下的企业管理行为和员工的工作习惯。哈佛大学的特伦斯·迪尔教授和麦肯锡咨询公司顾问阿伦·肯尼迪在1982年7月出版的《公司文化——公司生活的礼节和仪式》一书中，提出构成组织文化的要素有五项。

（1）组织环境——对组织文化的形成和影响最大，是决定组织成败的关键因素。

（2）价值观——组织的基本思想和信念，它们本身就形成了组织文化的核心。

（3）英雄人物——把组织的价值观人格化且本身为员工们提供了具体的楷模。

（4）礼节和礼仪——组织日常生活中的惯例和常规。向员工们表明对他们所期望的行为模式。

（5）文化网络——组织内部的主要（但非正式的）交际手段，是组织价值观和英雄人物传奇故事的"运载工具"。

## 二、工商企业文化的内涵

工商企业文化的内涵一般来说有以下五个方面。

### （一）工商企业文化从形式上看是属于思想范畴的概念

工商企业文化属于人的思想范畴，是人的价值理念。这种价值理念是和社会道德属于同一范畴的。我们在治理社会的时候，首先提出来要依法治国，但是完善的法律也有失效的时候。法律失效了依靠什么约束？依靠社会道德。所以既要依法治国，又要以德治国。管理组织也是一样，首先是依靠组织制度，但是对于任何组织制度来说，再完善都会有失效的时候，组织制度失效了依靠什么约束？依靠组织文化。由此可见，组织文化和社会道德一样，都是一种内在价值理念。也就是说，组织文化和社会道德一样，都是一种内在约束。即人们在思想理念上的自我约束，因而都是对外在约束的一种补充，只不过是发生作用的领域不同而已。社会道德是对社会起作用，而组织文化是对组织自身起作用，所以从形式上看，组织文化是属于思想范畴的概念。正是因为如此，组织文化是极为重要的。

例如，财务制度失效了，但是一个人如果有不是我的钱就不拿的价值理念，那么即使是财务制度对他没有了约束，他也不会去拿不属于他的钱。相反，如果一个人有不拿白不拿的价值观念，那么财务制度一旦失效，他就会去犯错误。

### （二）工商企业文化从内容上看是反映工商企业行为的价值理念

工商企业文化在内容上是对工商企业的现实运行过程的反映。具体来讲，就是工商企业的制度安排，以及工商企业的战略选择在人的价值理念上的反映。或者说，工商企业的所有的相关活动，都会反映到人的价值理念上，从而形成工商企业文化。由此可见，从内容上讲，工商企业文化是与工商企业活动有关的价值理念，而不是别的方面的价值理念，它是反映了工商企业的现实运行过程的全部活动的价值理念，是工商企业制度安排和战略选择在人的价值理念上的反映。例如，一个工商企业如果在制度安排上要拉开人的收入差距，那么这个工商企业在组织文化上就应该有等级差别的理念；又如，一个工商企业要在经营战略上扩大自己的经营，那么这个工商企业就要在组织文化上有诚信的理念。

### （三）工商企业文化从性质上看是属于付诸实践的价值理念

如果从实践性的角度来看，价值理念实际上可以分为两大类，一类是信奉和倡导的价值理念，另一类是必须付诸实践的价值理念。工商企业文化既属于工商企业信奉和倡导的价值理念，又属于必须付诸实践的价值理念。真正地约束员工的行为的工商企业文化，是真正地在企业运行过程中起作用的价值理念，而不仅仅是企业信奉和倡导的价值理念。因此，我们在谈到工商企业文化的时候，就应该明白，它其实已经对工商企业产生作用了。工商企业文化没有付诸实践，就失去了应有的作用，就是一纸空文。

### （四）工商企业文化从属性上看是属于工商企业性质的价值理念

文化如果从其作为价值理念的角度来看，是一个极为广泛的领域，可以说与物质相对应的范畴，都可以称之为文化，因而文化的内容是极其丰富的。也就是说，对于价值理念来说，如果从其拥有的主体上来划分类别，可以分为自然人的价值理念、民族的价值理念、国家的价值理念、法人的价值理念和组织的价值理念。而工商企业文化则是属于工商企业的价值理念，是工商企业的灵魂。工商企业文化虽然有的时候也会受到民族的价值理念、社会的价值理念，以及其他有关方面的价值理念的影响，但是就它的属性来看，它是属于工商企业的价值理念，所以人们把工商企业的价值理念，即工商企业文化，称为工商企业的灵魂。

### （五）工商企业文化从作用上看是属于规范工商企业行为的价值理念

工商企业文化作为工商企业的价值理念，是对工商企业真正发挥作用的价值理念，对工商企业的行为，以及员工行为起到非常好的规范作用。例如，工商企业文化中关于责权利对称性的管理理念，规范着员工的责权利关系；工商企业中的共享、共担理念，规范着组织与员工在风险承担及利益享受上的相互关系。

### 三、工商企业文化的分类

#### （一）桑南菲尔德的标签理论分类

桑南菲尔德的标签理论以工商企业文化与企业成员的适当匹配性将组织文化分为以下四类。

1.学院型文化

对于那些想找一个做好分内工作、得到稳步提升的人来说，具有学院型文化的公司是最好的选择。这类工商企业喜欢招聘刚从学校毕业的大学生或研究生，对他们进行适当的培训，然后分配到各职能部门。例如，美国的IBM公司、可口可乐公司就属于这类工商企业。

2.俱乐部型文化

这类工商企业提倡忠诚感和归属感的价值观，认为年龄、资历和经验非常重要。与具有学院型文化的工商企业相比，这种工商企业的主管人员大多为知识渊博的通才。例如，航空公司就属于这类工商企业。

3.棒球队型文化

这类工商企业倡导冒险和创新。具有冒险和创新精神的人最适合于在这类工商企业中工作。企业会给予员工充分的自由，并按他们的工作成绩给予优厚的报酬。这类工商企业包括会计师事务所、律师事务所、投资银行、顾问公司、广告代理商、软件开发商等。

4.堡垒型文化

这类工商企业的首要任务是维持生存。前述三种类型的工商企业在遇到不景气或萧条的经济环境时，往往会转化为堡垒型工商企业。在这种情况下，工商企业主要的宗旨是维持生存、保护现有的资产，对员工提供的保障很少。但这种工商企业对于那些喜欢迎接挑战的人来说是较适当的场所。

桑南菲尔德发现，许多工商企业无法归入某一种类型的文化，其原因可能是这些工商企业具有混合型的文化。此外，各类工商企业文化也不是固定不变的，由于多种因素的影响，一类工商企业文化可能变为另一类工商企业文化。同时，不同类型的工商企业文化会吸引不同类型的人到该企业中工作。例如，具有冒险和创新精神的人在棒球型文化的工商企业中可能如鱼得水，但在学院型文化的工商企业中则可能无所作为。

## （二）主导文化与分支文化

主导文化是指某一工商企业大多数成员具有核心价值观，它体现出该企业独特的个性。而分支文化是指大型工商企业由于部门的不同或地理区域的划分而形成各种不同的文化。

在一个工商企业中，主导文化和分支文化并不是彼此分开的。某一部门的分支文化应是企业共同具有的核心价值观与本部门特有价值观的有机结合。例如，某公司的研发部门由于其工作的特殊性而可以具有该部门员工的特殊信念、思想和观点，但不能脱离整个公司的核心价值观。这就是说，主导文化应渗透于分支文化之中并起指导作用。如果一个工商企业没有主导文化而仅存在许多分支文化，这样的工商企业就会是一盘散沙，最终会因为无法适应外界的变化而解体。在一个大型工商企业中，只有主导文化与分支文化有机地结合，才能对企业成员的行为起引导、凝聚和激励的作用。

## （三）强势文化与弱势文化

从影响力来看，可以将工商企业文化划分为强势文化和弱势文化。在工商企业文化的研究中，区别强势文化与弱势文化，已成为一种发展趋势，尤其要注重强势文化的培育和发展。

强势文化是指具有强烈影响力的文化。在工商企业中这种文化的核心价值观会被企业成员广泛接受，企业成员会对这种价值观产生强烈的认同，因而强势文化具有很强的行为控制力，会强烈影响企业成员的行为。例如，一家商店的强势文化是强调为客户服务，这种观念已经深入员工心中，在这种情况下，商店员工都知道，自己的行为在其他方面没有太多的约束，但面对客户时必须严肃、认真、负责。这表明"为客户服务"这一强势文化直接影响员工的行为。

强势文化的另一结果是降低员工的离职率。企业成员对强势文化中的价值观具有高度的认同感，因而会产生高度的凝聚力，以及对企业高度的忠诚感和归属感，因此离职意向会下降。

此外，强势文化在某些情况下可以代替正式的规章制度，对人的行为起控制和调节作用。在任何工商企业中，都必须制定一定的规章制度，用于控制人们的行为，保证人们行为的一致性。如果工商企业中形成了某种强势文化，企业成员就会强烈认同这种文化的价值观，从而自觉地控制和调节自己的行为。这样，强势文化与正式的规章制度实际上起到了殊途同归的作用。

## （四）迪尔与肯尼迪的分类

特伦斯·迪尔和阿伦·肯尼迪在《公司文化》一书中，把工商企业文化划分为以下四种类型。

1.硬汉文化

这种文化可用"强悍"来形容，往往存在于风险很高、决策结果反馈最快的工商企业中，如广告公司、风险创业公司、电影公司等。这类工商企业决策时赌注高、决心大、冒大风险，口号都是强调"最佳""最大""最伟大"，企业内部充满相互竞争的气氛。由于要求在短期内获得利益，企业人员合作精神差，不重视长期投资，人员流动率高，很难建立坚强而又一贯的工商企业文化。

2.努力工作——尽情享乐文化

这是一种"行动文化"，要求精力充沛，拼劲十足，但工作之后尽情享乐，工作与玩乐并重。大多数商业性公司、推销公司属于此类文化。这些公司一般风险不大，但节奏紧张。"有活快干，干完就算"这种环境很适合年轻人的胃口。这种文化在遇到麻烦时，会采取短期行为，缺乏长期深远打算。

3.长期赌注文化

这是一种风险很大、反馈缓慢的文化，其价值观集中于对未来的投资，需要人们具有自信和长期经受考验的能力。具有此类文化的大都是基础工业企业，如冶金企业、石油企业、矿山企业等。这类文化尊重权威和专家，不能容忍心理不成熟的人和工作不认真的现象。优点是有助于产生高质量的发明创造和重大技术突破，缺点是行动速度慢，对迅速变化的环境不会做出灵敏的反应。

4.过程文化

这是一个低风险、慢反馈的领域，包括银行、保险公司、水电公司、制药业等。由于反馈过慢，员工对自己工作效果的好坏全无观念，这会促使他们把注意力放在"如何做"上，而不是"做什么"上。例如，把公文往来、行政事务看得无比重要，其价值观集中在技术的完美上，过程和细节力求准确无误。在这种文化下工作的人，工作井然有序，完全照章行事，因而创造性容易被抑制，产生僵化体制和官僚作风。

## 四、工商企业文化管理

工商企业文化管理本质上就是工商企业个性的管理。工商企业文化管理是指工商企业文化的梳理、凝练、深植、提升。工商企业文化管理要求清晰确立组织运行的价值核心，强烈传达新的文化信号，直接从工商企业最关键的问题着手，展开架构、人力、流程等各个关键环节的调整，强化动力，消弭阻力，纲举目张地引动组织的系统变革，不仅旗帜鲜明，而且对每个员工的影响深刻并深远。工商企业文化直接从管理核心切入，由领导班子和管理者团队引领并身体力行（不仅仅是重视），紧扣核心价值驱动要素，致力于改善企业状态。工商企业因企业文化管理而获得管理者素质的提升、核心员工保有率的提高、品牌价值的提升、竞争优势的保持等高价值回报。尽管工商企业文化管理部门和工作者只是规划者、组织者、辅导者和督促者，但由于其直接推动组织变革，所以工商企业文化管理部门会得到公司的高度重视并成为工商企业管理的职能机构。即使没有专门的机构，工商企业文化工作者的价值也会充分得到体现。工商企业文化管理是一个过程，不是起草一个纲领就完成了使命，纲领只意味着工商企业文化管理的一个开端，工商企业文化管理涉及以下几个方面。

### （一）企业家与企业家群体

工商企业文化管理的关键要素是什么，这首先取决于企业家与企业家群体，因为工商企业文化的基因来源于企业家和企业家群体，那么工商企业的企业家团队决定工商企业文化管理的关键。作为高层有几项使命，第一个是树立企业的理念、使命和核心价值观，要有意识地了解和创造企业的核心价值体系，高层不断地讨论，这本身就是一个企业家有意识地引导和创造企业文化的过程。第二个高层要完成的使命是企业战略性系统思考——企业向何处去？在加入WTO之后，产业要向哪个方向升级？企业未来战略发展方向是什么？核心能力是什么？关键业务领域是什么？未来的商业运作模式是什么？第三个高层要完成的使命是高层要成为工商企业文化管理的忠实追随者、布道者、传播者、感召者、激励者。工商企业文化不是由学者来讲，而是由工商企业的高层来讲。通过讲文化，讲战略，迫使高层不断思考这些问题，高层如果能给刚来的员工讲明白，就说明高层真的理解了这些内容。整个工商企业不断地布道，这样就形成了一种氛围。

### （二）核心人才和中坚人才

工商企业文化管理的第二个要素是工商企业的核心人才和中坚人才，也就是除了高层的各层管理者也要承担文化管理的责任。但与老板、高层所承担的责任有所不同：第一，要共同参与企业愿景与核心价值观的制定；第二，提炼经验，总结教训，探寻方法，确立准则，行为带动；第三，将核心价值观融入制度建设和流程建设之中。真正接触员工的是中基层管理者，所以企业文化的真正推动者是中基层管理者。而且员工大多会受到舆论导向和氛围的影响，所以对员工要有强化的过程，即通过开始的强制达到最终的自觉的过程。

# 第二节　工商企业文化发展历程

## 一、工商企业文化的由来

工商企业文化的提出源于日本经济发展奇迹而引起的美日比较管理学研究热潮。第二次世界大战后的日本，在20世纪50年代开始引进美国现代管理方法，60

年代实现了经济起飞，70年代在平稳度过两次石油危机后再次创造了高速增长的经济奇迹，进入80年代之后大有取代美国经济霸主地位的趋势。而对日本经济快速发展的原因，以及如何解决困扰美国企业界的各项难题，成为许多学者研究的重要课题。这些学者的研究汇合成了一股美日比较管理学的研究热潮，并由此逐渐形成关于工商企业文化的相关理论与方法。

20世纪70年代以前，美国一直在管理方法和管理制度方面领先于全球。但到了70—80年代，一贯以理性管理著称的美国经济出现了衰退；与此同时，日本经济却异军突起，对美国乃至整个西方经济构成了挑战。到底是哪些因素导致美国的衰退和日本的崛起？这个问题引起了美国管理学界和企业界的广泛关注。帕斯卡尔等学者研究发现：与美国工商企业强调管理方法、制度等刚性因素不同，日本工商企业更加注重管理的软性精神因素，以及与企业长期并存的员工集体信念，并且塑造出了有利于企业创新、把价值与心理因素整合在一起的工商企业文化。工商企业文化这种软性精神因素对日本工商企业取得良好的经营绩效和长期发展起到了重要的作用。帕斯卡尔等学者认为，工商企业文化可用来解释日本工商企业超过号称竞争力全球第一的美国工商企业，并且呼吁应该重新关注工商企业深层次的软性因素，强调这种深层次软性因素对工商企业发展的重要意义。

除了经济背景的推动作用，工商企业文化理论的兴起也有其重要的社会思想背景。20世纪70—80年代，美国社会出现了一股后现代主义思潮，后现代主义者们对现代化导致的诸多弊端（如忽视人的情感因素、社会科学研究成果），以及过分看重科学实证等问题进行了无情的针砭。工商企业文化思想顺应了当时的时代潮流，强调对旧的管理模式进行反思的必要性，呼吁重新关怀人性、回归人本。

在多种因素的综合作用下，"工商企业文化"概念横空出世，并"一石激起千层浪"，20世纪80年代初期美国掀起了工商企业文化研究的热潮。从1981年到1984年，美国管理学界连续推出四部力作：威廉·大内的《Z理论》（1981年）、帕斯卡尔和阿索斯合著的《日本企业的管理艺术》（1982年）、特雷斯·迪尔和阿伦·肯尼迪合著的《企业文化》（1982年），以及托马斯·彼得斯与小罗伯特·沃特曼合著的《寻求优势》（1984年）。大内率先对工商企业文化进行了系统的阐述，并认为Z型管理是日本工商企业超越美国工商企业的主要原因，日本工商企业实施的Z型管理促进了"集体主义价值观"的形成。帕斯卡尔和阿索斯在《日本企业的管理艺术》中率先对工商企业文化进行了系统的阐述，并且深入探讨了日、美工商企业的差异问题，提出了著名的"7S"（即战略、结构、制度、人员、风格、技能、最高目标）管理理论，并且通过比较美、日工商企业发现：美国工商企业更加重视战略、结构、制度这三个硬性因素，而日本工商企业则不但重视硬性因素，而且更重视软性因素——人员、风格、技能、最高目标。这些软性因素属于工商企业文化的范畴，也是日本工商企业超越美国工商企业的关键所在。美国学者特雷斯·迪尔和阿伦·肯尼迪在深入调研80多家美国工商企业的基础上做出了"杰出而又成功的企业大多拥有强有力的企业文化"的论断，从而大大提高了人们对工商企业文化的关注和重视程度。随后，托马斯·彼得斯与小罗伯特·沃特曼致力于研究美国杰出而又成功的工商企业的共同管理特征，并在《寻求优势》一书中总结了美国最成功的工商企业管理的八个特征（即行动迅速、接近客户、锐意革新、重视员工、集中精力、扬长避短、简化结构、管理艺术）。可以毫不夸张地说，以上四部力作是吹响工商企业文化理论研究号角的"四重奏"。工商企业文化理论因它们而异军突起，并且持续影响全球管理数十年。

## 二、工商企业文化在中国的发展历程

工商企业文化在中国的传播和实践，大体上分为四个阶段。

### （一）传播和认知阶段

第一个阶段是从1983年到1988年，这一阶段为知识的传播和认知阶段。在这一阶段争论的焦点主要是适合性问题，即工商企业文化理论是否适合中国的工商企业，是否有这种文化底蕴上的沟通，是否适合中国工商企业管理和改革的实践，争论的焦点是适合与否的问题。这个关键问题在于我们的接受性。所以，这几年的时间，大家在传播理论、知识和探讨、争论时，都是围绕着这几个方面来进行。当然，在这个阶段中也有一些地区的工商企业比较迅速地进入了实践，如山东、东北及沿海地区。

### （二）低潮徘徊阶段

第二个阶段是从1989年到1991年，这段时间为低潮徘徊阶段。工商企业文化理论是一种舶来品，这个理论在当时受到了质疑，甚至被认为是自由化的产物，是被划在西化理论范畴中的。1989年之后，有很多观点认为工商企业文化是自由化的产物。认为工商企业文化讲以人为本就是人本主义，人本主义就是人道，人道就是自由化。这段时间，争论的主要焦点在于内容的正确性，即工商企业文化是否正确，是否属于自由化的范畴，是否是新型的管理理论、管理思想。另外一个焦点在于话语表述的科学性。应该怎样表述，关键在于"姓社"还是"姓资"。这是当时的状态，但是这并没有影响学者们对工商企业文化的研究。

### （三）普及和实践启动阶段

第三个阶段是从1992年到2000年，这个阶段为知识普及和实践启动阶段。这几年知识的普及比较明显，第一个标志性事件是邓小平南方谈话，其把中国市场经济从本质上推到了一个新的阶段。市场经济越是深入，工商企业文化的必要性就显得越显著。因此，它和我国的企业改革始终是同步的，所以邓小平南方谈话以后，市场经济迎来了一个高潮，工商企业文化应用的方式和理论受到了重视。第二个标志性事件是党的十四大报告中写进了"企业文化"这个概念。尽管这段时间的定位不像现在这么清晰、全面、科学，但是毕竟中央文件中出现了这个概念，而且就具体的工作进行了部署，所以对工商企业文化推动比较大。第三个标志性事件是建设中国特色的企业文化。工商企业文化作为一种亚文化，作为一种支流文化，作为大文化的一个分支，为建设中国特色的工商企业文化找到了一种理论依据，对实践推动起到了很大的作用。还有一个更重要的就是大的背景，即工商企业改革在不断地深入，对工商企业文化的需求越来越强。这个时期它的重点是传播知识，因此，部分工商企业启动了企业文化建设。

### （四）普遍实践和深入发展阶段

第四个阶段是从2001年到现在。所谓普遍实践，即现在工商企业都是有组织、有计划地进行企业文化建设。工商企业文化建设这项工作在20世纪90年代初到90年代中期，大体还都处于自发状态，如果企业家比较敏感、文化素养比较高、文化自觉意识比较强，对这个问题认识得比较超前，那么他就会自觉地进行企业文化建设，应用文化管理企业。但对大多数工商企业来讲，如果中央没有出台相应的文件，它们就不进行企业文化建设。这确实是中国社会的国情，但是到了第四阶段以后，这个实践就逐渐地由自发大面积地走向自觉，这个里面很重要的几个事件是什么呢？从组织工作来讲，国有资产监督管理委员会（简称国资委）发了好几个文件，要求要有系统地建设中国大型工商企业的企业文化，这样就极大地推动了企业文化建设的进程。

在学术观点上，一个重要的观点是以人为本。另外一个，就是建设核心价值理念观点的提出。在以前人们对价值观的问题讳莫如深，但是现在会讨论建设核心价值理念。实际上在工商企业文化著作中，也提到了核心价值理念。例如，肯尼迪尔认为工商企业文化的核心是价值观，一个国家思想体系和社会体系建立的基石也是价值观。所以，组织的核心价值观、工商企业的核心价值观、社会的核心价值观、国家的核心价值观，是其灵魂所在，核心所在。如果没有核心价值观，大家就失去了一个价值标准，就会出现一种价值失泛的现象。所以，这个问题的提出，对我们价值理论的提出，以及以人为本和核心价值理念的提出是非常重要的。

再一个就是和谐社会和工商企业社会责任，这两大命题在某种意义上都是工商企业文化涉及的核心问题。像以人为本，建设核心价值理念，实际上不管是自觉还是不自觉，其就是工商企业文化的话语内容。《改革政府》是20世纪90年代美国流行的一本书，它的副标题为"用企业精神改造公营部门"，这是这本书的亮点所在。克林顿当时当政，要求所有各州的官员读这本书，就是用工商企业文化的本质、理论的内容、规律性的东西来管理政府、改革政府和公营部门。这一概念的提出，标志着工商企业文化的理念具有规律性，不单单适合于工商企业，也适合于社会组织和事业组织。现在，我们正在实践工商企业文化这个理论，所以像以人为本、社会主义核心价值观这样的话语都借鉴过来了。现在的重点是自觉建设，探索路径。

## 第三节　工商企业文化构建与培育

### 一、工商企业文化的功能

#### （一）工商企业文化具有导向功能

所谓导向功能，就是通过它对工商企业的领导者和员工起引导作用。工商企业文化的导向功能主要体现在以下两个方面。

1.经营哲学和价值观念的指导

经营哲学决定了工商企业经营的思维方式和处理问题的法则，这些方式和法则指导经营者进行正确的决策，指导员工采用科学的方法从事生产经营活动。工商企业共同的价值观念规定了企业的价值取向，使员工对事物的评判达成共识，有着共同的价值目标，企业的领导和员工为着他们所认定的价值目标去行动。美国学者托马斯·彼得斯和小罗伯特·沃特曼在《寻求优势》一书中指出："我们研究的所有优秀公司都很清楚它们的主张是什么，并认真建立和形成了公司的价值准则。事实上，一个公司缺乏明确的价值准则或价值观念不正确，我们则怀疑它是否有可能获得经营上的成功。"

2.工商企业目标的指引

工商企业目标代表着企业发展的方向，没有正确的目标就等于迷失了方向。完美的工商企业文化会从实际出发，以科学的态度去制定企业的发展目标，这种目标一定具有可行性和科学性。企业员工就是在这一目标的指导下从事生产经营活动。

#### （二）工商企业文化的约束功能

工商企业文化的约束功能主要是通过完善管理制度和道德规范来实现的。

1.有效规章制度的约束

工商企业制度是工商企业文化的内容之一。工商企业制度是工商企业内部的法规，企业的领导者和员工必须遵守和执行，从而形成约束力。

2.道德规范的约束

道德规范是从伦理关系的角度来约束工商企业领导者和员工的行为。如果人们违背了道德规范的要求，就会受到舆论的谴责，心理上会感到内疚。同仁堂药店"济世养生、精益求精、童叟无欺、一视同仁"的道德规范约束着全体员工必须严格按工艺规程操作，严格质量管理，严格执行纪律。

### （三） 工商企业文化的凝聚功能

工商企业文化以人为本，尊重人的感情，从而在企业中造成了一种团结友爱、相互信任的和睦气氛，强化了团体意识，使企业员工之间形成强大的凝聚力和向心力。共同的价值观念形成了共同的目标和理想，员工把企业看成一个命运共同体，把本职工作看成实现共同目标的重要组成部分，整个企业步调一致，形成统一的整体。这时，"厂兴我荣，厂衰我耻"成为员工发自内心的真挚感情，"爱厂如家"就会变成他们的实际行动。

### （四） 工商企业文化的激励功能

共同的价值观念使每个员工都感到自己存在和行为的价值，自我价值的实现是人的最高精神需求的一种满足，这种满足必将形成强大的激励。在以人为本的工商企业文化氛围中，领导与员工、员工与员工之间互相关心，互相支持。特别是领导对员工的关心，会使员工感到受人尊重，自然会振奋精神，努力工作。另外，工商企业精神和工商企业形象对企业员工有着极大的鼓舞作用，特别是工商企业文化建设取得成功，在社会上产生影响时，企业员工会产生强烈的荣誉感和自豪感，他们会加倍努力，用自己的实际行动去维护企业的荣誉和形象。

### （五） 调适功能

调适就是调整和适应。工商企业各部门之间、员工之间，由于各种原因难免会产生一些矛盾，解决这些矛盾需要各自进行自我调节；工商企业与环境、顾客、其他工商企业、国家、社会之间都会存在不协调、不适应之处，这也需要进行调整和适应。工商企业哲学和工商企业道德规范使经营者和普通员工能科学地处理这些矛盾，自觉地约束自己。完美的工商企业形象就是进行这些调节的结果。调适功能实际也是工商企业能动作用的一种表现。

## 二、工商企业文化的构成

一般来说，工商企业文化的构成，最具代表性的是"同心说"。这种说法将组织文化的构成分为三个层次，即精神文化层、制度文化层和物质文化层（或叫器物层），如图10-1所示。

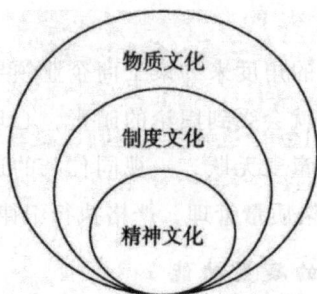

图 10-1　工商企业文化构成图

### （一）精神文化层

精神文化层是组织文化的核心层。精神文化层组织文化，是工商企业在生产经营活动中，自觉形成并被认同和信守的组织理想、目标、价值观等意识形态的概括和总结，是工商企业文化的内核。它是工商企业精神、工商企业道德、工商企业哲学和工商企业价值观等的体现，表现的是组织文化的精神形态。

工商企业精神是指工商企业有意识地提倡、培养员工群体的优良精神风貌，是通过对工商企业现有的观念意识、传统习惯、行为方式中的积极因素进行总结、提炼得出的，是工商企业文化发展到一定阶段的产物；工商企业道德是指组织内部调整人与人、单位与单位、个人与集体、个人与社会、工商企业与社会之间的行为准则；工商企业哲学是指工商企业领导者为了实现企业目标而在整个企业的生产经营管理活动中的基本信念，是工商企业领导者对企业长远发展目标、生产经营方针、发展战略和策略的哲学思考；工商企业价值观是工商企业文化的核心部分，即使企业成员不断更新，这些价值观也会得到延续和保持。

### （二）制度文化层

制度文化层是工商企业文化的媒介层。这一层主要包括工商企业的领导体制、组织机构和组织管理制度三个方面，涵盖了企业的各项规章制度及生产方式。企业的各项规章制度及这些规章制度所遵循的各种理念，正是工商企业精神、工商企业价值观的折射。

工商企业领导体制的产生、发展、变化，是工商企业经营发展的必然结果，也是文化进步的产物；工商企业的结构，是工商企业文化的载体，包括正式组织结构和非正式组织结构；组织管理制度是工商企业在进行生产经营管理时所制定的、起规范保障作用的各项规定或条例。制度文化层包括工商企业的各种规章制度，以及这些规章制度所遵循的理念，包括人力资源理念、营销理念、生产理念等。

### （三）物质文化层

物质文化层是工商企业文化的外显层，主要通过物质形态表现出来，是看得见、摸得着的工商企业文化，是工商企业文化最终的外在体现，由核心层所决定，表征了工商企业文化的各种个性特征。工商企业物质文化层的构成包括厂容、组织标识、厂歌、文化传播网络等。现在流行的形象识别系统（identity system，IS）就是工商企业物质文化层的最好体现。

工商企业文化的物质文化层较为稳定。例如，风靡全球的可口可乐，它那独特的红白两色标志，历经百年，基本上没有变更过。现在，世界各国的人们只要看见这个标志，就会立刻辨认出：这就是可口可乐。

工商企业文化的精神文化层为物质文化层和制度文化层提供思想基础，是工商企业文化的核心；制度文化层约束和规范精神文化层和物质文化层的建设；而工商企业文化的物质文化层为制度文化层和精神文化层提供物质基础，是工商企业文化的外在表现和载体。三者互相作用，共同形成工商企业文化的全部内容。

## 三、工商企业文化的创造

工商企业文化的创造可以从很多方面着手，但其核心包括三个方面。

### （一）创造工商企业精神

工商企业文化包括精神文化、制度文化、物质文化等方面的内容，但其核心还是精神文化。工商企业精神作为一种群体意识，是这个群体中各种力量通过最佳组合而形成的一种优势力量。共同的精神力量可以使人们具有一种无形的自导力，胜不骄、败不馁的群体精神又是组织发展的应激力。工商企业精神是由各种因素组成的，如价值观可以赋予人们的行为以神圣感和使命感，可以使工商企业树立独特的发展目标，形成经营特色；工商企业伦理道德可以调整组织与员工之间、工商企业与工商企业之间、工商企业与社会之间的关系，是市场经济下求生存、求发展的主体性体现。所以，创造工商企业精神的重要性就在于它可以使组织获得永不枯竭的动力源泉。

### （二）创造共同的价值观

工商企业中对共同价值观的认可，可以使员工相信企业的利益与自身的利益是一致的，企业不会做出任何伤害他们的事。日本工商企业通过多年的管理实践认识到了创造共同的价值观的重要性。它可以使工商企业产生巨大的凝聚力。创造共同的价值观需要工商企业认真地进行宣传教育，使企业成员对新的价值观达成共识。

### （三）以人为中心的工商企业理念

工商企业理念包括产品、服务、利润、消费者需求等多方面，但从一定意义上说，工商企业文化就是工商企业的"人化"。在众多理念中，以人为中心的理念是最重要的，人是工商企业文化理论和实践的中心和主旋律。工商企业文化创新与人息息相关，所以工商企业文化创新的一个最重要的内容，就是确立企业中以人为中心的工商企业理念。工商企业文化要创造并弘扬这种理念，就要在管理中为了人、关心人、理解人、重视人、依靠人、尊重人、团聚人、培育人。

## 四、工商企业文化的建设

### （一）确立理念识别

#### 1.确立工商企业价值观

工商企业价值观是工商企业文化的核心，决定着工商企业的命脉，关系着工商企业的兴衰。现代工商企业不仅要实现物质价值，还要实现文化价值，要充分认识工商企业竞争不仅是经济竞争，更是人的竞争、文化的竞争、伦理智慧的竞争。工商企业的最终目标是服务社会，实现社会价值最大化。

#### 2.确立工商企业精神

培育有个性的工商企业精神是加强工商企业文化建设的核心，培育具有鲜明个性和丰富内涵的工商企业精神，最大限度地激发员工内在潜力，是工商企业文化的首要任务和主要内容。工商企业精神是指企业广大员工在长期的生产经营活动中逐步形成的，由工商企业的传统、经历、文化和工商企业领导人的管理哲学共同孕育的，并经过有意识的概括、总结、提炼而得到确立的思想成果和精神力量，必须是集中体现一个工商企业独特的经营思想和个性风格，反映工商企业的信念和追求，并由工商企业倡导的一种精神。培养工商企业精神，要遵循时代性、先进性、激励性、效益性等原则，不仅要反映工商企业本质特征，而且要反映出行业的特点和本单位特色，体现出工商企业的经营理念。

#### 3.确立符合实际的工商企业宗旨

工商企业宗旨是工商企业生存发展的主要目的和根本追求，它以工商企业发展的目标、目的和发展方向来反映工商企业价值观。工商企业道德是在工商企业生产经营实践的基础上，基于对社会和人生的理解做出的评判事物的伦理准则。工商企业作风是工商企业全体干部员工在思想上、工作上和生活上表现出来的态度、行为，体现工商企业整体素质和对外形象。

### （二）确立视觉识别

统一标识、服装、产品品牌、包装等，实施配套管理。在工商企业发展中还要以务实的态度不断完善工商企业视觉识别各要素，做到改进—否定—再改进—再确定。视觉识别包含工商企业标识、旗帜、广告语、服装、信笺、徽章、印刷品统一样式等，以此规范员工行为，使企业在社会上树立良好形象。

**（三）确立行为识别**

行为识别主要体现在两个方面，一方面是工商企业内部对员工的宣传、教育、培训；另一方面是对外经营、社会责任等内容。要通过组织开展一系列活动，将企业确立的经营理念融入企业的实践中，指导企业和员工行为。

**（四）以人为本，树立精干高效的队伍形象，打造精神文化**

工商企业文化的实质是"人的文化"。人是生产力中最活跃的因素，是工商企业的立足之本，工商企业员工是工商企业的主体，建设工商企业文化就必须以提高人的素质为根本，把着眼点放在人上，达到凝聚人心，树立共同理想，规范行动以形成良好行为习惯，塑造形象以扩大社会知名度的目的。为此要做好建立学习型组织；抓好科学文化知识和专业技能培训；培育卓越的经营管理者，带动工商企业文化建设。

**（五）内外并举，塑造品质超群的产品形象，打造物质文化**

工商企业文化建设应与塑造工商企业形象相统一，实现技术创新，做到文化建设活动持之以恒，使之具备独特的技术特色和产品特色。创品牌，教育员工要像爱护自己的眼睛一样爱护企业的品牌声誉，使企业的产品、质量在社会上叫得响、打得硬、占先机，展工商企业精华。要做到在经营过程中经营理念和经营战略的统一；做到在实际经营过程中所有员工行为及企业活动的规范化、协调化；做到视觉信息传递的各种形式相统一，为促进企业可持续发展奠定坚实基础。

**（六）目标激励，塑造严明和谐的管理形象，打造制度文化**

工商企业管理和文化之间的联系是工商企业发展的生命线，战略、结构、制度是硬性管理；技能、人员、作风、目标是软性管理。强化管理要坚持把人放在工商企业的中心地位，在管理中尊重人、理解人、关心人、爱护人，确立员工的主人翁地位，使之积极参与企业管理，尽其责任和义务。强化管理要与现代工商企业制度、管理创新、市场开拓、实现优质服务等有机结合，还要修订并完善职业道德准则，强化纪律约束机制，使工商企业各项规章制度成为干部和员工的自觉行为。提倡团队精神，成员之间要保持良好的人际关系，增强团队凝聚力，有效发挥团队作用。

**（七）塑造优美整洁的环境形象，打造行为文化**

人改造环境，环境也改造人，因此，要认真分析工商企业文化建设的环境因素，使有形的和无形的各种有利因素成为工商企业文化建设的动力源泉。采取强化措施，做到绿化、净化、美化并举，划分区域，明确责任，长期保持环境的整洁。要开展各种游艺文体活动，做到大型活动（即体育活动、企业文化艺术节等）制度化，小型活动（即利用厂庆、文体活动等形式丰富员工文化生活）常规化，赋予各种活动以生命力，强化视觉效应。

### 五、工商企业文化创造中领导者的作用

要创造强有力的文化，首要因素是工商企业的领导者。领导者在工商企业文化创造中的作用主要表现在四个方面。

#### （一）领导者是工商企业文化的塑造者

由于工商企业的领导者在企业中处于特殊的地位，他们对工商企业承担了更多的责任，相应地，对企业的经营哲学、组织精神、价值观等也都能施加较大的影响。工商企业文化要形成体系，就需要领导者的总结、归纳和加工，就需要领导者的才智和对工商企业文化建设的高度重视。很多工商企业的企业文化内容，甚至都是直接来自领导者的思想和主张。所以，美国企业文化专家斯坦雷·戴维斯在《企业文化的评估与管理》一书中指出："不论是企业的缔造者本人提出主导信念，还是现任总经理被授权重新解释主导信念或提出新的信念，企业领导者总是文化的活水源头。如果领导者是个有所作为的人，他就会把充满生气的新观念注入企业文化之中。如果领导者是个平庸之辈，那么企业的主导信念很可能会逐步退化，变得毫无生气。"当然，领导者只是对工商企业的实践活动中已存在的文化进行总结和加工，并不能独自创造出适合于一个组织的新文化。所以，《公司文化》的作者迪尔和肯尼迪指出："是不是每个公司都能有强烈的文化？我们想是能够的，但要做到这一点，最高层管理者首先必须识别公司已经有了什么类型的文化，哪怕是很微弱的。总经理的最终成功在很大程度上取决于是否能够精确地辨认公司文化并琢磨它、塑造它以适应市场不断转移的需要。"

所以，领导者作为组织文化的塑造者，一方面要对组织已有的文化进行总结和提炼；另一方面又要对提炼后的文化进行加工，加入自己的信念和主张，再通过一系列活动，将其内化为员工的价值观，外化为员工的行为。

#### （二）领导者是工商企业文化的管理者

领导者所塑造或设计的工商企业文化是工商企业的目标文化，它源于现实工商企业文化，又高于现实工商企业文化。领导者对工商企业文化的管理过程，就是要在工商企业中形成预期的文化。为此，领导者要使员工明白企业提倡什么、反对什么，要及时处理推行新文化的过程中产生的矛盾和问题，必要时，还要对

工商企业文化进行修正和补充。通过管理工商企业文化，领导者就能有效地管理工商企业，在《公司文化》一书中，这类领导者被称为"象征性的管理者"。美国管理学家埃德加·沙因甚至说："领导者所要做的唯一重要的事情就是创造和管理文化，领导者最重要的才能就是影响文化的能力。"在美国著名的天腾公司（Tandem），最高层经理大约花一半时间管理组织文化，这使它获得了巨大的成功。

### （三）领导者是工商企业文化的倡导者

领导者在工商企业文化的建设中所起的示范和表率作用非常重要，领导者是以身教而不是言教来向员工灌输价值观的。领导者应身体力行，坚持不懈地把自己的见解化为行动，使员工树立正确的价值观。领导者必须持之以恒地倡导这些价值观，这样，价值观在员工中便可以扎根发芽。凯勒尔对西南航空公司的组织文化的示范和表率作用，就是最好的例证。

### （四）领导者是工商企业文化的变革者

由于工商企业的内外部环境变化，也要求对工商企业文化进行变革，以适应变化了的新形势。这种变革必须依靠工商企业的领导者自上而下地进行，否则工商企业文化的发展就会陷入一种混乱、无序的状态，新的良性的工商企业文化就不可能形成。但是，并不是说只要内外部环境变化了，就需要对组织文化进行变革，工商企业文化具有相对稳定性的特征。一般来说，当发生以下几种情况时，领导者必须变革工商企业文化：①当工商企业的内外部环境发生重大变化时；②当工商企业业绩平平，甚至每况愈下时；③当工商企业的主导文化与宏观文化产生严重冲突时。

由于文化具有很强的惯性，领导者对变革工商企业文化一定要采取慎重的态度，要尽可能维持工商企业文化的稳定性；而一旦决定变革，就应当冲破层层阻力，构筑新的工商企业文化体系。

## 第四节　工商企业文化管理理论前沿

在今天的管理学界，工商企业文化研究不再是一个热门的话题，但围绕工商企业文化的研究也并没有间断过。而关于工商企业文化的最新研究主要包括三个方面，即工商企业文化"基因理论"、工商企业并购后的文化整合问题，以及跨文化管理。

### 一、工商企业文化"基因理论"

工商企业是一个组织，是由一群人组成的，是由一种文化把大家凝聚在一起的一个大家庭。人是有基因的，工商企业文化也是这样。所以，不同的工商企业就有不同的文化基因，这个基因既是工商企业的灵魂，也是工商企业文化的灵魂。众所周知，基因具有传承性与变异性，传承性就是继承基因的基本属性，变异性则体现在基因的创新性方面。就事物的本质而言，工商企业文化也同样具备生物基因的基本功能。一个工商企业的文化，既要传承其传统中的优秀部分，又要根据工商企业生存环境的变化而有所创新。只有如此，才能适应不同工商企业、不同时期的发展需要。这就是工商企业文化的"基因理论"。

### （一）工商企业文化基因的表现

1.工商企业文化具有独特性

每个成功的工商企业都是在不同的背景下形成的，具有与本企业的发展过程相适应的独特个性。此外，个性鲜明的优秀的工商企业文化不但有力地促进了本企业的发展进步，也为其他工商企业提供了非常有益的成功经验，进而使其核心价值观得到普遍认同。

2.工商企业文化可以被复制和遗传

在工商企业进行扩张时，首先被复制到新的扩张领域的就是工商企业的核心价值观。麦当劳在全球的扩张就是典型的案例，麦当劳向其连锁店复制的是它的核心理念、规章制度和行为规范。

3.工商企业文化会发生突变

当工商企业所处的内外部环境发生变化时，如经济危机、技术变迁、市场结构变化和内部核心人员变更等，为适应环境的变化，工商企业文化就会在思维模式上产生变异的需求，工商企业在技术创新的同时需要创新管理制度。当工商企业发生合并或兼并时，需要进行文化整合，改变其核心价值观。只有适应社会发展的需要，工商企业才可能持续发展。

4.工商企业文化反映了工商企业的根本性状

通过工商企业文化的作用，工商企业的价值观在不同程度上影响着工商企业形象塑造的整体水平、工商企业精神理念的导向、工商企业制度行为的素质和工商企业外部形象的特色。

### （二）工商企业文化基因的种类

根据工商企业文化基因在工商企业发展过程中所发挥的促进、维持和阻碍作用，工商企业文化基因可分为三类，即完好基因、一般基因和缺陷基因。

1.完好基因

完好基因是指那些能在工商企业特定时期表现其完好品质，具有很强环境适应能力，在激烈市场竞争中保持核心竞争力，而且对工商企业的可持续发展起促进作用的工商企业文化基因。完好基因是导致工商企业具有独特个性的主要因素。北京同仁堂作为长寿工商企业具有300多年的历史，其核心价值观"同修仁德，济世养生"，体现了以"仁"为本和以"和"为贵的精神内涵，是推动同仁堂长寿发展的核心动力。"炮制虽繁必不敢省人工，品味虽贵必不敢减物力"的理念为同仁堂带来了广大的忠实客户，同时为企业带来了可观的利润，极大地促进了同仁堂的发展和壮大，奠定了同仁堂在本行业中的领导地位。

2.一般基因

一般基因是指那些保证工商企业遗传信息顺利传递，保证工商企业稳定发展的基因，对工商企业可持续发展起着一定的促进作用，而且经过优化转化为完好基因，能够提高企业优势竞争力的工商企业文化基因。20世纪90年代，IBM的创新理念属于公司的核心竞争力，但IBM创新产品化的能力较差，其优异的技术创新能力并未给企业带来丰厚的利润。经过调整后，IBM将以技术和产品创新为中心转向以客户和服务为中心，转变了创新方向，为企业带来了丰厚的利润。

3.缺陷基因

缺陷基因是指那些稳定性较差，不能适应外部环境变化，甚至对工商企业发展有一定阻碍，但经过自我诊断，持续不断地学习、创新之后，可以转化为一般基因甚至完好基因的工商企业文化基因。IBM企业文化中的"不解雇政策"导致员工的懒散与平庸，一度阻碍公司的发展。1993年，IBM撤销这一政策，实行大规模裁员，形成精简的组织结构，加强领导与员工之间的沟通了解，强化了团队合作精神。精简组织结构，以及对组织架构进行再造是对"不解雇政策"这一缺陷基因的修复和改良，最终使其成为企业发展的巨大推动力。

## 二、工商企业并购后的文化整合问题

并购作为中国工商企业快速扩张的主要手段正在被广泛使用。但是，工商企业并购的成功率并不高。导致工商企业并购失败的原因很多，其中重要的原因之一是并购后的工商企业文化整合问题，即忽视并购双方文化的差异，没有妥善解决文化冲突，未能有效地进行文化融合。所以，应高度重视并购双方在文化整合过程中的作用机制。

工商企业文化整合是指工商企业不同特质的文化通过相互接触、交流进而相互吸收、渗透融为一体的过程。当不同特质的工商企业文化共处于某一时空环境中，经过充满冲突与选择的传播过程，必然发生内容、形式上的变化，以原有的工商企业文化特质为基础，吸收异质文化组成新的体系。工商企业文化融合实际上就是不同文化的重新组合。文化整合的基础是不同工商企业的企业文化，并购双方企业文化的类型、文化差异的强弱等具体因素的不同，工商企业文化整合的模式也是不一样的。

不同工商企业主体间企业文化的整合，有机运行于工商企业并购过程中，这种文化整合现象的有机运行就是工商企业文化在并购中处理工商企业间关系作用机制的表现。其运行的好坏，直接关系到工商企业并购的成败。所以并购工商企业的管理者在实践中应该利用好这种作用机制，根据实际情况选择合适的文化整合模式，积极主动地推进工商企业间文化整合的步伐。

### （一）工商企业文化整合的内涵

并购后的工商企业整合包含的内容很丰富，涉及工商企业的方方面面。任何一个方面整合的欠缺，都会导致整个并购活动的失败。但是在整个并购整合体系中，文化整合占据了核心的地位。有85%的CEO认为，管理风格和文化差异是导致并购失败的主要原因。

工商企业文化整合是一个系统性的工作。它指的是工商企业的相关人员有意识地将并购后企业内的不同文化因素通过各种措施进行有效的整理和整顿，并将其结合为一个有机整体的过程，是工商企业文化主张、文化意识和文化实践一体化的过程。文化整合的重点在于通过文化整合过程，建立并购双方相互信任、相互尊重的关系，拓展并购双方员工的思维，培养双方领导人能接受不同思维方式、能和不同文化背景的人共事的文化能力，使双方能在未来工商企业的价值观、管理模式和制度等方面达成共识，以帮助并购工商企业更好地实现其他方面的整合，为企业的共同发展而努力。

### （二）工商企业文化整合的模式

有关并购工商企业文化整合的模式，不同时期的不同学者提出了不同的理论，但从本质上说这些文化整合模式理论所表述的基本内容是一致的。根据并购双方工商企业文化的变化程度及并购方获得的工商企业控制权的深度，西方学者曾提出了四种工商企业文化整合模式，即吸纳式、渗透式、分离式和消亡式。

1.吸纳式文化整合模式

这种模式是由奈哈迈德提出的，它指的是被并购方完全放弃原有的价值理念和行为假设，全盘接受并购方的企业文化，使并购方获得完全的企业控制权。鉴于文化是通过长期习惯根植于心灵深处的东西，很难轻易舍弃，奈哈迈德认为，这种模式理论上看起来很简单，但操作起来非常困难，只适用于并购方的文化非常强大且极其优秀，同时被并购工商企业原有文化又很弱且并购方的企业文化能赢得被并购工商企业员工的一致认可的情况。

2.渗透式文化整合模式

伊万斯通过分析丹麦最大的两家银行的并购案例，提出了渗透式文化整合模式，即并购双方在文化上互相渗透，都进行不同程度的调整。他指出，当并购双方的企业文化强度相似，且彼此都欣赏对方的企业文化，愿意调整原有文化中的一些弊端时，适用这种文化整合模式。他认为与吸纳式相比，这种模式的操作性较强，但是并购方将放弃部分控制权，承担的风险增大。

3.分离式文化整合模式

分离式文化整合模式指的是并购工商企业和被并购工商企业在文化上依然保持相对独立性，双方的文化变动都较小。夏普罗、彼克等人都曾分析过这种整合模式的可行性。他们认为，从理论上讲，选择分离式文化整合模式需要满足两个前提：被并购工商企业拥有优质强文化，企业员工不愿放弃原有文化；并购后双方接触机会不太多，文化不一致不会引起太大的矛盾冲突。但是，这些研究者从材料研究公司（Material Research Corporation）和索尼美国有限公司（Sony USA Inc.）等并购案中发现，现实中即使满足了以上前提，但是这种文化模式操作起来仍然困难重重。因为在这种整合模式下，并购方面临的风险很大。为了减少风险，并购方必然会在财务、经营理念等方面对被并购工商企业进行干涉，由此引起双方的争执。所以，他们最后得出结论：这种整合模式总体上可操作性不如渗透式文化整合模式。

4.消亡式文化整合模式

并购工商企业文化变动很小，被并购工商企业放弃了原有的企业文化但同时又不愿接受并购工商企业的文化，因而处于一种文化迷茫的状态。贝瑞和安尼斯认为，这种模式既可能是并购工商企业有意选择的，也可能是文化整合失误造成的。有时，工商企业并购的目的是将并购来的企业拆散后出售。并购方往往有意让被并购工商企业的企业文化消亡，整个企业形同一盘散沙，任凭并购工商企业处置。但有时并购工商企业希望进行文化重构，但由于选择模式不当或执行失误，被并购工商企业文化迷失。在这种情况下，文化消亡模式与其说是一种文化整合模式，不如说是文化整合失败的结果。

### 三、跨文化管理

#### （一）概念

随着工商企业全球化浪潮的推进，跨文化管理逐步得到工商企业的日益重视。跨文化管理（cross-cultural management），又称为交叉文化管理，是指通过克服不同异质文化之间的差异，重新塑造工商企业的独特文化，最终打造卓有绩效的管理行为。

跨文化管理即在全球化经营中，对子公司所在国的文化采取包容的管理方法，在跨文化条件下克服任何异质文化的冲突，并据以创造出工商企业独特的文化，从而形成卓有成效的管理过程。其目的在于在不同形态的文化氛围中设计出切实可行的组织结构和管理机制，在管理过程中寻找超越文化冲突的企业目标，以维系具有不同文化背景的员工共同的行为准则，从而最大限度地控制和利用企业的潜力与价值。全球化经营的工商企业只有进行成功的跨文化管理，才能使企业的经营得以顺利运转，竞争力得以增强，市场占有率得以扩大。

跨文化管理包括跨越国界和跨越民族界限的文化管理。消除文化的差异是跨文化管理着力解决的核心问题。文化差异可能来自沟通与语言的理解不同、宗教信仰与风俗习惯迥异、刚性的工商企业文化隔阂等诸多因素。因此，跨文化管理需要对以下问题进行有效管理：①如何明确本企业的文化价值倡导？②如何避免文化的本位主义？③如何确定本企业的跨文化管理策略（文化同化、文化折中、文化融合）？④如何进行人才的本土化培养？

### （二）对跨文化管理的认识

首先，开展全球化经营的工商企业必须承认并理解各国之间文化差异的客观存在，要重视对他国语言、文化等的学习和了解。这是增强跨文化管理能力的必要条件。理解文化差异有两层含义：一是理解东道国文化如何影响当地员工的行为；二是理解母国文化如何影响企业派去当地的管理者的行为。对于不同类型的文化差异，需要采用不同的措施去克服。例如，因管理风格、方法或技能的不同而产生的冲突可以通过互相传授和学习来克服；因生活习惯和方式不同而产生的冲突可以通过文化交流来解决……只有把握不同类型的文化差异才能有针对性地找出解决文化冲突的适宜办法。

其次，要辩证地对待文化差异，在看到其不利一面的同时还应看到其有利的一面，并恰当、充分地利用不同文化所表现的差异，为工商企业的经营发展创造契机。例如，广州本田汽车公司总经理指出："我们企业内部的矛盾颇多，但这也有好的一面。我们在中国选择合作伙伴时，总是喜欢挑选一些与我们想法不同的合作者，这使我们经常发生意见的碰撞，这样不同思想的碰撞就会产生新的想法，从而创造出本田新的企业文化。"根据这位总经理的体会，只要能正确对待不同文化的矛盾和冲突，不仅不会使其成为工商企业经营的障碍，反而会使之成为工商企业发展的动力和创新的源泉。

此外，要充分认识到跨文化管理的关键是对人的管理，因此要实行全员的跨文化管理。一方面，跨文化管理的目的就是使不同的文化进行融合，形成一种新型的文化，而这种新型的文化只有根植于企业所有成员之中，通过企业成员的思想、价值观、行为才能体现出来，才能真正实现跨文化管理的目的，否则跨文化管理将会流于形式。另一方面，在全球化经营的工商企业中，母公司的企业文化可通过企业的产品、经营模式等转移到国外分公司，但更多的是通过熟悉企业文化的经营管理者转移到国外分公司，因此，全球化经营的工商企业在跨文化管理中必须强调对人的管理，既要让经营管理者深刻理解母公司的企业文化，又要选择具有文化整合能力的经营管理者到国外分公司担任跨文化管理者的重要职责，同时还要加强对工商企业所有成员的文化管理，让新型文化真正在管理中发挥其重要作用，从而使全球化经营的工商企业在与国外工商企业的竞争中处于优势地位。

# 第十一章 工商企业流程再造

## 第一节 基于分工理论的工商企业流程

### 一、工商企业流程的内涵

工商企业是一个"投入—产出"的转换系统，它将多种输入转换为多种输出，如将原材料、半成品等物品经过生产转换为对顾客有价值的产品或服务；将投资者或贷款人的资金转换为投资者红利、贷款人利息与国家的税金等；将普通人经过生产实践和教育转变为素质较高且有一定专业性的员工；将普通信息转变为有一定用途的信息。工商企业的有效运行实际上就是其物流、资金流、人流与信息流合理流动的过程。这种过程有一个显著的特征，即按照一定的逻辑顺序，由一个阶段向另一个阶段变换，这种变换过程实际上就是一种流程。

那么，什么是流程呢？"流程"在英国朗文（Longman）出版公司出版的《朗文当代英语词典》中解释为：一系列相关的、有内在联系的活动或事件产生持续的、渐变的、人类难以控制的结果，如沉陷的森林经过长期的、缓慢的化学变化而形成煤；一系列相关的人类活动或操作，有意识地产生一种特定的结果，如收看电视节目要经历插上电源、打开电视机、搜寻电视节目等一系列活动，这就是流程。从流程这一概念的两种解释可以看出，流程是由一系列的活动或事件组成，前者是一种渐变的连续性流程，后者是一种突变的断续性流程。因此，流程实质上就是工作的做法或工作的结构，抑或事情发展的逻辑状况。它包含了事情进行的始末、事情发展变化的经过，既可以是事情发展的时间变化顺序，也可以是事情变化的空间过程。

流程对于工商企业来说已司空见惯，甚至可以说，工商企业就是依赖各式各样的流程而运作的。工商企业中的生产流程、财务流程、企业发展战略流程、新产品研发流程、采购流程及售后服务流程都是工商企业流程的一种表现。对于工商企业流程的定义，不同的学者有不同的提法，即使是同一学者，在不同的场合对其定义亦不完全相同。

## 二、分工理论的产生与发展

当代绝大部分工商企业的流程都是基于分工理论设计的。分工理论是当代工商企业流程设计的一大理论基石。了解目前大多数工商企业普遍存在的业务流程，有必要回顾分工理论及其产生与发展。

### （一）分工理论的产生

工商企业管理是随着资本主义制度的产生和发展而逐步形成的。18世纪60年代开始了一场产业革命，这场革命不仅是一场技术革命，而且是一场社会关系的革命。手工制造业开始向机器大工业过渡，社会的基本生产单位从家庭走向工厂。工厂制度的出现，导致了生产组织和社会关系的巨变，管理的必要性逐渐明显。一些西方早期管理思想家和企业主对管理问题进行了探索和实践，其中主要的代表人物是英国古典经济学家亚当·斯密。1746年，亚当·斯密毕业于牛津大学，当时正是英国产业革命前期。他费时10年，于1776年出版了代表作《国民财富的性质和原因的研究》（即《国富论》）。书中提出了对管理理论及管理实践的发展具有重大意义的劳动分工理论。

亚当·斯密指出："劳动生产力上最大的增进，以及运用劳动时所表现更大的熟练、技巧和判断力，似乎都是分工的结果。"[①]他以制造扣针为例，具体说明了劳动分工的优点。在分工以前，每个工人连20枚针也制造不出来。但是，如果将扣针的制造分解为十几道操作工序，每道工序由专门的工人操作，这些工人进行分工协作每天可生产48000枚针，即每个工人每天平均可生产约3000枚针，效率提高达150倍。因而，亚当·斯密提出："为了提高生产效率，必须提倡劳动分工，把制造产品的过程分解为一连串简单的动作、一道道简单的工序，让每个工人只从事其中的一种或少数几种工作。"

### （二）分工理论的发展

亚当·斯密分工理论的问世成为近代产业革命的起点，大大促进了英国及其他西方国家工商企业的成长与发展。此后，有许多管理专家和学者发展了这种专

---

① 斯密.国民财富的性质和原因的研究：上卷［M］.郭大力，王亚南，译.北京：商务印书馆，1994：5.

业分工理论，并将其运用到工商企业具体实践中。其中代表人物有弗雷德里克·泰勒、亨利·法约尔、亨利·福特和艾尔弗雷德·斯隆。

泰勒是科学管理理论的创始人，他一生大部分时间所关心的主要事情，就是如何提高生产效率。他对分工理论的发展表现在以下两个方面：①对管理工作进行分工，明确划分计划职能和执行职能。计划职能人员负责研究、计划、调查、控制，以及对操作者进行指导，逐步发展管理者专业化；而基层管理者负责执行职能。②采用职能制组织代替军队式组织，实行职能工长制。职能工长是按职能分工的工段长。为了提高工效，必须对管理工作进行细分，使每个职能工长只承担一方面工作。泰勒的科学管理理论反映了当时大机器工业生产中的某些客观规律，使管理由经验上升为理论，在20世纪初得到了广泛的传播，并逐渐形成世界所重视的科学管理运动。泰勒所提倡的职能管理思想为以后职能部门的建立和管理的专业化提供了理论依据。

法约尔是经营管理理论的创始人，他和泰勒、韦伯一起创立和倡导了古典管理理论。法约尔以大企业的整体作为研究对象，对经营管理活动、职能、原则等方面进行了全面系统的探索和论述。法约尔对分工理论的贡献在于：①将工商企业的全部活动分为技术活动、商业活动、财务活动、安全活动、会计活动和管理活动六类。②将管理分解为计划、组织、指挥、协调和控制五大职能。③提出实施管理的十四条原则，首条即为"劳动分工"。法约尔认为，劳动分工属于自然规律；工人总是做同一部件，领导人经常处理同一些事务，就可熟悉、自信和准确地对待自己的工作，从而提高工作效率；专业化分工不仅适用于技术工作，而且毫无例外地适用于所有涉及一批人或要求几种类型能力的工作，其结果是职能专业化和权力的分散。

由于分工理论的产生、发展与成熟，工商企业生产和管理实践发生了巨大变革。20世纪初期，福特汽车公司的创始人亨利·福特率先将分工理论应用于生产，创立了"福特制"。福特制的主要内容包括生产自动化和生产标准化两方面。生产自动化是废弃由技工单独负责组装全车的做法，将生产过程分解为不同的作业，让每个员工只负责其中的一项或少数几项作业，然后利用高速传送的运输系统，把全部作业组成流水作业线，使全部作业同时进行，连续不停地运作。生产标准化包括以下内容：①产品标准化，即将生产集中于唯一最佳的产品类型，实行单一产品的原则。②零件标准化。③车间专业化，即将各种不同的规格零件，分别交由各种不同的专业车间制造。④机器和工具专门化。⑤作业标准化，即实施工人操作的标准化。实行这种制度，由于简化了操作方法，降低了产品的生产成本，因此较大地提高了生产效率。根据福特汽车公司生产T型车的经验，在实行福特制以后，汽车的装配时间减少到原来的十分之一。

以福特所创造的"福特制"为开端，几乎所有的工商企业或行业都在机械化、自动化的基础上采用了劳动分工的方法。随后，这种劳动分工的思想又进一步扩展到工商企业内部的其他管理部门，使这些部门也按照专业分工的原则设立机构与安排职务，产生了计划、财务、技术等专业管理部门及其相应的专业技术管理者。几乎与福特同时代的通用汽车公司总裁艾尔弗雷德·斯隆在福特的基础上将劳动分工理论再次向前推进一步，斯隆实际上树起了劳动分工理论发展的第三个里程碑。福特根据劳动分工原理化解汽车装配工作，把它拆成一系列毫不复杂的任务，使每个工人的工作都简单易学。然而，人员协调和工人工作成果的组合过程却因此而变得非常复杂，管理方面显然跟不上高效率工厂系统的需求。斯隆正是在此基础上，将劳动分工理论应用到管理部门的专业人员之中，并使之与工人的劳动分工呈平行发展之势。有了这样完整的工人及管理者的系统分工，汽车业才真正称得上"大规模生产"。他创造出层层上报的"金字塔"形组织结构，用以管理日益庞大的工商企业内部官僚体系。公司总部只要掌握下面各部门上报的生产与财务报表，就可以进行规划与监督。"金字塔"形组织的最大优点就是十分易于管理与规划。在精密的分工下，工作性质单一，管理阶层容易确保员工工作的一贯性和正确性，从而可以确保工商企业在庞大的组织体系下能够有效地运作。同时，"金字塔"形组织结构也有利于工商企业在经济快速发展的环境中迅速扩张。斯隆的这套管理分工方法逐渐发展成在现代大企业中所常见的分工极细、以职能阶层为基础的工商企业组织结构和管理体制，并成为各个国家、行业及工商企业的通行模式。

### 三、基于分工理论的工商企业流程的弊端

分工理论的发展及其实践对于提高劳动生产率、增强企业竞争能力和发展社会生产力发挥了巨大的作用。但是，随着时代的变迁和人们思想认识的变化，尤其是进入20世纪80年代以后，分工理论及根据这一理论所产生的工商企业流程，日益显现出不利于工商企业的生存与发展的弊端。

工商企业是通过流程来运作的，工商企业流程是企业活动的集合。对于工商企业的活动，可以有两种不同的方式进行整合，一是按活动的相同性或相近性，将从事相同或相近活动的人合在一起形成职能型群体，即基于分工理论的职能型群体，如将从事财务工作的人合在一起形成财务部门；二是按活动的相关性，将从事相关活动的人合在一起形成流程型群体，即基于流程的群体，如将某一产品的设计、工艺、生产、检验等人员合在一起形成该产品开发的流程小组。

在职能型群体组织中，群体成员承担着同样的工作，可获得分工的效率与规模效益；群体的管理者是该领域中的专家，群体成员与管理者有着相同的工作态

度和价值取向，因此，彼此之间有较大的融洽性，管理工作相对简单。然而，在基于分工理论的职能型工作群体组织中，一个完整的工作流程要跨越多个职能部门。图 11-1 是制造型工商企业中顾客订单落实流程所跨越的职能部门情况①。在这类工商企业中，一些顾客的订单落实业务流程被销售部、财务部和生产部三大职能部门的若干个单位分割为一个个片段，各部门之间存在着频繁的协调与沟通。

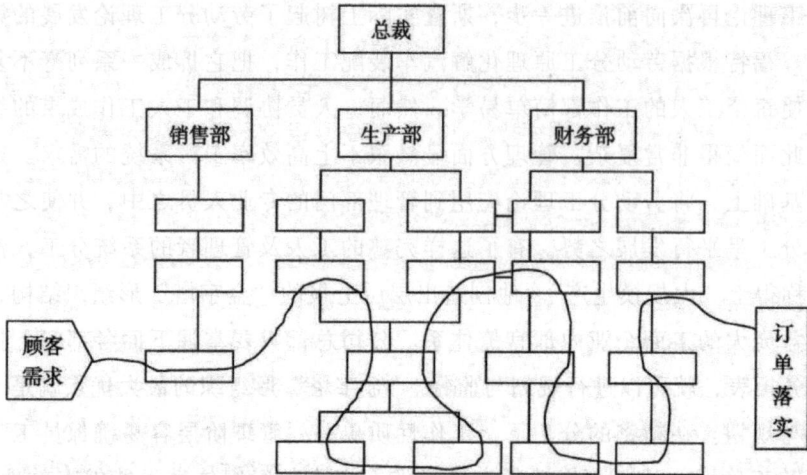

图 11-1 制造型工商企业中订单落实流程所跨越部门情况

在基于分工理论的职能型组织中，完整的业务流程常常被割裂得支离破碎，每一个部门所从事的工作，对于一个完整的流程来说只是其中的一部分，但对于这些部门来说却是其工作的全部。因此，各部门往往是"只管自己门前雪，不管他人瓦上霜"。其结果是各部门的工作可能都是有效的，但整个流程的运作却是低效的。其弊端具体表现在如下几个方面。

### （一）分工过细

一个经营过程往往要经过若干个部门、环节的处理，整个过程运作时间长、成本高。工商企业的经营活动处于这种迟缓的运作状态，直接导致了它在快速多变的市场环境中处境被动。例如，美国一家大型保险公司，随着业务的迅速发展和管理工作的日益复杂化，客户索赔竟然要经过250道程序，结果客户怨声载道，客户数量不断下降。

### （二）无人负责整个经营过程，缺乏全心全意为顾客服务的意识

各部门按专业职能划分，每个部门犹如"铁路警察"，各管一段，结果是各部门只关心本部门的工作，并以达到上级部门满意为准。"顾客就是上帝"只是营销

---

① 芮明杰，钱平凡.再造流程［M］.杭州：浙江人民出版社，1997：289.

人员的信条，工商企业的其他员工，并不关心生产的产品或提供的服务是否能真正满足顾客的需求。

### （三）组织机构臃肿，助长官僚作风

为了把工商企业内部各部门、各环节衔接起来，需要许多管理者作为组织管理的信息存储器、协调器和监控器。当今，人事负担已成为美国各大工商企业难以承受的重负。此外，在执行任务时，各部门都从本部门的实际利益出发，不可避免地存在本位主义和相互推诿现象。这些都是不增值的环节，也造成了经营过程运作成本高。

### （四）员工技能单一，适应性差

精细的分工增加了员工工作单调性，致使工作和服务质量下降，员工缺乏积极性和主动性，责任感差。

以上几个问题严重阻碍了工商企业的生存与发展，人们迫切需要新的管理理论，并借助它的力量在工商企业中进行一场根本性的管理革命，使工商企业再度在市场竞争中成为强者。

## 第二节　工商企业流程再造产生的必然性

传统的分工理论曾为工商企业生产效率的提高和社会生产力的发展做出了巨大贡献。但是，任何理论的存在与运用都具有一定的客观条件。随着时代的变迁，传统的分工理论日益受到挑战。如今，由于经济飞速发展，科学技术与管理模式日臻完善，工商企业的经营环境发生了巨大的变化。如果仍沿用一二百年来的运作方式，就显然不合时宜了。因此，需要从一个崭新的角度来重新审视并变革基于传统分工理论的工商企业运作方式。"顾客""竞争""变化"是促使工商企业流程再造的三个重要的外部环境因素，"劳动者素质的提高""信息技术的普及和完善"是工商企业流程再造得以实施的重要内部保障。

### 一、工商企业外部环境的变化

### （一）顾客

顾客就是上帝的说法由来已久，但顾客真正成为上帝却是最近20年的事，这是因为商品的丰富性使卖方市场变为买方市场，形成所谓的顾客主权。自从20世纪80年代以来，厂商—顾客关系中的决定性力量就发生了转移。厂商不再占上风，顾客开始起决定性作用，顾客可以告诉供应商：他们想要什么，什么时候要，如何要，以及愿意付多少钱。这种新形势使得那些只适应大规模市场的公司十分不安。

顾客在与厂商的关系中之所以能取得优势，其中一个重要原因是消费品缺乏的情况不复存在了。从供应方来说，世界各地的生产者越来越多；从需求来说，发达国家的人口越来越少，许多产品的市场已经饱和，所以消费者有了更多的选择，因此他们可以更加挑剔。

向后一体化的威胁同样也推动了市场决定性力量从生产者向消费者转移。因为工业消费者可以购买、雇佣和供应商相同的机器设备和职员，所以，以前只能靠供应商做的事情，现在工业消费者自己也可以做了。后一体化的威胁不仅来源于工业消费者，而且也来源于一般消费者。

信息也是改变买卖双方关系的一个助推器。除了琳琅满目的各色商品可以选择，现代消费者的另一大优势在于信息灵通。发达的市场经济社会里总是有铺天盖地的广告、商情向消费者们展示许许多多新奇商品的性能、优点，有各种各样的购物指南、市场调查评估机构向消费者介绍它们对各个品牌的商品性能价格的评比结果。不仅如此，今天的消费者还可以通过互联网查阅各个知名厂家、商家提供的产品和服务的详细资料，而近来取得高速发展的网上商场、网上购物更是为消费者提供了很大的便利性。现在的消费者早已不满足于"货比三家"，而可以足不出户就在自己的计算机上"货比十家"，甚至"货比百家、千家"。新的通信技术使顾客坐在家里便可以了解许多商业信息。

由于种种原因，顾客的购买行为不再像以前那样有整体的特征，越来越表现出个性化需求的趋势。顾客（消费者或公司）要求产品和服务按照他们的需求进行设计和生产。大规模市场已经分解成细小的市场，有的小到单个顾客，工商企业已经从面向市场转向面向顾客。

总之，20世纪50—70年代那种不断扩大的大规模市场已经不再有了，当今的顾客，不管他是个体消费者还是工业用户，都知道自己需要什么，应该为此付出多少，以及如何使交易条款更符合自己的要求。如今工商企业不了解这一点，就不能生存，更谈不上发展。

### （二）竞争

竞争从来都是市场的法则。但是，以前的竞争十分简单，只要企业的一个产品或服务以最优的价格获得了市场，该工商企业就能获取竞争优势。现代工商企业竞争不仅是要靠质量、产品的品种、交货速度和销售前后的服务。换言之，现在不仅存在更多的竞争，而且存在多样的竞争。概括起来，现在的竞争存在以下几个显著的特点。

1.竞争范围空前扩大

随着贸易保护壁垒的消失，日本、美国、德国、法国、韩国等国家的商品相互进入各自市场，从国内竞争变为国际竞争，世界上任何一个工商企业所能提供的最优的价格、最好的质量和最好的服务，会迅速成为各个工商企业所效仿和遵循的标准。随着我国加入WTO，我国的经济开放程度会有很大提高，在我国工商企业可以自由进入国际市场的同时，也面临着外国工商企业在海外和中国市场上的直接挑战。我国工商企业必须清醒地意识到，中国市场不再仅仅是国内市场，更重要的是它将是国际市场的重要组成部分。某个工商企业，如果不能肩并肩地与世界上最好的工商企业站在领导世界新潮流的工商企业行业之内，便会很快地在市场上失去立足之地。任何一个有良好前景的行业，只要一出现，就会有许多工商企业进入，资本不再是瓶颈，每天有超过2万亿美元的游资在寻找投资机会。就算在国内，这种情况也屡见不鲜，许多著名厂商都在不断扩大自己的经营范围，如海尔就从制造冰箱、冰柜扩展到生产空调、洗衣机、彩电等几乎所有的家用电器。

2.竞争手段越来越多

传统的竞争手段主要集中在产品和服务的质量和价格两个方面，现在的竞争焦点往往出乎预料之外，产品款式、广告、售后服务、信贷支持甚至品牌的文化象征意义都成为吸引消费者的手段。高新技术使企业常常能在合作、服务等各方面创造出令同行瞠目结舌的新的竞争形势。例如，奥的斯（OTIS）所创造的用计算机控制的服务系统可以在24小时之内为北美9300个电梯和自动扶梯用户提供优质服务，当维修人员到达需要服务的现场时，电脑已经把问题的性质和电梯的维修历史查清了。依靠技术革新，诸如奥的斯这样的公司，提高了顾客对其他公司的产品和服务的期望值，把竞争的标杆又升高了一级。

3.竞争规则频频改写

竞争规则是在长期的市场竞争中逐步确立起来并被市场参与者认同的，但是，现代市场中层出不穷的新技术和随之而来的新兴竞争手段已经使许多旧规则失去作用，特别是那些掌握着崭新技术的工商企业，一旦进入市场就带来全新的竞争法则。新成立的公司没有组织上的负担，不受公司历史的束缚，可以在老公司重新获得新产品开发的资金之前，带着一批新产品进入市场。老公司庞大的组织规模不再是牢不可破的优势。现在，任何公司都必须警惕那些新崛起的公司。新兴或新建工商企业最大的特点是不墨守成规，它们常常以崭新的管理法则、经营法则和对新技术的开创性应用而一跃成为新星。

4.竞争的结果空前残酷

现代市场竞争的一个显著特点是结果残酷，不管多大规模的工商企业，一旦在重大经营决策上出现失误，结果往往是灾难性的，很少有机会卷土重来。

## （三）变化

顾客在变化，竞争在变化，而变化本身的性质也在变化，变化无处不在，变化持续不断、永无休止。纵观世界历史上几次大的产业革命，都会发现技术的进步在改变生产方式的同时，无一例外地改变了人们的消费方式、生活方式和思维方式。电的发明，汽车的发明，电报、电话、电视的发明，直至计算机的发明，无不深刻地改变了整个社会形态。

### 1.变化的内容更加丰富多彩

除了产品方面的变化，工商企业在服务上的创新也层出不穷，金融机构为企业融资而推出的花样不断翻新的金融工具就是典型。又如，不久之前发达国家的人寿保险公司还只提供两个险种：一种是定期保险，另一种是终身保险；而现在它们所提供的是经常变化的拼盘险种，顾客可以自选各式各样的险种，从而使各保险公司在开发新险种方面的竞争压力与日俱增。

### 2.变化的速度在加快

随着新技术的不断出现，经济的全球化和竞争对手的增多，使许多产品和服务的寿命周期大幅缩短。管理学家汤姆·波特斯（Tom Perters）在1992年提出，现在是奈秒变动的时代。美国英特尔公司总裁安德鲁·格鲁夫（Andrew Grove）在《十倍速时代》一书中指出，现代工商企业环境充满了十倍速变化的威力。过去，福特汽车公司所生产的T型黑色轿车为整整一代人所用；而现在所推出的计算机产品的生命周期只有两年，或许还不到两年。一家美国养老基金管理公司最近开发了一种利用税法与利率特点的特殊服务，这种服务的市场寿命平均值只有三个月。

### 3.难以预料和出人意料的变化

各公司必须注意这方面的变化。工商企业的高级管理者往往认为他们的公司已经装备了对变化敏感的观测系统或报警器，因而可以预测各方面的变化，事实上并非如此。有一家消费品制造商的品牌经理为了发现影响他们产品销量的因素，而对消费者对其产品的态度和意见进行了认真的跟踪调查。奇怪的是，调查结果总是给他们带来好消息，但市场份额却急剧下降。他们又做了很多调查，发现顾客的确喜欢他们的产品，但市场份额仍然在下降。事实证明，是公司的订货支付过程得罪了零售商，是零售商的报复行为减少了他们的产品摆在货架上的数量。这是品牌经理所没有预想到的。可能使公司彻底失败的原因就是那些难以预测和出人意料的变化，这些变化也正是当今工商企业经营环境变幻莫测的重要原因。

## 二、工商企业内部环境的变化

### （一）劳动者素质的提高

　　能否提高员工的素质，充分发挥员工的积极性和创造性，从来都是决定工商企业管理思想、组织结构、运作方式及业务流程的重要因素。在当今时代，由于企业员工工作、生活和学习条件的改善，以及员工素质和技能的提高，工商企业中人的因素也发生了明显变化。源于泰勒科学管理理论的制度化管理思想曾主导着美国工商企业的管理实践，从工商企业内部生产的专业化分工到业务流程的严格控制，曾是美国工商企业大规模发展的"核心技术"。但是，由于忽视工商企业中人的因素的改变所造成的深刻影响，上述管理思想和"核心技术"日益显现出不利于提高和发挥员工积极性与创造性的弊端。这些弊端主要有：①制度化管理思想与分工理论往往假设员工几乎没有一技之长，希望从事简单的工作；他们既没有时间，也缺乏能力接受培训；员工执行的任务越简单，其表现就越有效率。根据这一假设，工商企业将整体流程过于精细地分割为一道道工序，虽然每道工序的工作大大简化了，但是，将每道工序整合起来的工作极其烦琐，从而导致效率低下、成本高昂。更为重要的是，精细的分工增加了员工工作的单一性，使员工成为业务流程中的"零件"，束缚了员工人性的正常发展，压抑了员工的积极性和创造性。②制度化管理思想与分工理论常常假定"人们生来就懒惰、好逸恶劳"。根据这一假设，工商企业为了防范员工的渎职，在业务流程中设置了许多审核与监督的环节。这种做法耗时费力，在有些情况下，审核与监督的成本甚至超过没有审核与监督时可能会造成的损失，并且这种做法使员工在层层节制和公文往来中丧失了创造力和变革精神。③制度化管理思想与分工理论假定"一般人宁愿接受指挥，也不愿承担责任，缺乏进取心"。根据这样一些假设，工商企业常常采取集权和职能化的官僚主义运行机制，决策由高一级管理层做出，然后层层下达，处于生产经营第一线的员工没有责任也没有权力做出决策，员工自主管理的愿望受到压抑，从而极大地阻碍了员工的积极性和创造性的发挥。上述弊端表明，制度化管理思想与分工理论对工商企业中人的因素的认识，或者说对员工人性的认识，依然停留在20世纪初的科学管理阶段。事实上，由于生产技术水平和生活环境的不断提高，员工的构成和文化素质也在提高。

　　美国公众议事日程基金会在1983年的一份调查报告中指出，当今员工对工作有10条要求：①和尊重自己的人一起工作；②工作要有趣味；③工作出色能受到表扬；④有机会提高自己的技能；⑤为那些能倾听自己意见的人工作；⑥有独立思考的机会；⑦能看到自己工作的最终结果；⑧为有水平的经理工作；⑨不希望干太容易的活；⑩对所发生的情况感到十分了解。员工所提出的上述要求正是当今工商企业所需求的。今天，企业员工素质大大提高，工作灵活性和主动性的能力远高于以往，他们不再满足于从事单调、简单的重复性工作，对分享决策权的要求日益强烈。事实上，工商企业流程再造理论就是经过对人性的重新审视而产生的。根据再造理论，一方面，可对原有业务流程进行水平式的压缩，即将所有的责任和不同的步骤整合起来，全都交由员工个人或员工小组来承担，从而明确职责，并提高员工工作的兴趣；另一方面，也可对原有业务流程进行垂直式的压缩，即减少管理层次，实现组织结构的扁平化，允许第一线员工自行做出决策，从而让员工享有更大的自主权。此外，由于员工职责明确，对他们的监督与控制也就变得更加简单，只有在符合经济利益的情况下，新流程中才会出现监督与控制的环节。通过流程再造，可以较好地满足员工的成就感，促进员工积极性和创造性的发挥，最终导致工商企业整体利益的提高。

### （二）信息技术的普及和完善

信息技术的发展与应用为流程再造理论的出现提供了强有力的支持，利用信息技术能够有效地帮助工商企业实施流程再造。例如，利用建模仿真工具可以重新设计经营过程；采用计算机网络、数据库和多媒体等技术建立企业级、地区级乃至全球级网络，能够加快信息传递，实现信息共享，其结果是将传统的串行工作方式变为并行工作方式，将工商企业组织结构的层次由垂直变为水平，使工商企业成为协同工作的组织；利用专家系统和决策支持系统，可以使原来只能由专业技术人员和领导担当的工作转为由一般员工也可以担当。美国在20世纪80年代投资1万亿美元进行信息化装备，在1993年又掀起了一股建设未来信息产业基础设施——信息高速公路的热潮，到1995年国内工商企业计算机联网率高达90%，雄厚的技术基础使美国工商企业得以在20世纪90年代推行以流程再造理论为指导思想的变革，并取得立竿见影的效果。

## 第三节　工商企业流程再造的内涵及特点

### 一、工商企业流程再造的内涵

工商企业流程再造的实践始于20世纪80年代，但流程再造这一概念则是90年代提出的。美国哈佛大学的《哈佛商业评论》于1990年第7、8期刊出一篇题为《再造：不是自动化，而是重新开始》（*Reengineering Work：Don't Automate，Obliterate*）的文章，作者是曾任美国麻省理工学院计算机教授的迈克尔·哈默。

几乎是同时，麻省理工学院的《斯隆管理评论》1990年夏季刊推出了由托马斯·达文波特等人合写的文章《新工业工程：信息技术和企业流程再设计》(*The New Industrial Engineering: Information Technology and Business Process Redesign*)。由此揭开了流程再造的序幕。

伴随着迈克尔·哈默与詹姆斯·钱皮合著的《企业再造：企业革命的宣言书》(*Reengineering the Corporation: A Manifesto for Business Revolution*) 一书的出版，一场蔚为壮观的工商企业流程再造革命掀起了高潮。"流程再造"一词迅速成为美国企业界的流行语。《企业再造：企业革命的宣言书》出版后，在管理学界引起了巨大的震动，连续8周被美国《时代》杂志评为全美最畅销书，被认为是工商企业流程再造的权威著作，几十万本随即售空。在该书中，哈默和钱匹将工商企业再造定义为：为了在衡量绩效的关键指标上取得显著改善，从根本上重新思考、彻底改造业务流程。其中，衡量绩效的关键指标包括产品和服务质量、顾客满意度、成本、员工工作效率等。工商企业流程再造的内涵包含四个方面。

（1）工商企业再造需要从根本上重新思考业已形成的基本信念，即对长期以来工商企业在经营中所遵循的基本信念，如分工思想、等级制度、规模经营、标准化生产和官僚体制等进行重新思考。这就需要打破原有的思维定式，进行创造性思维。工商企业在准备进行再造时，必须自问一些最根本性的问题，如"我们为什么要这样做？""我们为什么要做现在做的事？"重新思考这些问题，可以迫使工商企业对经营企业的策略和手段加以审视，找出其中过时、不当和缺乏生命力的因素。一般来说，向传统的经营理念挑战，必须跳出传统的思维框架。例如，工商企业不能这样来自问："我们怎样才能提高审核顾客信用的效率？"因为这样的自问方式设立了一个前提，即必须审核顾客信用。试问，有谁规定必须审核顾客信用？事实上，在大多数情况下，审核顾客信用所耗去的成本比顾客呆账所损失的金额还要多。工商企业进行再造的第一步，就是要先决定自己应该做什么，以及怎样做，而不能在既定的框架内实施再造。

（2）工商企业流程再造是一次彻底性的变革。工商企业流程再造不是对组织进行肤浅的调整修补，而是要进行脱胎换骨式的彻底改造，抛弃现有的业务流程、组织结构，以及陈规陋习，另起炉灶。只在管理制度和组织形式方面进行小的变革，对根除工商企业的顽疾无济于事。

（3）工商企业通过再造工程可以取得显著的进步。工商企业流程再造是根治企业顽疾的一剂"猛药"，可望取得"大跃进"式的进步。哈默和钱匹为"显著改善"制定了一个目标，即"周转期缩短70%，成本降低40%，顾客满意度和企业收益提高40%，市场份额增长25%"。通过抽样统计表明，在最早进行再造的工商企业中，有70%达到了这个目标，取得了工商企业再造的初步成功。

（4）工商企业再造从重新设计业务流程着手。业务流程是工商企业以输入各种原料和顾客需求为起点，以创造出对顾客有价值的产品（或服务）为终点的一系列活动。在一个工商企业中，业务流程决定着组织的运行效率，是工商企业的生命线。在传统的工商企业组织中，分工理论决定着业务流程的构造方式，但同时带来了一系列弊端。工商企业再造之所以要从重新设计业务流程着手，是因为原有的业务流程是组织低效率的根源所在。

从上面的分析中，可以看出工商企业流程再造与以前的渐进式变革理论有本质的区别。工商企业流程再造是组织的再生策略，它需要全面检查和彻底翻新原有的工作方式，把被分割得支离破碎的业务流程合理地"组装"回去。通过重新设计业务流程，建立一个扁平化的、富有弹性的新型组织。

## 二、工商企业流程再造的特点

总的来说，工商企业流程再造具有如下特点。

（1）组织扁平化，决策权下移和外移。由于流程再造是充分利用信息技术整合工商企业的流程，削减了纷繁复杂的科层组织，使"流程小组"和"一线人员"有了充分的自主权，权力从上层向下层移动。同时，顾客被纳入了工商企业的新的业务流程，工商企业的出发点即为"顾客的有效需求"，因此，顾客的权力越来越大，权力从工商企业内部向外部顾客转移。

（2）在新的业务流程中，减少了审核和监督。在传统的流程中，由于被分开来的工序较多，因此，需通过审核与监督来把分开的工序再"黏合"起来，而在新流程中，减少了接触点，就减少了审核与监督，同时也减少了冲突。

（3）新流程没有装配线。这是整合后流程最普遍的特点，因为许多原本被分割开来的工作又被合理地组装回去或是被压缩成一个完整的工作，在新流程中，由专员对顾客的问题和要求一手包办或由工作小组的成员来共同解决。通过压缩平行的工序，装配线自然消失了，同时减少了监督工作，也精简了人员。

（4）打破了连续性的作业方式，取而代之的是同步工程。即将多道工序在互动的情况下同时进行，各工序之间随时可以交流，从而能大幅度提高流程效率，缩短运行周转时间。

（5）新流程中顾客的服务由"流程小组"或"通才"来完成，使顾客的要求在尽可能少的程序中就能得到回应。

（6）信息和知识共享。由于网络等技术在新流程中的广泛运用，工商企业内产生了共同的信息平台，原来只有具体部门具体人员才能了解到的信息与知识被所有员工了解，提高了工商企业的综合能力。

（7）管理者角色有较大转换。在新的业务流程中，经理人员的角色在很大程度上将从"领导者"转换成"公仆"，从较多地对下属进行监督、控制转变为指导、帮助和支持基层工作，更多地发挥服务的功能。

（8）对工作人员的考核将发生变化。过去对员工的考核基本上是根据其个人业绩进行考核。在改造后的流程内，将会逐渐过渡到根据员工业绩与流程小组业绩按一定比例共同考核，然后完完全全过渡到只通过流程小组业绩对员工进行考核。

### 三、工商企业流程再造的基本原则

（1）以顾客为中心。全体员工建立以顾客而不是"上司"为服务中心的原则。顾客可以是外部的，如在零售商业企业，柜台营业员直接面对的是真正的顾客；也可以是内部的，如商场的理货员，他的顾客是卖场的柜台小组。每个人的工作质量由他的"顾客"做出评价，而不是由"领导"做出评价。

（2）工商企业的业务以"流程"为中心，而不以一个专业职能部门为中心进行。一个流程是由一系列相关职能部门配合完成的，体现于为顾客提供有益的服务。对"流程"运行不利的障碍将被铲除，职能部门的意义将被减弱，多余的部门及重叠的"流程"将被合并。

（3）"流程"改进后具有显效性。改进后的确提高了效率，消除了浪费，缩短了时间，提高了顾客满意度和公司竞争力，降低了成本。

### 四、工商企业流程再造的意义

#### （一）对组织机构的影响

流程再造对工商企业的冲击是巨大的，现代工商企业的职能部门数量及级别会大大压缩，工商企业的组织机构不再是"多级管理"，而是呈现"扁平化"趋势。以专业技术组织的职能部门仍将存在，但部门之间的"边界"大大淡化。部门经理权力有限，一般只是制定战略、培训及管理人员，员工的直接服务对象是顾客，而不是"上司"。

#### （二）TEAM（流程团队）在工商企业中重要的地位

按照一定的流程组成的TEAM活跃在工商企业经济活动中，TEAM可以是临时的，也可以是永久的。一个TEAM可以跨越许多专业部门，如在一个计算机公司内，为了一个项目，可以由市场部、销售部、技术部、维修部、财务部等多部门共同组成一个临时的TEAM。这样，工商企业以一个整体共同面向用户，避免了在销售时，同一公司的不同部门络绎不绝地出现在同一个用户面前，而在系统维护时，用户则不知道去找谁的局面。在一个商场，对某类商品的进货，可由商品部、采购部、财务部、小组、库房等组成一个永久的TEAM，用以提高商品进货的效率、商品的适销度。

### （三）对人事管理及考核、薪酬制度的冲击

由于采用"流程"为工作重点，对以官本位为基础的专业职能及人事管理体制，产生了极其猛烈甚至是残酷无情的冲击，分析并量化工作流程将是一项复杂及崭新的挑战，对各级管理者的评定将不再是各种行政级别，整个流程的执行结果将是人员的考核、薪酬评定的标准。

### （四）对员工的积极要求

在运作中，员工将分为具有领导及沟通能力的"流程领导者"和各类应用专家，每个人可以根据自身特点选择自己的发展方向。这样只要认真努力，自然会拥有名义及地位。例如，在微软公司的项目组中，一个级别较低的项目经理可以领导一个技术级别等同于比尔·盖茨的技术专家。在此情况下，每个人追求的将不再是各级"经理"或"处长"等，而是各种"专家"。

### （五）对工商企业管理方式的冲击

国内有些工商企业有这样的误区，提起加强管理，就是制定出数大本《××企业管理制度汇编》，然后监督执行。但我们同样可以看到，许多管理制度健全并严格执行的工商企业仍然被市场无情地抛弃，这就是只重局部管理、不看整体流程所造成的，可以称之为见木不见林。我们可以在事后埋怨体制，但事实上，整体流程僵化的绳索往往是我们自己套在脖子上的。

综上所述，流程再造对工商企业的改造是全面的、彻底的，大部分的现行体制将被打破、重组。只有重视顾客、关心流程、运行效率高的工商企业，才能在今后的市场中得以生存。

## 五、工商企业流程再造的类型

哈默教授首先提出业务流程再造的概念，但他在业务流程再造的方法中并没有为工商企业提供一种基本范例。不同行业、不同性质的工商企业，流程再造的形式不可能完全相同。工商企业可根据竞争策略、业务处理的基本特征和所采用的信息技术的水平来选择实施不同类型的流程再造。根据流程范围和再造特征，可将流程再造分为以下三类。

### （一）职能内的流程再造

通常是指对职能内部的流程进行重组。在旧体制下，各职能管理机构重叠、中间层次多，而这些中间管理层一般只执行一些非创造性的统计、汇总、填表等

工作，计算机完全可以取代这些业务而将中间层取消，使每项职能从头到尾只由一个职能机构管理，做到机构不重叠、业务不重复。例如，物资管理由分层管理改为集中管理，取消二级仓库；财务核算系统将原始数据输入计算机，全部核算工作由计算机完成，变多级核算为一级核算；等等。

宝钢实行的纵向结构集中管理就是职能内流程再造的一种体现。按纵向划分，宝钢有总厂、二级厂、分厂、车间、作业区五个层次。在1990年底的深化改革中，宝钢将专业管理集中到总厂，二级厂及以下层次取消全部职能机构，使职能机构扁平化，做到集中决策、统一经营，增强了企业的应变能力。

**（二）职能间的流程再造**

职能间的流程再造是指在工商企业范围内，跨越多个职能部门边界的业务流程重组。例如，北京第一机床厂进行的新产品开发机构重组，以开发某一新产品为目标，组织集设计、工艺、生产、供应、检验人员为一体的承包组，打破部门的界限，实行团队管理，以及将设计、工艺、生产制造并行交叉的作业管理等。这种组织结构灵活机动，适应性强，将各部门人员组织在一起，使许多工作可平行处理，从而大幅度地缩短新产品的开发周期。

又如，宝钢的管理体制在横向组织结构方面实行一贯管理的原则。所谓一贯管理，就是在横向组织方面适当简化专业分工，实行结构综合化。凡是能由一个部门或一个人管理的业务，就不由多个部门或多个人去管；在管理方式上实现各种物流、业务流自始至终连贯起来的全过程管理，克服传统管理中存在的机构设置分工过细及业务分段管理的情况。

**（三）组织间的流程再造**

这是指发生在两个或两个以上工商企业之间的业务重组，如通用汽车公司与Saturn轿车配件供应商之间的购销协作关系就是工商企业间流程再造的典型例子。通用汽车公司采用共享数据库、电子数据交换（electronic data interchange，EDI）等信息技术，将公司的经营活动与配件供应商的经营活动连接起来。配件供应商通过通用汽车公司的数据库了解其生产进度，拟定自己的生产计划、采购计划和发货计划，同时通过计算机将发货信息传给通用汽车公司。通用汽车公司的收货员在扫描条形码确认收到货物的同时，通过EDI自动向供应商付款。这样，使通用汽车公司与其零部件供应商的运转像一个公司似的，实现了对整个供应链的有效管理，缩短了生产周期、销售周期和订货周期，减少了非生产性成本，简化了工作流程。这类流程再造是目前业务流程重组的最高层次，也是重组的最终目标。

## 第四节  工商企业流程再造实践研究

虽然流程思想源远流长，但是现代意义的流程再造思想却是源于迈克尔·哈默博士于1990年发表在《哈佛商业评论》杂志上的文章《再造：不是自动化，而是重新开始》。该文已被西方管理学界公认为新的工商企业管理革命的理论基石。不少美国大公司如福特（Ford）汽车公司、沃尔玛（Wal-Mart）公司、美国电话电报（AT&T）公司、杜邦（Du Pont）公司、IBM公司、塔可贝尔（Taco Bell）公司，以及瑞典的沃尔沃（Volvo）汽车公司、德国奔驰（Benz）汽车公司等都运用再造理论进行改革创新实践，并取得非凡的成功。

工商企业流程再造，是国外管理界在全面质量管理（total quality management）、准时生产（just-in-time，JIT）、工作流（workflow）管理、团队（work team）管理、标杆管理等一系列管理理论与实践全面展开并获得成功的基础上产生的，是西方发达国家在20世纪末，对已运行了一百多年的专业分工细化及组织分层制的一次反思及大幅度改进。专业制分工及组织分层制是西方工业国家取得大规模工业化成功的前提，在托福勒的《第三次浪潮》一书中对"大就是好"的大规模生产时代进行了最详尽的描述，并预言其时代的终结。但十多年过去了，大企业并未消失，而是采用了流程再造及其他先进思想使自己获得了新生。

流程再造理论在1995年左右进入中国，目前上海复旦大学的流程再造理论研究较为深入，但至今未在国内见到有工商企业全面采用流程再造的系统报道。

### 一、工商企业僵化的主要原因及特征

"铁路警察，各管一段"式的专业分工精细化的组织机构、职能部门制是造成工商企业僵化的主要原因。工商企业僵化主要有如下特征。

（1）每个员工取悦的是自己的领导，因为领导掌握员工的地位、薪酬。每个员工可以冷落顾客，但丝毫不敢怠慢领导。

（2）职能部门以专业划分，在工商企业中形成一个个的利益中心，部门之间的边界极为明显，在一项业务涉及多个部门时，若发生利益冲突，各部门可以把全公司利益放到一边，维护自己的利益。协调内部矛盾耗去了企业的大量精力。

（3）为了加强内部管理，工商企业建立大量制度及审批手续，用于监督内部员工的。层层审批、众多领导"签字"制，大大降低了工商企业的运行效率，也是推卸责任的最好方式。

（4）企业员工追求升迁，一旦升迁，薪酬、地位、名誉均将得到提升，否则"人微言轻"，一切待遇、名誉无从谈起。但并非所有的员工都能走上领导岗位，

一旦升迁无望，员工要么跳槽，要么混日子。企业为了挽留员工，可能设定更多的领导岗位，甚至导致官职重叠。

（5）公文旅行、文牍主义存在于工商企业，对公文、报告、表格的检查、校对及控制是极其重要的基础工作，可以压倒一切，大量的人力、物力投放在上面，忽略了企业的真正存在的目的。一些历史悠久的工商企业中最常见的是各种制度均已健全，但已出现老化，有的已严重阻碍企业的发展，增大了企业的运营成本，使企业失去了竞争力。

工商界意识到企业僵化的问题，尝试了各种解决办法，在流程再造理论刚出现时立即进行实践。许多工商企业也因此获得了新生。

## 二、流程再造的应用

### （一）案例一：改进工商企业内部票据流程

企业的票据工作是工商企业管理的基础工作，对票据的简化及流程的改革是一项重要的工作。据国外报道，在处理票据流程中90%的时间是在传递、审核、签字，可以说，预防措施极为严格，但问题仍层出不穷。票据及流程改革的要点是：先考察票据、报表、公文的走向，简化合并票据，将票据部门之间的接触点减少到最小限度，建立标准作业程序，减少工作环节，减少调整及纠错工作。在可能的情况下，采用自动化技术传递票据，缩短传递时间，加快流速。

福特公司是一家美国大型汽车制造厂，由于现代工商企业均采用专业化协作，故其70%以上的零配件来自其他协作厂。在福特，对协作厂资金往来的处理形成了拥有500人的大型部门，为了提高效率，准备采用计算机技术，将人员减少到400人。但对日本的汽车生产企业马自达考察后，发现对方的每一个部门只有5个人。福特意识到，冗员众多的原因不在于采取什么技术，而在于"应付款"的流程上出了问题。在对流程分析后，发现在具体工作中，财务会计人员大量的精力及时间均放在了对3张以上的票据的传递及对十几项核对项的审核和校对上，导致了一个流程可以执行2周。这样，福特改变了思路，从简化流程开始，采用计算机技术传递票据，将核对项减少至3项，使整体的流程得以大大改善，时间缩短为2小时，人员精简为125人。

### （二）案例二：沃尔玛与供货商合作，建立快速补货体系

我们知道，常规的零售商与供货商的业务流程一般如下：零售商进行销售→发现商品库存快到最低点→向供货商要货→供货商发货→零售商入库→进行销售，这是最常见的方式。

但沃尔玛却采取了另一种方式，是在计算机及网络技术的基础上进行的。沃

尔玛对于某供货商每天的销售数据，不仅要发到自己的总部，同时通过"RETAIL LINK"软件包，利用互联网，发送到供货商的计算机系统内。这样，供货商对其商品销售的数据不再是1~2个月后才能知道，而是可以做到实时监控，马上可以掌握该地区的商品销售组合、流行趋势、顾客类型、销售时段，可据此按照自己的生产提前组织资源，进行生产和分销，而不是做一种想当然的"预测"。在与有些供货商的合作中，沃尔玛可以做到不用准备商品库存（货架除外），因为供货商对其货架情况了如指掌，一旦发现沃尔玛某类商品货架的数量接近最低点，供货商则立即组织主动送货，零售商与供货厂家形成了真正的合作伙伴关系。由于库存费用、运输费用都非常低，沃尔玛的市场竞争力自然远大于竞争对手。

这是改进补货流程的流程再造的典型案例。

在美国，与沃尔玛建立此类合作关系的供货商有宝洁、VF、BOSE等。宝洁公司与沃尔玛合并了它们的分销系统和仓储系统。宝洁公司可以随时根据掌握的各地区销售情况安排生产，在组织生产时，不再引用出库批发数据，而是零售数据，生产目的更加明确，自动为零售商补货。沃尔玛则免除了为保持库存量而产生的费用。

### （三）案例三：日本7-11的配送体系

在日本，最活跃的零售商是7-11便利店。据有人统计，一个日本人在其下班的路上，平均可以看到3家7-11便利店。这充分说明了日本7-11便利店的便利性。7-11的特点是：门店小——平均100平方米，品种多——3000个品种左右，每个品种的货架存放量少，送货频繁，商品无存储场地。7-11采取了一种全新的配送模式，即自己不建配送中心，由批发商实现共同建设。批发商是配送中心的管理者，每天7-11的销售数据均传送至配送中心，由配送中心进行处理，对其库存情况进行分析，产生需要补货的商品及数量，安排卡车及配送路线。商品的配送单位为SKU（最小零售单位），可能是2瓶洗发水、30瓶可乐等。由于简化了进货流程，7-11只要专注于选择合理的地点开店及为顾客创造更便利的环境即可，这就是7-11在日本发展得如此好的原因之一。而在互联网时代，大批的电子商务企业看好7-11的发展，纷纷与其建立合作关系，原因也在于此。

## 三、华为企业流程再造案例

自从20世纪90年代初哈默和钱匹提出业务流程再造理论后，世界范围内掀起了工商企业流程再造的管理革命浪潮。虽然理论界和企业界投入了大量的人力、物力、财力进行研究和实践，但是成功的经验和模式还是不多，尤其是在中国。华为之所以从小农式作坊全部转变成规模化的运作，流程优化厥功至伟。现在，华为专注于全球运营商企业，在全球化的路上小步快跑。我们不禁要问，它的流程优化是怎样实现的？它在流程管理中又是如何删繁除冗的？

### （一）瞄准关键点——掌握时间优势

在建立互联网系统前，华为发出货物后并不会把货物的详细信息提供给客户，这导致客户在接到货物后必须重新填制收货单据。这种服务模式的影响是，入账重审、内部资产审计等后续环节停滞不前，不仅耗费了大量时间，也使得流程作业如泥牛入海。为解决这个问题，去除作业流程中的劣势，华为构建了电子化的客服流程服务，一方面让客户省时省心，另一方面己方也减少了等待时间，一举扭转乾坤，化劣势为优势。因此，华为要求员工：一旦开始操作，就必须对各个关键环节的执行情况进行监控，以确保工作任务按照计划进度开展，并在此基础上提升效率。那么，如何掌控作业流程中的关键点呢？

俗话说，"知己知彼百战不殆"。为获得更高的价值，任务执行者应对建立这种优势需要多长时间、获得的优势会有多少及竞争对手掉转矛头做出有力反应的时间差等问题了然于胸。然后，在此基础上，不断提升关键环节上占有的时间优势。

通过改变作业方式、引进新技术、强化员工熟练度培训等方式，来改变关键环节的劣势状态。有时，劣势之处恰是优势转化的灵感来源。另外，通过梳理作业流程，找出可以加以整合的环节，通过减除、合并、重排等方式优化流程，也可以采用新技术代替旧技术，以缩短作业时间。对于影响时间优势的外部威胁要尽快化于无形。例如，一经发现竞争对手引入新技术后，要迅速掌握新技术的优劣势，将其优势之处纳为己用，并形成具有时间优势的技术手段。

### （二）发挥创造力——打破惯性思维

回溯到20世纪90年代初，华为以新兵姿态跻身电信设备制造商的行列。当时，摩托罗拉、思科、爱立信、北电等国外的老牌通信巨头正以强大的产品供货能力牢牢占据着中国市场。因此，华为内部滋生了一种观点：华为作为后来者，应尽快获得产品低成本的竞争优势。不过，华为决策者则认为，必须尽快优化生产管理、质量控制和物流体系，拉近与那些老牌通信巨头的距离。

1993年初，华为在西门子公司相关技术人员的帮助下，重新设计了整体生产流程。华为希望通过内部统一的物流体系，保障完整的质量控制和生产管理，并减少物料流通环节和生产周期，以全面提高华为的产品供货能力。

现在已无须再评价该项目对华为的深远影响，这一逆流而上、敢于挑战的思维方式，已经使华为发生了翻天覆地的变化。华为于是一直坚持在流程优化中打破惯性思维。

（1）正向梳理。对已完成的流程进行一次正向梳理，以操作者的态度来预估实现过程中各个环节衔接的流畅度，或选择合适的思维工具分析各环节之间的联系，并预测可能产生的收益。

（2）逆向发现。最利于发挥创造力的流程优化方法是采用逆向思维方法，挑出流程中的缺陷。在华为，每条产品线上会组建两支队伍——红军和蓝军，红军在对某个流程进行规划时，蓝军就要想尽办法来"捣乱""吹毛求疵"，找出红军设计流程中存在的缺陷。这种逆向优化方式使流程规划者更简单明了地看到流程的可待改进之处，而改进后的流程将使作业完成期限更易于掌握。

1.环节1——精简冗余

2009年，任正非向华为全体员工发出指示。让一线直接来决策。他曾经不遗余力地将一个庞大的企业集团牢牢地控制在手中，但是此时，在一线上奔忙的员工却渐渐缺少了当年创业时的激情和敏锐。他恍然发现，企业中设置了过多流程控制点，冗余的环节阻碍了上传下达的流畅性，降低了工作效率的同时，也磨灭了员工的热情。

任正非认为，去除流程中的冗余环节，让工作流程的各个环节得到精简，是优化工作程序、提高工作效率的第一步。

（1）发现和去除缺少价值的环节。如果流程中各个环节结束后未能如愿以偿地创造出预期的价值，那么，流程的执行也就失去了意义，执行流程只会平白地消耗资源。此时，只有删除那些冗余的流程，才能将有限的资源投入其他流程中，在总体上缩短流程周期。

华为中层管理者说："我现在最大的爱好之一，就是分析工作流程的网络图，每一次能去掉一个多余的环节，就少了一个工作延误的可能，这意味着大量时间的节省。这两年来，我去掉的各种冗余工作环节达70个，粗略评估一下，省下的时间高达3000多个小时，也就是120多天啊！"

（2）剔除流程中多余的环节。充分、良好的内部控制才能保证流程输出结果的质量。不过，需要注意的是，最理想的状态并非控制越多越好，而是保证流程中"杂草不生，禾苗旺盛"。反过来，我们可以利用流程进行内部控制分析——确定一个控制目标后，根据内部控制目标来确定关键的内部控制程序，再分析这些关键的控制程序，确定是否存在重复之处，是否存在优化的可能。一环扣一环地分析下来，冗余和重复的环节也就不存在了。

对流程进行内部控制分析时，流程设计者必须注意以下两点：第一，充分考虑工商企业的内部控制环境。工商企业不同，其内部控制环境也迥然不同，因而对内部控制程序的要求也不同。好的内部控制环境，控制风险相对较小，适当减少控制程序也不会影响控制目标的实现。第二，测试流程的实际执行情况。例如，对于"职责分离"这样的控制程序，只有通过实地考察才能确定该程序是否得到贯彻。

（3）改变任务中的问题环节。一些过于复杂的问题环节可能是进一步简化的机会。但是，困难和危险的工作显然不会同样被最高效地完成。例如，华为曾由内部员工来专门开展环境清洁工作，但管理者发现外聘专业保洁人员来操作这项工作比员工亲自操作更节约成本，更节约员工的有效工作时间。一般说来，如果员工都不愿意操作某些工作任务，管理者就应寻根究底，分析原因，解决问题。

2.环节2——合并同类项

除冗的另一种方法是合并同类项。庄子云："丘山积卑而为高，江河合水而为大。"合并的作用不仅在于化零为整，更在于能叠加优势，消除劣势。在华为，如果当前的工作环节皆不能被取消，那么管理者就会换个思路，是否可以将各个环节适当加以合并？合并是指将两个或两个以上的事务或环节合为一个。例如，工序或工作任务的合并、工具的合并等。很多情况下，各个环节之间的生产能力不平衡，有的人手短缺，有的则人浮于事，忙闲不均，将这些环节加以调整和合并，往往能去劣存优，取得立竿见影的效果。

（1）合并上下环节。将一项任务的多个环节分别交给几位执行者，可以大大加快工商企业内部物流和信息流的速度。但是，从上一个环节到下一个环节的交接过程，也可能发生错误。所以，为避免出现交接时的失误，可将多个环节的工作任务交由一名执行者全权负责。华为通常指定一位员工负责一个产品或服务的全过程——从下订单到发货或服务开始至结束。这些员工在服务业组织中称为"个案员"或"个案经理"，是客户与企业的单一接触点。

（2）合并任务相似的环节。常言道，熟能生巧。任务相同或相似的环节并轨，由一位执行者来完成，能最大限度地减少人力和时间方面的浪费。

（3）借助信息技术整合复杂环节。信息技术可以成为一个加速流程的强大工具。如果用于基础扎实的流程，信息技术能够极大增强它的能力。以数据采集、数据传送为例，华为采用计算机代替部分人力数据采集工作，降低了人为差错率；而自动化的数据传送，避免了对已经存在于一个系统里的数据的重复录入，省掉数据不匹配带来的麻烦。

3.环节3——合理排序

任正非要求："员工参加管理，不断地优化从事工作的流程与工作质量……改革一切不合理的流程。"那么，如何改进才能调整不合理的环节，保证流程的合理，达到化繁为简的目的呢？

（1）衡量各环节安排的合理度。华为通过"何人、何处、何时"三个问题，来确认流程中各个环节的安排是否合理。一旦发现不合理之处，立即推倒重来，以使各个环节保持最佳的顺序，保证工作环节的有序性。

何人：该环节由谁操作？操作技能是否娴熟？该环节是否为该员工最擅长的？是否存在岗位与员工能力不匹配的现象？如果让熟悉第一环节工作的员工从第二环节调回，可以节省多少时间？

何处：各环节的操作场所之间距离远近如何？是否便于工作交接？如果将某环节的操作场所加以调换，是否可以使工作交接时间更短？调整设备仪器的摆放位置后，操作者使用起来是否更方便、时间更短？

何时：从第一个环节开始至最后一个环节结束的时间，包括在各个环节之间的移动时间、加工时间及由于机器故障、部件无法得到等问题引起的延迟时间分别是多少？时间安排是否过于紧凑，使员工紧张、疲劳，或过于宽松，难以在交期前完成任务？

（2）理清逻辑顺序。工作流程中可能只有几个环节，也可能有数百个作业环节。如果对各环节排序不当，不合逻辑，将造成工作秩序的极大混乱，无形中延长了作业时间。环节安排顺序是否符合逻辑、是否清晰，我们可以从以下两个方面加以评价：第一，是否等待。一个环节完成后，作业者是否需要等待其他环节结束，才能共同进入下一个环节。第二，是否混乱。一个环节的开展过程中，是否需要下一个环节完成结果的辅助。

一旦出现等待或混乱的状态，必须予以调整，对此，我们可以采取以下两种方法：一是减少等待。了解各环节完成的时间，提前处理被等待的环节，保证各环节不必被等待，即可与其他环节直接进入下一环节。二是避免混乱。了解各环节之间的联系，分清哪个环节应在前、哪个环节应在后，前一个环节结束后才能开展后一个环节，保证各环节之间的有序性。

### 四、福特汽车公司采购流程再造案例

20世纪80年代初，福特汽车公司为降低间接成本和管理成本，首先从财务部门着手改革。当时，仅福特在北美的公司，财务会计部门员工就有500多人。为减少开支，福特公司试图借助办公自动化减少20%的间接成本，并把员工人数减为400人。但当知道日本马自达公司的财会人员仅有5人时，福特公司不得不重新思考这件事。由于财务会计部门只是一个部门，而非整体，仅改善财务会计部门，无法使工商企业发生决定性的变化。因此，福特公司决定必须改造整个采购流程。

福特公司原有采购流程可以称得上是传统的业务流程，如图11-2所示。首先由采购部向供应商发出订单，并将订单的副本交财务会计部，供应商把货物运到公司后，仓库便会将有关信息详细登录在表格上，并转交给财务会计部，同时，供应商也开出发票，送交财务会计部。于是，财务会计部便收到三种有关货物的

文件，即订单的副本、入库验收单和发票。如果这三个文件一致，财务会计部就付款，否则，就进行调整，写出报告，送交有关部门。

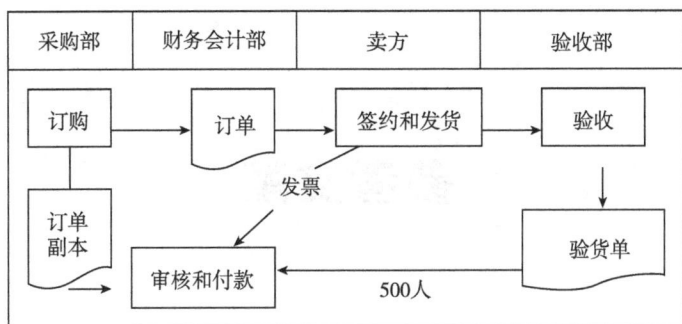

图 11-2　福特北美公司旧的采购流程

通过分析流程，发现在财务会计部员工的大部分时间都用于核实三者是否一致。如果把"收到发票以后就付款"改为验收货物以后就付款，则流程就会发生戏剧性的变化。再造后的流程如图 11-3 所示。在采购部门向供应商发出订单的同时，把采购信息输入计算机中，当供应商将货物运抵仓库后，验收员便查询数据库中有无相一致的订单，若有，则验收入库，并把入库信息输入数据库，计算机在接收到货物验收信息后便会在适当的时间内自动签发支票给供应商；若货物不符合订单的要求，验收员便会拒绝收货，并退货。通过采购流程的再造，财务会计部的员工下降到125人，而且工作效率大大提高。

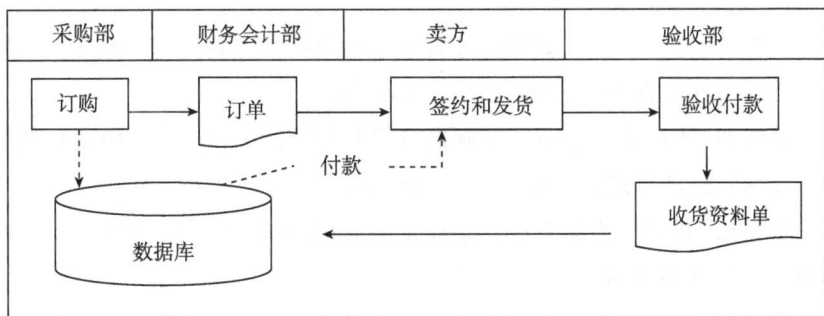

图 11-3　福特北美公司新的采购流程

# 参考文献

［1］邹昭晞.企业战略管理［M］.北京：中国人民大学出版社，2012.

［2］埃文斯，帕希科，巴苏科斯.国际人力资源管理［M］.唐宁玉，译.北京：机械工业出版社，2007.

［3］佩皮帕德，罗兰.业务流程重组［M］.潘宪生，张明宝，译.北京：中国人民大学出版社，1997.

［4］王文谭.国际商务管理［M］.北京：首都经济贸易大学出版社，2014.

［5］陈果.国际商务管理中的文化问题研究［J］.现代企业文化，2017（8）：159.

［6］何楠.文化价值观在国际商务管理中的重要性分析［J］.中文科技期刊数据库（全文版）经济管理，2022（10）：114-117.

［7］戴晓妍.浅谈我国企业跨国际商务经营与管理研究［J］.中文科技期刊数据库（全文版）经济管理，2022（11）：16-18.

［8］徐正彦.新时期背景下提升企业工商管理有效性的对策研究［J］.商展经济，2022（24）：146-148.

［9］李荣国.浅析流程再造与企业组织变革管理［J］.消费导刊，2021（31）：234-235，294.

［10］克雪文.应用项目管理理念，推进企业流程再造［J］.中国科技投资，2021（6）：9，11.

［11］陈章红.企业流程再造促管理变革之探讨［J］.冶金标准化与质量，2021（3）：26-28.

［12］吴限，张皓然，吕欣彦.经济新常态下企业战略管理的创新路径研究［J］.中国商论，2022（4）：106-108.